JN296312

農耕と都市の発生
── 西アジア考古学最前線 ──

西秋良宏・木内智康 編

同成社

はじめに

　西アジアの考古学は数ある旧世界の地域考古学の中でも特別な位置をしめている。そこはアフリカで進化をとげた初期人類が初めてユーラシア大陸に進出した際、最初に足を踏み入れた土地であり、旧石器考古学においてはかれらの拡散と適応の様態を調べる格好のフィールドとなっている。旧石器時代の末から新石器時代にかけては、世界に先駆けて定住や食糧生産経済が始まった土地としてよく知られている。さらに、銅石器時代には社会の階層化が進展し、都市生活の開始や文字の発明をへて青銅器時代には世界最古の文明社会が出現した。歴史時代にはいってからも帝国の興亡や聖書学の舞台として興味をそそる研究課題、西アジアでしか考察しえないテーマをいくつも提供している。

　本書では、このうち農耕、都市が発生した時代にかかわる諸問題を扱う。農耕、都市と言えば我々が生きる現代社会の根幹たる経済、生活システムをなす。それらが伝播や拡散ではなく独自に発生したという点で、西アジアにおけるその考古学的研究は人類史一般の理解に資する知見をうみだすことは必定である。実際、その研究の重要性を半世紀以上も前に指摘したゴードン・チャイルドの諸著作以来、多くの知見が蓄積されてきた。それをふまえつつ、若手研究者たちが最前線の研究成果を披瀝したのが本書である。若手と言っても、既に幾度も西アジアの現場を踏み、標本、遺跡を十分に扱った経験をもつ研究者たちばかりである。体系的な寄稿をよびかけたわけではないにもかかわらず、農耕、都市発生期研究の現状をよく示す、先端的で中身の濃い論集になったと思う。

　類似した書籍として思い浮かぶのは、『文明の原点を探る―新石器時代の西アジア』（常木晃・松本健編、同成社、1995年）である。そこでは、農耕発生期にかかわる当時の「西アジア新石器時代研究の水準」が示された（同書、あとがき）。本書の第Ⅰ部では、以来10余年をへて次世代研究者たちが描く現在の新石器時代研究の水準の一端が提示されている。一方、第Ⅱ部で語る都市発生期における西アジア各地の諸相は、かつて邦語ではなかなか接し得なかった新情報を盛り込んで構成されている。少なくとも、自らが扱ったオリジナルな

標本研究にのみ基づいてこの時期（青銅器時代〜鉄器時代）にアプローチした邦語の論文集はこれまでなかったのではなかろうか。

　読者は各章を読み進むうち、その多くに木内智康君への献辞が添えられていることに気付かれるはずである。木内君は東京大学大学院に籍をおく有為な青年であった。西アジア考古学の専門研究者になることを目指し、シリア新石器時代の農耕遺跡（テル・セクル・アル・アヘイマル）、青銅器時代の都市遺跡（テル・ガーネム・アル・アリ）の発掘にめざましい活躍をみせていた木内君だったが、2008年9月8日、病にその将来を奪われてしまった。古式水泳で鍛えた胸板厚い彼をもってしても病魔には勝てなかったのかと、今も心が痛む。

　私事を言えば、10年近くも身近に接していながら、なぜ木内君がこの分野の考古学に興味をもったのかはついに聞きそびれた。西アジアにおける農耕や都市の研究にはいくつもの魅力がある。先にふれたように自生のプロセス、顛末を他地域との連関を考えることなく検討できる希有な地域であること。加えて、その研究は各国の考古学者が独自の方法論をもって競う国際的な舞台であること。さらには、業務的行政発掘に圧倒された先進諸国の考古学とは違って、アカデミズムの楽しさを探検的雰囲気の中で味わえる土地柄であること。そんな世界に彼が惹かれたことは想像にかたくない。

　本書は農耕と都市に関する西アジア考古学に情熱を燃やした木内君へのオマージュである。同じように西アジアの魅力にとりつかれ、灼熱のフィールドをともにした同世代の研究者たちがものした最新の成果が、木内君の遺稿とともに編まれている。物故した研究者を編者に加えていることに違和感をもつ方がおられるかも知れない。実は、それどころか当初、私たちは本書を木内君単独の編書にしようかとすら考えていたのである。結局、出版社の意向も汲んで本書のような体裁に落ち着いたのだが、所属機関もばらばらな、力のある若手研究者を束ねることが出来たのは木内君あってのことであって、その功績は編者にふさわしいものと考える。これからの西アジア考古学をになう気鋭の研究者たち。その輪の中に木内君がいたことを確と記し、新たな展開を迎えたいと考えた私たちの意をご理解いただければ幸いである。

　　2009年9月

　　　　　　　　　　　　　　　　　　　　　　　　　　　西秋　良宏

目　次

はじめに……………………………………………………西秋良宏… 1

序論　農耕・都市発生の時代……………………………西秋良宏… 5

第Ⅰ部　農耕牧畜の開始——新石器化の多角的研究…………15

農耕のはじまりとその展開………………………………丹野研一… 17

西アジア北部の新石器化と動物資源利用………リヨネル・グリション… 31

西アジア新石器時代の倉庫址……………………………小髙敬寛… 47
　　——テル・エル＝ケルク遺跡の事例——

西アジア新石器集落の崩壊と再編成……………………門脇誠二… 61
　　——世帯からの展望——

石器利用が進める新石器化の一様相……………………前田　修… 83

農耕の開始と失明…………………………………………安倍雅史… 99
　　——レヴァント地方南部初期農耕村落から出土する孔雀石とトラコーマ——

アルメニアにおける農耕牧畜のはじまり………………有村　誠…117

第Ⅱ部　都市の発生期——複雑社会のさまざまな痕跡………141

紀元前3千年紀における
ユーフラテス河中流域の集落と墓域の関連性…………長谷川敦章…143
　　——テル・ガーネム・アル・アリ出土人物形土製品の検討から——

ユーフラテス中流域における青銅器時代の植物利用……赤司千恵…159
　　——テル・ガーネム・アル・アリ遺跡の事例——

4 目　　次

南レヴァントにおける広域分布土器の生産体制…………山藤正敏…169
　　――硬質土器（Metallic Ware）の分析から――
ハブール土器編年に関する諸問題………………………………木内智康…191
前2千年紀後半アッシリア統治下における地方拠点都市……柴田大輔…213
　　――景観、行政、祭祀――
紀元前3千年紀後半のオマーン半島における拠点間往来……近藤康久…227
　　――最小コスト回廊分析と眺望解析による交通路推定の試み――
都市無き複雑社会………………………………………………………有松　唯…241
　　――前2千年紀イラン北部における埋葬慣習からみた社会構造――

あとがき……………………………………………………………………門脇誠二…267

　　　　　　装丁＝吉永聖児
　　　　　　カバーの写真＝2009年、東京大学西アジア調査団
　　　　　　　　　によるシリア、テル・セクル・ア
　　　　　　　　　ル・アヘイマル遺跡の新石器時代
　　　　　　　　　住居跡発掘風景

序論　農耕・都市発生の時代

西秋良宏

　農耕と都市の発生をテーマとした研究は西アジア考古学の花形のひとつである。ゴードン・チャイルドは、各々を新石器革命、都市革命とよび、産業革命に匹敵するほどの画期的事件であったことを強調した。「革命」という表現はともかく、現代社会をも特徴づける生計、生活システムが歴史上初めて現れたことの意義の指摘はそのとおりであって、その経緯を探る研究は今も注目を集め続けている。世界各地の先端的研究者が参画している西アジア考古学にふさわしく、その追求の視座や方法も現代考古学の潮流をよく反映したものとなっている。チャイルド式の文化史考古学が農耕・都市出現の年代や実態を仔細に明らかにしてきた一方、戦後に進展したプロセス考古学は生態学、システム論の導入によって社会進化の説明をこころみ、さらに近年では、こなれ始めたポストプロセス考古学流の論点が社会の中身や構成員の信条の変化にまで考察を進めて農耕、都市発生のプロセスをさぐる研究を進展させるようになってきた。

　ここでは、農耕・都市研究にかかわる時代背景、および近年の動向をいくつか概観してみる。長い研究史を整理する紙幅はないので、1990年代後半以降、ここ10年ほどに得られている新知見にふれる。その際、本書に掲載された諸論考に言及し、本書の見取り図としたい。農耕は終末期旧石器時代から新石器時代、都市は銅石器時代から青銅器時代の諸研究が対象となる。

1．農耕牧畜の開始をめぐって

　農耕牧畜の開始をめぐる研究は大きく二つの側面をもつ。一つは、動植物遺存体を調べて、自然科学的観点からドメスティケーション進展の経緯を明らかにすること。もう一つは、そのような新経済を採用した社会がいかに変化した

のか、経済と社会の相互作用を調べる人文社会学的側面である。

　植物栽培がいつ始まったのかについては、栽培種の出現を基準とする立場が明解である。それ以前に野生種植物の栽培段階があったに違いないが、それは植物学的には同定しがたいからである。1990年代前半までは死海地溝帯で先土器新石器時代A期（PPNA）に始まったという見方が主流であった。この見方は、新石器的生活の母胎であったナトゥーフ文化の故地がそこにあったこと、新石器化の引きがねを引いたのがヤンガードリアスの気候悪化であって、その影響は中緯度地帯にある西アジアでも南から始まったに違いないという背景的知識にも合致していた。しかし、1990年代後半以降、大きく見方が転換してきた。証拠とされてきたイスラエルのジェリコやネティヴ・ハグダッド、シリア南部のアスワドなどの初期新石器時代遺跡で見つかっていた植物遺存体、その年代の同定に重大な疑義が提起されるようになり、現在では、代わってアナトリア南東部から北シリアにかけてが、その起源地と目されるにいたっている（西秋 2008）。

　最古の栽培植物が出土したとされるのはシリア、ユーフラテス河中流域アブフレイラ遺跡の後期ナトゥーフ文化層である。ライムギの栽培が主張されている（Moore et al. 2000）。しかし、ライムギは西アジア地域でその後主要作物とはならなかったこと、また、栽培が継続しなかったことなどからすると、栽培植物の起源と言うには弱い。栽培の実験が進められていたといったところなのだろう。多くの研究者が認めている当地最古の栽培種ムギ類は、アナトリア南東山麓から北シリアにかけてのPPNA末かPPNB初頭の遺跡で出土する遺存体である（丹野研一論文）。現生コムギ類のDNA分析による起源地推定によっても最初の栽培種の出現地域が、この地域であると推定されていること、さらには、新石器時代最古期の文化であるPPNA文化が著しく進展したのが同地域であることも、この見方を補強している。

　家畜飼育が植物栽培よりも遅れて始まったことは今では共通の了解事項である。ただし、それは食用動物についてのことであってペット類は事情を異にする。イヌの家犬化は前13千年紀のナトゥーフ期に証拠がある。また、ネコが遅くともPPNB期初めに飼われていたこともキプロス島での近年の発見が示唆している。現在にいたるまで利用されている主要家畜たるヒツジやヤギ、ウシ、

ブタは、前10千年紀末ないし9千年紀初頭、PPNB以降に家畜となった。いち早く家畜化が進んだ地域もしぼられつつあり、やはりアナトリア南東部から北シリアの山麓地帯が有力である。飼料供給という点からしても家畜飼育は植物栽培やそれをささえる社会構造の確立が前提となるから、両者の起源地が重なるのも首肯できる。ザグロス方面におけるヤギの独自の家畜化の証拠は否定されるものではないが、年代的にはやや遅れる。一方、昨今の動物考古学的研究の焦点は起源地推定よりも、家畜化の目的が何であったのかに移りつつあるようにみえる。植物とちがって、動物は利用形態が多様でありうるからである。家畜化の目的は肉の取得であったのか、ミルク、毛、労働力など二次的産品であったのか。従来、後者の利用は銅石器時代以降との議論があったが、新石器時代にまでさかのぼる可能性が高いことが近年、論議されている（リヨネル・グリション論文）。

　いずれにおいても強調されているのは、農耕牧畜の進展には長い時間がかかったことである。定住と実験的な栽培が始まった旧石器時代末のナトゥーフ文化期から実に千年単位の時間をかけた過程であったことなどは、チャイルドが限られた情報をもとに説明を試みた時代には思いもよらなかったことに違いない。

　最古の栽培植物あるいは家畜動物、その同定作業は自然科学的手法で検討しうるだけに提示される回答もかなり明確であるようにうつる。これに対し、なぜ、ヒトは農耕牧畜を始めたのか、あるいは、それにともなってヒトの社会はどう変化したのかなど人文社会学的設問については、扱う変数がきわめて多岐にわたるため、それほど簡単には回答を示し得ない（Zeder 2006）。早くに始まった植物栽培にしても、その契機は何だったのか。いくつもの説明が試みられてきたが、近年有力なのは、次の三つだろう。第一は、後氷期の温暖化にあたって人口増を経験したナトゥーフ社会がヤンガードリアスの寒冷乾燥化にともなって新たな植物食料調達法を模索したという環境適応説。第二は、同じく定住化してムラを形成し始めたナトゥーフ社会が、村内、村間で競争を始めて植物栽培に乗り出したという社会競争説。これには宴会説や秘密結社説などがふくまれる（Hayden 2004）。そして、第三はそもそも進化など定向性がないという生物学的仮説にもとづく文化と動植物の共進化説。

第一の考えは1990年代半ばには定説になったかのようであった一方、第三の仮説は考古学的探求を放棄した印象を与えることもあってあまり議論の遡上にのぼらない。近年、追求が進んでいるのはヒトの社会側の要因研究である。ポストプロセス考古学の落ち着きとも軌を一にするこの見方は、反プロセス学派の揺り戻しの一つなのだろう。先鞭をつけたのは、J.コヴァンのヒトの意志説の表明である（Cauvin 1994）。それは論証が難しいものの大きく研究の動向を変えた。植物栽培の開始も家畜化の開始も実のところ、環境の変化にピタリと一致するわけではない。一方で、家畜飼育が始まる頃、人々が儀礼の対象としていたのは猛禽類や食肉獣であって家畜動物には関心をよせていないという興味深い事実もある。経済が先か社会・思想が先なのか、おそらくはM.フェルフーフェンがいうように密接不離のものとして変化したのだろう（Verhoeven 2005）。いずれにしても、ヒト側の事情を無視して説明できるものではないに違いない。

　さて、植物栽培や家畜飼育の長いプロセスがひとたび成熟するのが、PPNB後期であったらしい。この頃には社会の多様な側面に、そのような証拠が顕在化する。本書の第Ｉ部がもっぱら論じているのは、この点である。第一に、集団を構成する世帯間の関係に変化があった。例えば、物資の貯蔵、管理が世帯を超えた規模で実施され始めたらしい。大形貯蔵施設の出現は、後に成立した都市社会の前提でもある物資の再分配システムへの道筋が始まったことを示唆している（小髙敬寛論文）。大形貯蔵施設はシリアのジェルフエルアハマルなどPPNA期の遺跡で既に見られるが、運用形態が変化したのであろう。例えば、担い手たる世帯のあり方が変質した可能性があるという（門脇誠二論文）。特に大きな変化があったのは環境変化、人口増などが顕著となった７千年紀末頃であり、集落の分散が生じるとともに共同作業の労働力を確保するため拡大家族の形成が始まったことが推察されている。さらに、社会の変化は人々の世界観の変化にもつながっていた可能性が高い。前田修が担当する章では、人々が社会の諸現象をカテゴリー化して見るようになったのではないかと考え、それを打製石器にみられる明確な二分を事例として説明している。加えて、農耕牧畜社会の進展は負の変化も引き起こした。人口増、自然破壊、社会関係の悪化、等々である。安倍雅史論文はPPNB後期には衛生悪化、疫病が発生し、人々は

その対策をせまられていた可能性があることを考古学的証拠を使って論じている。

ここで主として扱っているのはレヴァント地方や南東アナトリアなど農耕牧畜がいち早くすすみ、また研究蓄積の豊富な地域であるが、こうした経済的、社会的変化が周辺地域にどのように拡散したのかについては不明な点が多い。調査地のひろがりが新たな視点を提示していることも近年の動向の特徴の一つである。西方への拡散や在地の社会変化についての最大の進展は、移民による所産であることが明らかなキプロス島における先土器新石器遺跡の発見である。PPNA期にさかのぼって新石器文化セットが導入されたことが判明している。また東方への拡散についても、イランにおける現地調査再開が新たな視点を提示するようになった。北方は最も知られていなかった地域だが、南コーカサス地方で近年ようやく本格調査のメスがはいった。その一つ、アルメニアの新石器化過程について本書では有村誠が述べている。そのような二次的拡散地の情報が増加すれば、一次地域における新石器化の特質をあらためて議論することが可能になるであろう。

2. 都市社会の発生と展開

都市の発生という問題は社会の複雑化、農村社会の質的変容がテーマとなるだけに、農耕牧畜のように自然科学的手法でアプローチするには難しい。都市の定義すらあいまいというのが現状である (Cowgill 2004)。とりあえず共通しているのは、考古学者は都市を同定する場合、周辺集落との社会的立ち位置の違いを基準としている点であろう。すなわち、地域の経済、産業（工芸）、あるいは政治、宗教の中心であったかどうかである。しかしながら、それは、もとより複数の集落間の相対的関係にもとづく理解であるから、何らかの特定の遺物や遺構が認められればその集落は都市である、といった単純な認定項目が提示できるわけでもない。チャイルド以来、いくつかの認定項目が提唱されてはきたものの、個別に取り上げれば、そのいくつもが農村成立の段階から認められる。例えば、地域でぬきんでた超大型集落はジェリコやチャタルホユックなど、新石器時代に既に出現している。また、分業による経済システムの存在

という点でも、奢侈品生産を中心にその初現は新石器時代にまでさかのぼるし、宗教の中心地という観点においても近年のギョベクリ遺跡などの発見が新石器時代における発現を示唆している。農耕同様、都市の出現も革命的な急進過程ではなかったのだと思われる。

しかし、粘土板文書が活き活きと描き出す、だれもが都市であったことを疑わない前3千年紀メソポタミアの巨大集落のような生活形態が新石器時代以来の漸進的変化で生まれたものでなかったことも確かである。実際、農耕牧畜技術の陣容を整えて肥大化した新石器時代の集落は、多くの地域でその後半に小形化するか変質してしまっている。ハラフ期やウバイド前期など銅石器時代前半の集落はえてして都市とは言い難いほどの小形集落が多い。再び肥大化して都市に向かうのは早い地域で銅石器時代の末、多くの地域では青銅器時代以降というのが実質的なところである。また、農耕牧畜がもっぱらレヴァント地方や南東アナトリア山麓地帯を主な舞台として進んだのに対し、都市化が先に進展したのはメソポタミア平原部である。この地理的転換も農村から都市への以降が一線的でなかったことを示唆している（Forest 2005）。古い考え方に聞こえるかも知れないが、大規模農業や資源輸入など平原部ならではの経済活動が都市化への道を進めたことは否定できないのだろう（Davies 2009）。

都市の発生については、それが自然発生的にうまれた一次的なものなのか、そこからの移植あるいは影響で意図的に造営された二次的なものなのかを識別することが肝要である。これまで前者の研究は現在のイラクを中心とした南メソポタミア地域の専売特許であり、そこでは比較的独立した農村が分布する地域において社会経済的にリーダー格のムラが出現し、それが大形化して都市になったという道筋が描かれてきた。ところが、近年、北メソポタミアでもう一つの都市化が進行していたことが明らかにされ始めた。東北シリアのテル・ブラクにおける調査成果は、特に注目に値する（Ur et al. 2007）。南メソポタミア最大の都市遺跡とされるウルクに匹敵するかそれを凌駕する規模の都市が北メソポタミアでもほぼ同時期、前5千年紀末から4千年紀初めに出現していたことを明らかにしている。しかも、集落が中心化していったプロセスも南メソポタミアで想定されていたものとは異なるという。中央の大形集落の周囲に小形集落が近接して都市を構成し、やがてそれが中央集落に向かって統合されてい

くというプロセスが描かれている。一律な都市形成モデルの提出が可能かどうかも疑問視されるようになったというのが現状である。少なくとも南メソポタミア発のウルク型都市が輸出される、あるいは彼らの活動が北メソポタミアの諸集団を刺激して二次的な都市化に向かわせたというような見方（ウルク・ワールド・システム論）が再考をせまられていることは明らかである。ただし、これをもってウルク型都市の研究の意味が減じるわけではない。実際、北メソポタミアにおける自発的都市化はウルクの拡散をもってひとたび終焉を迎え、社会の再編を余儀なくされている。なぜ南メソポタミアの初現期の都市がそれほどパワフルな社会的影響力をもっていたかを改めて考察する契機が得られたとも言えるだろう。

　本書にはこうしたメソポタミアの南と北で起こった自発的都市化を扱うものは掲載されていないが、その外縁地帯で遅れて顕在化した社会変化にふれる論考がいくつか含まれている。山藤正敏の論文は南レヴァント地方では前4千年紀末に都市化が始まり、それには専業職人による土器の大量生産の開始がともなっていたとする。さらに南方、メソポタミアとインダスの両文明をむすぶ交易路として独自の複雑社会を形成しつつあった湾岸地帯を扱っているのが近藤康久の論文である。最新のGIS技術を用いて内陸砂漠に展開した前3千年紀の交易路の社会的意味を探っている。また、有松唯の論文は、ザグロス山脈をはさんで東に位置するイラン北部の事例を述べたものである。ついに都市が誕生しなかった辺境の山岳地帯でも社会の複雑化が進展していたことを墓の副葬品をもとに論じている。いずれも、在地ごとに独自の社会変化プロセスが進行していたことを強調するものであるが、メソポタミアでは既に都市が発生していた時期であるだけに何らかの連動があったであろうことは当然である。

　一方、シリア領ユーフラテス河中流域は前4千年紀にメソポタミアのウルク型都市が外挿された地域として知られるが、ウルク撤退後の前3千年紀、青銅器時代以降には在地の都市が発生する。第二の都市化といわれる現象である（Akkermans and Schwartz 2003）。そのような都市の一つ、ガーネム・アル＝アリ遺跡の出土品にもとづいて当時の都市の内実を長谷川敦章、赤司千恵が探っている。長谷川は当時の社会構造を集落と墓域の関係から検討し、特異な土偶がローカルなコミュニティの紐帯を示していることを述べる。また、当時生じ

た社会の変化は経済面の変化もともなっていたらしい。赤司はオオムギ生産への傾倒があったことをガーネム・アル・アリ遺跡の出土標本にもとづいて論じている。前3千年紀におけるオオムギ栽培の活発化はユーフラテス河中流域だけでなく、南北メソポタミア一帯で起こっている。気候変化が主因でないのだとしたら、文化的、政治的な嗜好という観点から原因を考える必要がある（丹野 2009）。

ウルクの拡散や第二の都市化以降も、メソポタミアおよびその周辺地域はたびたび都市の崩壊、発生を繰り返している。その意味では、都市発生の時代は長い。木内智康の論文は前2千年紀初めにおける北メソポタミア諸都市の勃興について論じている。アッカド帝国の崩壊や気候悪化などの理由がとりざたされる社会の崩壊から復興し、前2千年紀初めに現れたのが北メソポタミアの古アッシリアの諸都市である。その再興や経済戦略の研究は広域的に分布するハブール土器の編年確立がカギになるのではないかと木内は述べている。もっとも、このような歴史時代の都市研究にあっては楔形文書史料の利用が欠かせない。柴田大輔は古アッシリアの崩壊後、前2千年紀半ば以降に現れた中アッシリアの都市の実態を東北シリア、タバン遺跡から得られた豊富な粘土板にもとづいて描き出す。当時は都市国家ではなく領域国家の時代である。領域国家の支配下にあった地方都市の行政組織や独自の祭祀伝統についても考察を試みている。社会経済の中心地としての都市とはどんな構造をもっていたのだろうか。モノにもとづく議論をまとめた本書の他の論文と違い、柴田の粘土板文書解読が提供する情報の雄弁さは際だっている。行政や祭祀の中心として都市を認識する考古学にとって、その実態を物的証拠で描き出す際の点検項目として利用することができよう。

3．おわりに

農耕（牧畜）の発生にかかわる研究は経済の研究であるが、社会という観点から言いかえれば農村成立の研究に他ならない。農耕にしても都市にしてもその発生の研究は、西アジアにおいて完新世前半期に生じた社会変化の追求と位置づけられる。農村や都市をめぐる社会変化と言えば、バンド、部族、首長制、

国家といった人類学の用語を用いて議論されることが多い（植木1996参照）。現代社会の分類から示唆されたそのような進化的図式が過去にあてはまるかどうかは、それ自体が研究課題である。本書に掲載されているのは、主として農村と都市という最初と最後の姿について肉付けする論考である。限られた数の、また事例分析を中心とした論考ではあるが、個々の事例にあっては最前線の考古学的知見が提示されている。それらが農村、都市発生の時代だけでなく、その間に生じた社会変化を考察し両者をつなぐ大きなモデルを構築するための定点の一部となることを期待したい。

引用文献

Akkermans, P. A. and G. Schwartz 2003 *The Archaeology of Syria*. Cambridge, Cambridge University Press.

Cauvin, J. 1994 *Naissance des divinités, Naissance de l'agriculture*. Paris, C.N.R.S.

Cowgill, G. 2004 Origins and Development of Urbanism: Archaeological Perspectives. *Annual Review of Anthropology* 33: 525-549.

Davies, M. 2009 Wittfogel's Dilemma: Heterarchy and Ethnographic Approaches to Irrigation Management in Eastern Africa and Mesopotamia. *World Archaeology* 41(1): 16-35.

Forest, J.-D. 2005 The State: The Process of State Formation as Seen from Mesopotamia. In S. Pollock and R. Bernbeck (eds.), *Archaeologies of the Middle East: Critical Perspectives*, 184-206. Oxford, Blackwell Publishing.

Hayden, B. 2004 Sociopolitical Organization in the Natufian: A View from the Northwest. In C. Delage (ed.), *The Last Hunter-Gatherer Societies in the Near East*, 263-308. Oxford, BAR 1320.

Moore, A. M. T., G. C. Hilman and A. J. Legge 2000 *Village on the Euphrates: From Foraging to Farming at Abu Hureyra*. Oxford, Oxford University Press.

Ur, J.A., P. Karsgaard and J. Oates 2007 Early Urban Development in the Near East. *Science* 317: 1188.

Verhoeven, M. 2005 Beyond Boundaries: Nature, Culture and a Holistic Approach to Domestication in the Levant. *Journal of World Prehistory* 18(3): 179-282.

Zeder, M. A. 2006 Central Questions in the Domestication of Plants and Animals. *Evolutionary Anthropology* 15: 105-117.

植木武（編） 1996 『国家の形成―人類学・考古学からのアプローチ』三一書房。

丹野研一 2009 「紀元前3千年紀の出土植物」『紀元前3千年紀の西アジア―ユーフラ

テス河中流域に部族社会の原点を探る』セム系部族社会の形成第5回公開シンポジウム発表要旨　国士舘大学　2009年1月31日-2月1日。
西秋良宏（編）　2008　『遺丘と女神―メソポタミア原始農村の黎明』東京大学出版会。

第Ⅰ部　農耕牧畜の開始
―― 新石器化の多角的研究 ――

農耕のはじまりとその展開

丹野研一

　農耕を開始したことによって人類は飢えから解放された。子供を栄養的に育てることができるようになり、また食糧を常に拾い集めなくてすむようになったため、解放された時間をほかの文化的な活動にあてることができた。結果として都市や国家のような複雑な社会システムが生まれるに至った。今日の我々は農業を通してほとんどの食糧を得ており、農業なしに野生からすべての食糧調達をすることなど想像もつかない。人類はいつ、どのように農耕を始めたのだろうか？

　農耕とは何だろう。およそ思いつくことは、耕した土地に種子を播き、育てて収穫し、また次の年もこの作業を繰り返すようなことだと思う。だが例えばなにか野生の果物をとってきて、ぺっぺと種子を吐いておいたらそこでまた果物が取れるようになった、というのは農耕とは言い難い。では山菜取りのようにして毎年通って収穫だけしていた群落が、ある年は枯れそうになっていたので邪魔な草を取り除き、しおれた植物に水をかけた、ということがあったとしたらそれは農耕なのだろうか？　農耕開始と一言で言っても、何をもって農耕がはじまったと見做すのかは、なかなか線引きが難しい。農耕行為がいつまでさかのぼれるのか、またどう証明すればよいのかを明確に線引きするために、農耕起源研究では、植物の「栽培化（ドメスティケーション）」という概念を農耕起源の指標としている。

1. 農耕開始は栽培化（ドメスティケーション）によって判断される

　人類は農耕開始以前から、野生の植物を利用してきた。野山をさまよい食べられる野生植物を採集して暮らしていた。それがあるとき野生の植物の種子を

取ってから、うまく生えそうなところに「播いておく」ことを覚える。すると条件がよければ、野生のままの状態よりもはるかにたくさんその植物を収穫できた。「野生植物を栽培する」という一種の農耕行為がはじまったのだ。

D. ハリス（Harris 1989）は野生植物の利用から栽培化にいたるプロセスを、次の4段階に整理して論じている。1）野生植物食糧の獲得（狩猟採集）、2）野生植物食糧の生産（栽培行為のまさに開始された頃）、3）野生植物食糧の体系的な栽培、4）栽培化された作物による農業、である。2）と3）は野生植物の栽培という意味でほぼ同じであるので、大きく3つの段階と考えてもよいかもしれない。

野生植物の種子を取って播いておくということは、人間にとっては収穫できるチャンスが増えるわけだし、植物にとってはきびしい野生の生存競争を人間が助けてくれるわけなので、子孫を残すための大きなメリットとなる。この人間と植物の間の相利共生関係が長い年月続くと、植物側に変化が起こる。たとえば種子の休眠性や種子の脱落性が植物から失われる。これらの性質は、植物が野生で生きていくためには欠かせないが、人間の管理下では不都合にはたらく。種子の休眠性は、土に落ちた種子があるものはすぐに発芽し、またあるものは数年後に発芽するという性質で、不安定な環境のもとで植物が一斉に発芽し全滅してしまうことを避ける野生の性質である。だがこの休眠性は、人間による栽培管理下においては、播いた種子がなかなか発芽しないということになり、不都合である。もう一つの種子の脱落性という性質は、種子が熟したときにバラバラにとび散って地面に落ちる性質であり、野生で生きていくためには必要な性質である。しかし人間にとっては、収穫するときに種子がバラバラになってしまう野生の脱落性は、なんとも収穫しにくい。そこで人間は播いてすぐ発芽する非休眠性種子や、収穫時にバラバラにならない非脱落性といった突然変異体を首尾よく選抜してきた。

人間に栽培管理されることが長期間つづくと、植物の中から種子の脱粒性や休眠性が失われたような突然変異体が現れて定着する。種子の脱粒性がなくなった変異植物、つまり作物では、植物体が成熟しても種子がバラバラにならず地面に落ちない。したがって自力で次世代を残すことができず、自然界ではもはや生きてゆけない。しかしその種子を人間にゆだねることによって、植物は

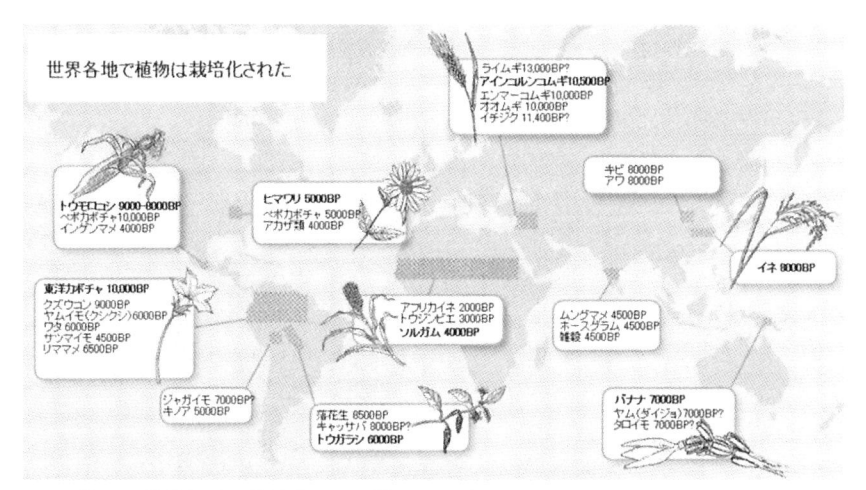

図1　世界各地で栽培化された植物およびその初出年代 （Balter 2007を改変）

より多くの子孫を後世に残すことができる。

　このように人間が植物を栽培管理した結果、それに呼応して植物が遺伝的な性質を変えることがあるが、この変化そのものおよび変化をひきおこした栽培行為を栽培化（ドメスティケーション）という。つまり人間が管理しないと生きてゆけない「栽培型」の作物を見出すことができれば、そこには必ず農耕行為があったとみることができる。農耕起源研究では、このようなドメスティケーションの証拠を明らかにしてゆき、いつ、どこで、どのように農耕が始まっていったのかを解明するわけである。

　さて、まず図1を見てみよう。これはM. バルター（Balter 2007）による世界各地の植物の栽培化（ドメスティケーション）の初出年代地図である。中南米、中国、アフリカなど、世界各地で野生植物が栽培化されてきたことがわかるだろう。この地図に書かれている栽培化作物の初出年代をみてみると、世界で最初に植物の栽培化がなされたのは西アジア地域である。アインコルンコムギの約10,500年前というのがそれである。最古ということは一番乗りだ万歳ということではなく、学術的に他所のどの農耕文化の影響も受けずに「純粋に」この地で農耕が発祥したという重要性がある。すなわち人類がどのように農耕を生み出したのかという農耕起源解明を研究するために、西アジアは絶好の研究フィールドといえる。このような他所の影響をうけずに独自の農耕が発祥したと

みられる地は、ほかにも中南米などがあげられる。一方この図のインドなどは4500BP（ムングマメの栽培化）であるが、そのときすでに西アジア式農耕が導入されており、完全独自の農耕が起源発祥したわけではない。

2．農耕開始と植物栽培化の証拠

　農耕が開始された証拠ともいえる植物の栽培化は、約10,500年前すなわち先土器新石器時代B（PPNB）前期から、トルコ・ユーフラテス流域の遺跡ネヴァル・チョリ（Nevali Cori）においてはじめてその兆候がみられるようになる。この頃（PPNB期）の文化・生業の特徴としては直前の先土器新石器時代A（PPNA）期と比べて、方形住居が好まれるようになり、集落規模がいっそう大型化する。またナヴィフォーム型という特徴的な石核を用いた石器製作技法が普及し、動物の家畜化（本書グリション論文を参照）が開始されるなど、いくつもの変化がおこった。PPNA期はどちらかというと南レヴァントが文化の中心地であったが、PPNB文化は北レヴァントのトルコ東南部と北シリアにかけてのユーフラテス川中流域にうまれ、その後、南レヴァントなど周辺地域に急速に広まったと考えられている。

　PPNB期の生業のなかで、植物に関して特記すべきは、やはりドメスティケーションがなされたということである。だがそれだけでなく、PPNA期のころからPPNB期にかけて明瞭になったもうひとつの傾向として、特定の植物種が好んで利用されるようになった事実も見逃せない。

　その特定の種すなわち初期農耕の時代によく利用されていた植物には、アインコルンコムギ、エンマーコムギ、オオムギ、レンズマメ、エンドウマメ、ヒヨコマメ、ビターベッチ、ソラマメ、ガラスマメなどがあげられる。とくにここからソラマメとガラスマメを除き、アマを加えた8種については、ファウンダー・クロップ（創始者作物）とよばれている（Zohary 1996）。初期農耕時代の遺跡からよく出土するのでそのように名づけられたが、最近の研究成果ではアマはそれほど多くなく、ソラマメとガラスマメは多いことを指摘できる。これらの作物を並べて明らかなことは、西アジアの初期農耕はムギ作を中心として、マメ類を組み合わせて営まれていたということである。ムギ類のようなイ

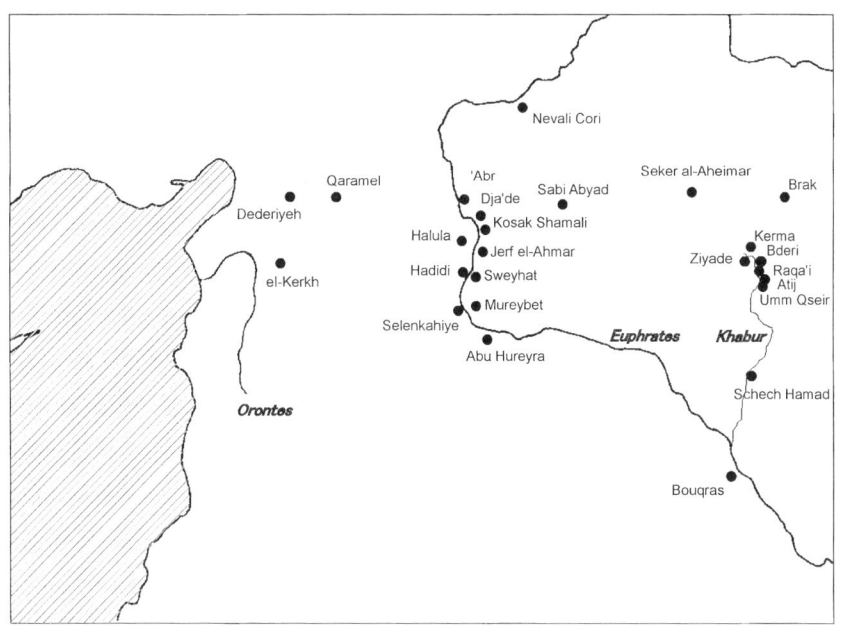

図2　関係遺跡地図

ネ科種子は炭水化物としてすぐれたエネルギー源であったが、それだけでは補うことのできないタンパク質をマメ類から摂取することでバランスを保ったと考えられる。イネ科植物に対するマメ科植物の併用は、栽培という面でも、土壌を疲弊させないために有効な組み合わせである。

では植物の「栽培化の証拠」は、一体何であろう。

西アジアにおける植物栽培化は、ムギの小穂軸についた小穂の脱落痕で判別される。これは先述した種子（ムギの場合は小穂）の脱落性・非脱落性についての証拠となる。まず図3-1を見てほしい。これは現生アインコルンコムギの穂の例であるが、穂が熟したときに種子を含んだ小穂という部位（3-1B）が、バラバラに散って次の世代を残すもの（これを小穂の脱落性という）が野生型である（3-1A）。そしてその小穂軸には、野生種がもつような「離層」がみられる（3-1C）。

一方、熟しても穂がバラバラにならず、人間によって収穫され播かれないと次の世代を残せないもの（小穂の非脱落性）が栽培型である（3-1D）。穂が熟し

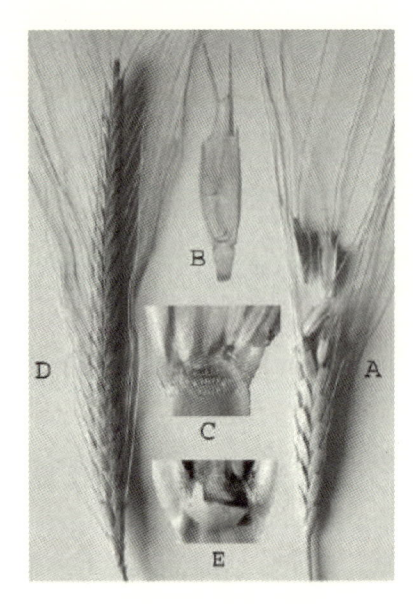

図3 コムギの野生種と栽培種
① (左写真):アインコルン野生種の穂 (A) と小穂 (B)、離層 (C)、栽培種の穂 (D) と脱穀による傷痕 (E) (Tanno and Willcox 2006 より)
② (上写真):遺跡から出土した栽培型コムギ (丹野2007より)

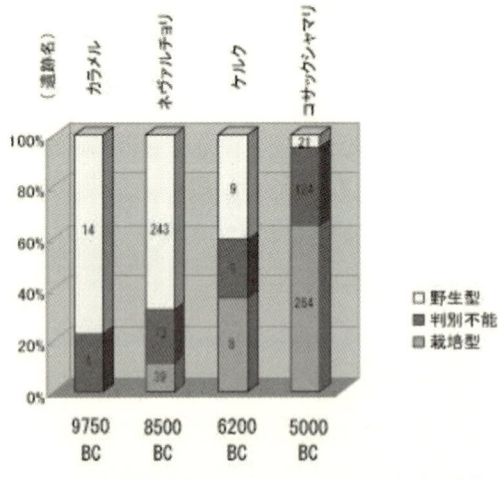

図4 初期農耕時代におけるコムギの野生型と栽培型の出現頻度の推移 (丹野 2007より)

ても各小穂は固着したままであり、人間が種子をとりだすために脱穀するので小穂軸には壊した傷痕がつく。図3-1Eに見られるように、離層があるべき部位に上段の小穂の一部が残っている。実際にコサック・シャマリ(Kosak Shamali)遺跡(銅石器時代)から出土した、炭化した栽培型の小穂軸の写真を図3-2に示す。

栽培型の小穂軸は、いつ頃から出土しはじめるのだろうか? 著者らは、遺跡から出土したコムギ小穂軸について、野生型と栽培型の出現頻度の変化を調査した(図4)(Tanno and Willcox 2006)。この研究では、農耕開始期とされる約10,500年前(図中では8500BCと記載)からみて約1000

年前の遺跡（カラメル（Qaramel）遺跡、ヒアミアン期～PPNA期）と、農耕開始期（ネヴァル・チョリ遺跡、PPNB前期）、農耕開始から約2000年後（ケルク（el-Kerkh）遺跡、土器新石器時代）、農耕開始から約3000年後（コサック・シャマリ遺跡、銅石器時代）から合計9844点の炭化小穂軸片を顕微鏡下で拾い集め、その中から野生型と栽培型の判別に供することのできる804点について結果をまとめたものである。上記の遺跡は、時代だけでなく、地域的にも農耕起源地と目される北シリアから東南トルコ地域をおさえたものである。

　図4に示したように、農耕開始以前とされるカラメル遺跡では、野生型の穂軸だけがみられて栽培型の穂軸はなかった。つづくPPNB前期（ネヴァル・チョリ遺跡）に栽培型の傷痕のある穂軸がはじめてみられるようになったが、まだ大多数は野生型であった。新石器時代後半の土器新石器期（ケルク遺跡）ころから、栽培型の穂軸が野生型のそれを上回るようになり、新石器時代が終わって銅石器時代（コサック・シャマリ遺跡）に入ってようやく栽培型が優占されることが示された。つまり栽培型のコムギは、3千年以上の長い年月をかけてゆっくりと増加し野生型コムギと入れ替わったことがわかる。その間は小穂が熟すと脱落する野生種が、栽培種に混じった状態のままで栽培管理がなされていたことになる。初期の農耕は栽培種が出現したことで一件落着とはゆかず、栽培種（つまりそれは非脱落性突然変異体の1個体に由来する）が野生種からさまざまな形質（多様性）を取り込むのに大変な時間を要した。農耕は一筋縄では発展せず、試行錯誤をくり返したのだろう。そして栽培型が出現してから定着するまでに3千年以上の長い時間がかかったということは、ひるがえすと最初の栽培型の突然変異体が出現するまでにも、数千年オーダーの長い年月のあいだ栽培行為が行なわれていた可能性が非常に高い。「栽培化」が農耕の確実な証拠であることを先に述べたが、それでは栽培化以前の「農耕」は一体どのようなものだったのだろうか？　ここからは、先土器新石器時代B（PPNB）前期よりも前の時代について、生業と植物利用の変遷について見てみよう。

3．ナトゥーフ時代から新石器時代初期──栽培化以前の農耕の可能性──

　旧石器時代の終末期であるナトゥーフ期・ヒアミアン期（紀元前12,000-

表1 初期農耕時代にかけての多出植物（Willcox 2009他をもとに作成）

時代	遺跡	アーモンド	ピスタチオ	スイバ・タデ	ハネガヤ	ライムギ	アインコルン	エンマー	オオムギ	レンズマメ	他マメ	キヅコ世糖
ナトゥーフ後期	Dederiyeh	◎	◎		◎		○			○		
	Abu Hureyra			◎	◎	○						
ヒラミアン	Mureybet			◎								
	Qaramel	◎	◎		○		◎		△	◎	○	
PPNA	Mureybet		○			(◎)	(◎)		△			
	'Abr					(◎)	(◎)		△			
	Jerf el-Ahmar	○	○	○		○	○		◎	○		
PPNB前期	Dja'de		○		△		○	△		○		
	el-Kerkh	△	○		△				○	○		
	Nevali Cori		◎				◎	○	△			
PPNB中期	Abu Hureyra 2		◎			△	△	○				○
	Halula							○	○			○

10,000年頃）から新石器時代のはじまり（PPNA期：紀元前9500-8500年頃）にかけては、季節によって住み処をかえる遊動生活から、一年中同じ所に住む定住生活へと、生活様式が徐々に、しかしながら大きく変化した。表1に、ナトゥーフ期からPPNB中期までの主要遺跡における多出植物の出土状況をまとめた。なおこの表では、農耕起源地と推定されている北レヴァント地域の遺跡のみをとりあげており、年代等の不明確な一部の遺跡については除外した（地図は図2参照）。

ナトゥーフ期からヒアミアン期にかけては、今では雑草としか思われないような多様なイネ科やマメ科の小粒種子がよく出土する。イネ科やマメ科ならまだ良いほうで、カヤツリグサ科やさらには苦味のあるタデ科のスイバ・タデ類種子なども出土し、これらもおそらく食用されていたと考えられている。ただし野生植物がまったく無作為に利用されていたというわけでもなく、多出植物としては表1に示したように、イネ科ではハネガヤ類、野生アインコルンコムギ、ライムギ、マメ科としてはレンズマメ、タデ科スイバ・タデ類、ナッツ類ではアーモンドとピスタチオが多く出土する傾向が明瞭にみられる。アインコルンコムギやライムギ、レンズマメはのちに栽培化され作物になった植物であるし、アーモンドとピスタチオは脂質に富んでいて栄養価は優れている。また用途は不明だが、芳香のあるシソ科*Ziziphora*属の種子も多くの遺跡で出土する。

このように植物の選択には、かなりの嗜好性がはたらいたようだ。

新石器時代にはいる頃には多出植物の傾向に変化がみられ始める。表1の右半分に示した植物、すなわちアインコルンコムギ、エンマーコムギ、オオムギ、レンズマメはPPNA期もしくはヒアミアン期から増えはじめ、PPNB前期には定着するようになる。これらは前述したファウンダークロップである。そしてこれらファウンダークロップが多く出土するようになるにつれ、表1左半分に示したようなそれ以前からの野生植物は暫時数を減らしてゆく。

新石器時代にファウンダークロップがあたかもセットのように多くの遺跡でみられるのに対して、栽培化以前であるナトゥーフ期からヒアミアン期の植物の出土パターンには、むしろ地理分布的な傾向がみられる。すなわち遺跡の位置する場所における植生環境をかなり反映すると思われる出現パターンがみられる。デデリエ（Dederiyeh）遺跡とカラメル遺跡は、それぞれアレッポから北西35kmと北25kmの近接する遺跡であり、現在の降水量はそれぞれおよそ650mmと350mmである。ふたつの遺跡はおよそ1000年強の時期差があるものの、前者は寒冷期、後者は寒冷期からの回復期であるためか、現在の降水量の違いのわりには両遺跡の出土植物はきわめて似ている。大量のアーモンドとピスタチオが非常に特徴的であり、かつハネガヤとアインコルンコムギ、レンズマメがそれらに次いで多い点で、おそらく当時のそれぞれの植生を反映したよく似た出土パターンをみせている。ユーフラテスの2遺跡、アブ・フレイラ（Abu Hureyra）とムレイビト（Mureybet）では、タデ科スイバ・タデ類が大量出土している点で一致している。デデリエとカラメルが地中海性気候の植生である疎林（マキー）を反映した出土植物を擁するのに対し、アブ・フレイラとムレイビトはよりひらけた土地であり、とくにアブ・フレイラではアインコルンコムギではなくむしろライムギがみられることから現在よりも冷涼であったとみることができる。なおアブ・フレイラでは丸々と充実したライムギ種子がみつかっており、現在この地で野生ライムギはみられないことを考えると、小穂軸による栽培化の証拠はみられていないものの、栽培管理された可能性がある。

トルコからイラクにかけては、ハラン・チェミ（Hallan Cemi）、ケルメツ・デーレ（Qermez Dere）、ムレファート（M'lefaat）などの遺跡が同時代ではあ

げられるが、こちらの遺跡でもやはり小さなイネ科やマメ科の野生種子や、今では雑草に類別されるような多様な種子が多出する（Savard et al. 2006、ただし論文中には「小さな種子」ではなく野生植物としては大きいので「大きな種子」と書かれている）。南レヴァントでも同様に、多様な野生種子が出土しているが、PPNA期になると比較的大きな種子としてカラスムギの仲間やスズメノチャヒキ属などのイネ科植物の大量出土がみられるようになる。とくにヨルダン渓谷のギルガル（Gilgal）遺跡では、12万粒のエンバク種子が26万粒のオオムギ種子とともに発見されており、このような大量の種子を野生状態から採集するのは困難であるため、栽培化こそなされていないものの、野生種を栽培することは行われていたのではないかと指摘されている（Weiss et al. 2006）。このように栽培化の直前の時代は、西アジアの広域にわたって、各地の植生環境を反映した植物が利用されていた。これは野生植物の採集がメインであったが、時には「野生種を栽培する」農耕活動が開始されていたと考えることができる。

　さて利用されていた植物の種類がわかったところで、もうひとつ疑問がある。それは料理がどのようにされていたのかである。ナトゥーフ期以降、新石器時代までに穀粒などをすりつぶしていたと考えられる擦り石の出土が増加する。そしてたいへん稀有な例として、北シリアのジェルフ・エル・アハマル（Jerf el Ahmar）遺跡（11,000年前頃）では、台所の遺跡が発見された。11,000年前といえば、栽培化された植物がはじめて出現するまさにその直前にあたり、定住生活が定着した時期でもある。ジェルフ・エル・アハマルの台所では、料理していた最中に火事がおきてしまった。石鉢の中にはオオムギが、石皿の上にはシロガラシ類（マスタード）またはそれに近縁なアブラナ科植物とみられる団子状の種子のかたまりが炭化した状態で発見された（Willcox 2002）。このアブラナ科カラシ類種子はすりつぶされて練られていたようだが、それはまさに現代のマスタードの加工法と同じである。当時の人々は、我々と同じようにカラシで味付けをして食事をしていたのだろうか？我々はともすると、石器時代人は飢えていて食べられるものなら何でも食べていた、とイメージしがちであるが、実際には案外、食に工夫をこらしておいしいものを食べていたのかもしれない。

4．農耕の展開――新石器時代から青銅器時代にかけてのシリア・ユーフラテス流域、
　　　　　　　ハブール流域を例に――

　農耕起源は今から約一万年前の、トルコ・シリア国境付近をその舞台としていた。一方、のちの灌漑農業で有名なメソポタミア文明は、紀元前3500年以降に、ユーフラテス川およびチグリス川下流域のイラク（南メソポタミア）をその舞台とする。農耕起源とメソポタミア文明の間の、約5000年間の農耕の発展について、二地域の中間であるシリア・ユーフラテス中流域とハブール流域を例に見てみよう（地図は図2参照）。
　表2に示すように、この地でも新石器時代にはファウンダー・クロップがよく利用されていた。ただトルコ・シリア国境周辺の農耕起源地にくらべると、降水量が少ないためか、それほど大量ではないエンマーコムギやレンズマメおよびオオムギを中心としており、あまり豊富とは言い難い状況である。ともあれ新石器時代初頭のファウンダー・クロップの広まりの影響をそのまま受けた植物利用がなされていた。この状況は紀元前4千年紀までつづいた。
　ところが紀元前3千年紀になると、出土する植物は一変する。表2に示した

表2　新石器時代から青銅器時代にかけての植物利用の変化
（とくにシリア・ユーフラテス川とハブール川流域について　各隊報告書等をもとに作成）

時期	ユーフラテス中流域(シリア) 遺跡名	出土植物	ハブール 遺跡名	出土植物
前8〜7千年紀	Bouqras	エンマー、アインコルン、オオムギ 易脱穀性コムギ、レンズマメ	Seker al-Aheimar	エンマー、オオムギ、レンズ
前6千年紀	Kosak Shamali	エンマー/アイン、オオムギ	Umm Qseir	エンマー、オオムギ、レンズ エンドウ、ヒヨコマメ
前5〜4千年紀			Ziyade Brak	エンマー、オオムギ、レンズ 草原の野生植物
前3千年紀	Selenkahiye Sweyhat	オオムギ、草原(又は休閑)の植物	Brak Atij Raqa'i Bderi Kerma	オオムギ、草原(又は休閑)の植物、畑雑草
前2千年紀	Hadidi	オオムギ、レンズ	Brak Schech Hamad Bderi	オオムギ、草原(又は休閑)の植物

ように、紀元前3～2千年紀の遺跡では、オオムギが圧倒的な主作物となり、コムギなど他の作物種の出現頻度は下がる。作物種がオオムギへと転換されるとともに、ステップ（草原）もしくは休閑地によくみられる野生植物もしくは雑草が大量に出土するようになる。

このオオムギ＋ステップ・休閑植物が増加するという現象は、牧畜に対する比重が増したことをひとつは意味している。ステップ・休閑植物が非常にたくさん出土するスウェイハット（Sweyhat）遺跡では、ユーフラテス段丘上のステップに放牧に行き、そこで集めてきた家畜フンを燃料として持ち帰ったのではと考えられている。

主作物であるオオムギでは、サイロに大量に貯蔵されるケースが増える。ケルマ（Kerma）遺跡では、夾雑物をきれいに取り除いた穀粒と、雑草やチャフがひどく混入した分が、別々の部屋から発見されており、前者はおそらく人間用、後者は飼料用とみられている。夾雑物のすくないクリーンなオオムギ穀粒がサイロから発見される場合は、交易に供されていた可能性がある。

灌漑農業は行われていたのだろうか？シリア・ユーフラテス、ハブール流域は年降水量が約400mmから約150mmしかない。乾燥に強いオオムギが300mm（コムギでは400mm）必要だといわれるので、それを下回るこの地での天水農耕は不安定にならざるを得ない。なおこの地のブアラ（Buara）塩湖の花粉データによると、過去6000年間に大きな気候変動はなかったとみられている（Gremmen and Bottema 1991）。この時期は南メソポタミアでは灌漑農業が開始された頃である。

答えからいうと、多くの考古植物学者は灌漑農業は行われていなかったと考えている。ユーフラテス川はムギ・マメの収穫期である春に増水するので、急流の中流域では河川敷を利用した栽培は洪水をうけるリスクがきわめて高い。また南メソポタミアと違い、ユーフラテス渓谷内では数メートルも水をくみ上げなければ洪水をうけない安全な土地では灌漑ができないので、動力問題的に無理であった。さらに出土植物からも、作物と雑草の質・混入比率などをみても灌漑をしていたという積極的な証拠は現在のところ提示されていない。

そうはいっても、天水農耕が困難な降水量250㎜以下の地で、実際にコムギほか作物が出土している。とくにブクラス遺跡（PPNB期）の現在の降水量は

年間125mmしかないにもかかわらず、各種コムギ、裸性オオムギ、レンズマメなど多くの作物が出土している。このような事実に対しては、渓谷内のテラス部で地下水位が高いところ、或いは傾斜の緩やかなワジの下部のように水が集まる肥沃な場所があれば、そこで作物を栽培していた、と解釈されている。

　本稿は科研費（特定領域研究17063007および若手研究B20700664）により取りまとめられた。一連の植物研究ではフランス国立科学研究センターのWillcox博士と早稲田大学大学院の赤司千恵氏にご協力をいただいた。

木内氏への謝辞
　青銅器時代の文献を多数ご教示くださった故木内智康氏には、セクル・アル=アヘイマル（Seker al-Aheimar）遺跡、ガーネム・アル=アリ（Ghanem al-Ali）遺跡発掘で多大なお世話をいただいた。シリアで同じ隊員として過ごした日々を思い出しつつ木内氏の温かい人柄を偲び、ご冥福をお祈り申し上げたい。

引用文献

Balter, M.　2007　Seeking Agriculture's Ancient Roots. *Science* 316: 1830-1835.

Gremmen, W. H. E. and S. Bottema　1991　Palynological Investigations in the Syrian Gazira. In H. Kühne (ed.), *Die rezente Umwelt von Tall Sec Hamad und Daten zur Umweltrekonstruktion der Assyrischen Stadt Dur-Katlimmu*, 105-116. Berlin, Dietrich Reimer Verlag.

Harris, D. R.　1989　An Evolutionary Continuum of People-Plant Interaction. In D. R. Harris and G. C. Hillman (eds.), *Foraging and Farming: the Evolution of Plant Exploitation*, 11-26. London, Routledge.

Savard, M., M. Nesbitt and M. K. Jones　2006　The Role of Wild Grasses in Subsistence and Sedentism: New Evidence from the Northern Fertile Crescent. *World Archaeology* 38: 179-196.

Tanno, K., and Willcox, G.　2006　How Fast was Wild Wheat Domesticated?. *Science* 311 (5769): 1886.

Weiss, E., M. E. Kislev and A. Hartmann　2006　Autonomous Cultivation before Domestication. *Science* 312: 1608-1610.

Willcox, G.　2002　Charred Plant Remains from a 10th Millennium B. P. Kitchen at Jerf el Ahmar (Syria). *Vegetation History and Archaeobotany* 11: 55-60.

Willcox, G., R. Buxo and L. Herveux　2009　Late Pleistocene and Early Holocene Climate and the Beginnings of Cultivation in Northern Syria. *The Holocene* 19: 151-158.

Zohary, D. 1996 The Mode of Domestication of the Founder Crops of Southwest Asian Agriculture. In D. R. Harris (ed.), *The Origins and Spread of Agriculture and Pastoralism in Eurasia*, 142-152. London, UCL Press

丹野研一 2007 「西アジア先史時代の植物利用―デデリエ遺跡、セクル・アル・アヘイマル遺跡、コサック・シャマリ遺跡を例に」西秋良宏編『遺丘と女神』64-73頁　東京大学総合研究博物館出版。

西アジア北部の新石器化と動物資源利用

リヨネル・グリション

　更新世末から完新世初頭にかけて、西アジアの社会は大きく変化した[1]。変化は生業経済、社会構造、文化の諸側面など広範囲に及ぶものであった。この変化は、1930年代にG. チャイルド（Childe）が「新石器革命」と定義したもので、今日では「新石器化」と呼ばれている。

　西アジアは新石器化が世界で最初に進行した地域の一つであり、そのプロセスを突き止めるための研究が様々な角度から展開されている。本稿では、新石器化を構成する重要な生業変化の一つ、「動物の家畜化」の開始と発展について述べる。舞台は西アジア北部である（図1）。1990年代以降、日本の東京大学が

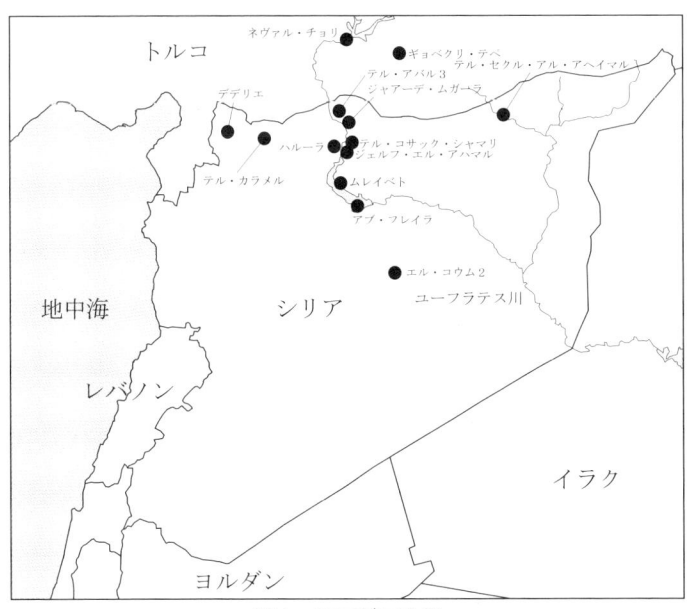

図1　西アジア北部

発掘したデデリエ洞窟（Dederiyeh）、テル・セクル・アル・アヘイマル（Tell Seker al-Aheimar）、テル・コサック・シャマリ（Tell Kosak Shamali）という北シリアの3遺跡に言及しながら研究の現況を整理したい。それぞれ、終末期旧石器時代、新石器時代、銅石器時代の動物利用に関する貴重な証拠が得られている。

1．居住様式と生業の変化：終末期旧石器時代

1．ナトゥーフ文化の登場

「新石器化」は、前13千年紀のナトゥーフ文化（Natufian）の出現によって始まる。ナトゥーフ文化は、レヴァント地方南部でとくに研究が進んでいる。この地域がナトゥーフ文化の起源地であり、ここからナトゥーフ文化が拡散したと考えられている。対照的に、今のところ、西アジア北部では、ナトゥーフ文化の遺跡は、わずかしか確認されていない。ユーフラテス川中流域（北シリア）のアブ・フレイラ（Abu Hureyra）やムレイベト（Mureybet）、アフリン渓谷（北西シリア）のデデリエ洞窟などである。西アジア北部で確認されているナトゥーフ文化の遺跡は、通常、ナトゥーフ期後期あるいは末期のものである。短いながらも厳しい気候の悪化期であるヤンガー・ドリアス期（Younger Dryas）に相当する前11千年紀に、レヴァント地方南部から西アジア北部へと人口が拡散した結果であると考えられている（Cauvin 2000, Moore et al. 2000）。

ナトゥーフ期に、はじめて村落と呼べるものが出現したことが知られている。竪穴住居が作られるようになり、一次葬墓や二次葬墓が比較的多くの遺跡から確認されている。また、貯蔵施設が作られ、すり石類など重量のある石製品が多く出土するようになる。完全に定住的な村落遺跡も複数確認されている。村落の定住性は、植物・動物考古学的研究（季節性の指標や動物の捕獲時期に関する研究など）および考古学的研究（建築の存在や物質文化の研究など）から、推測されている（Bar-Yosef and Belfer-Cohen 1989, Rocek and Bar-Yosef 1998）。

ナトゥーフ期の生業は、野生動物の狩猟と、野生穀類、野生マメ類の集約的な採集を基盤としていた。多様な動植物資源を利用していたことが、ナトゥーフ期の大きな特徴である。また、前13千年紀には、最初の家畜であるイヌ（*Canis familiaris*）が登場する。イヌはオオカミ（*Canis lupus*）を祖先とする。

イヌの家畜化は人の墓に一緒に埋葬されていること、オオカミと比較して鼻が短くなるなど形態的変化が生じていることから、推測されている（Dayan 1994）。

　ナトゥーフ期にイヌが食べられていた可能性は否定できない。しかし、イヌを家畜化した動機が、食するためではなかったことは確実である。なぜなら、イヌの骨が考古遺跡から出土することは、稀だからである。イヌは、家畜化された当初から狩猟を手伝い、肉食動物から村やキャンプを守っていたと推測される。また、村落の生ゴミを片付けるなどの作業も担っていただろう。

　ナトゥーフ期にレヴァント地方南部では、地域を問わずマウンテンガゼル（*Gazella gazella*）とダマジカ（*Dama mesopotamica*）が主要な狩猟対象獣であった。一方、西アジア北部の生業は、より変異に富んでいた。これは、主に西アジア北部の自然環境の多様性によるものと考えられる。前11千年紀のユーフラテス川中流域では、ステップに棲息するコウジョウセンガゼル（*Gazella subgutturosa*）と野生のウマ科動物（*Equus hemionus, Equus africanus* あるいは *Equus hydruntinus*）が、主要な狩猟対象動物であった。また、利用された動物資源は多岐に渡り、ユーフラテス川沿いに棲息するオーロックス（*Bos primigenius*）やアジアン・ムフロン（*Ovis orientalis*）、ダマジカ（*Dama mesopotamica*）、イノシシ（*Sus scrofa*）などの骨も少ないながら出土している。キツネ（*Vulpes vulpes, V. cana*）やノウサギ（*Lepus capensis*）といった棲息域がより広範囲に渡る動物の骨も見つかっている（Helmer 1991, Legge and Rowley-Conwy 2000）。また、鳥類とくに水鳥（カモ類）などの渡り鳥も、食糧のなかで重要であった。経済活動（狩猟と採集）の季節性を調べた結果、ユーフラテス川沿いの地域では前11千年紀初頭から、定住生活に移行したことが明らかになっている（Legge and Rowley-Conwy 2000）。

2．デデリエ洞窟が語る生業と居住の季節性

　一方、シリアのアフリン渓谷に位置するデデリエ洞窟では異なった様相がみられる。この遺跡では、ナトゥーフ期後期に相当する前12千年紀末から前11千年紀初頭にかけての層が確認されている（Nishiaki et al. 2009、西秋ほか2008）。この遺跡は、ナトゥーフ文化圏では北方に位置し、レヴァント地方南部やユーフラテス川中流域の同時代の遺跡とは、文化的・経済的にも大きく異なってい

る。洞窟の入り口付近に構築された円形住居及びその周辺から出土した動物骨を分析した結果、狩猟は主にアカシカ（*Cervus elahus*）やオーロックス、イノシシといった大型の哺乳類を対象にしていたことが明らかになった（図2）。また、こうした動物の骨に加え、野生のネコ（*Felis sylvestris*）の骨も頻繁に出土する。このことから、遺跡の周辺には、当時、森林が広がり、森林が現在よりも重要な役割を果たしていたことがわかる。このように、デデリエ洞窟の生業経済は、ナトゥーフ文化の起源地であるレヴァント地方南部とは異なる環境に、ナトゥーフ文化が適応した特殊な例であるといえよう。

　デデリエ洞窟で確認された小型動物には、キツネ、野生のネコ、ノウサギ、ハリネズミ（*Erinaceus concolor*）などが含まれている。中でもギリシャ・リクガメ（*Testudo graeca*）が目立ち、出土する小型動物の大半を占めている（図3）。ユーフラテス川中流域の遺跡とは対照的に、デデリエ洞窟では、鳥よりもリクガメに重点が置かれていた。しかし、デデリエ洞窟周辺やアフリン川周辺に棲息する鳥類の多様性は、ユーフラテス川中流域と比較しても、決して引けをとるものではない。同様の現象は、同時期のレヴァント地方南部でも確認されている。レヴァント地方南部の例に対してN. マンロー（Munro）やM. C. スタイナー（Stiner）が提示した仮説によれば（Stiner et al. 2000, Munro 2003）、このような出土動物骨にみられる差異は、単純に地域間の環境の差を反映している

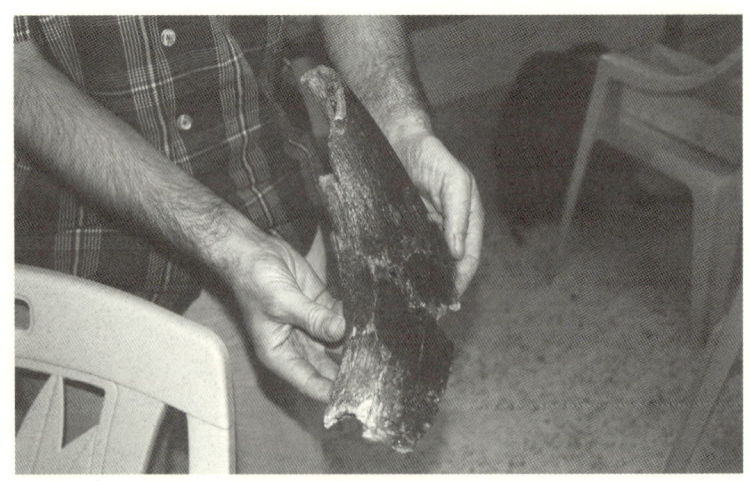

図2　デデリエ洞窟から出土したオーロックス

図3　デデリエ洞窟周辺で捕獲されたリクガメ

のではなく、むしろ共同体の定住性の差を反映しているという。同じ小型動物でも、リクガメのように動きが遅く捕まえるのが容易な動物と、鳥（とくに水鳥）のように動きが素早く捕獲するためにより高度な狩猟技術と計画性が必要とされる動物は、区別する必要がある。

　鳥の狩猟に比べると、リクガメの捕獲は、計画性を必要とせず、時間も労力もかからないため、より効率的といえる。しかし、このような状況は、長期間継続しない。西アジアには、リクガメが比較的多く棲息しているが、繁殖に時間がかかるため、一度個体数が減少すると、個体数は、極めてゆっくりとしか回復しない。リクガメを過度に捕獲すると、リクガメの個体数は急激に減少し、ときには、長期に渡り姿を消してしまうことすらある。一方で、鳥を捕獲するには、通常、狩猟戦略をたて装備を整えるといった面でより労力を必要とする。しかし、理論的には、長期に渡って集中的に狩猟が行われたとしても、さほど影響を受けず、鳥の個体数は、回復しやすい。とくに、このことは、渡り鳥に当てはまる。渡り鳥の繁殖地は、狩猟領域の外側にあるためである。

　デデリエ洞窟から、敏捷な動物よりも動きの遅い動物が多く出土することは、この洞窟が恒常的に利用されたのではなく、比較的遊動的な集団によって居住されていた可能性を示す。デデリエ洞窟を利用した集団は、野生資源を獲得す

るために、わずかな時間と労力しか必要としない便宜的な戦略を採用していたと思われる。現段階では、デデリエ洞窟出土の動物骨の分析は終了しておらず、洞窟がどの季節に居住されていたかを示すデータは得られていない。デデリエ洞窟が、季節的にしか利用されていなかったとするこの仮説は、今後、さらなる考古学的証拠を提出し、立証していかなければならない。

しかし、アブ・フレイラやムレイベトといった西アジア北部の他のナトゥーフ文化の遺跡で証明されているように、ナトゥーフ期前期に始まった定住化への動きは、ヤンガー・ドリアス期になっても、継続していたと思われる。紀元前11千年紀の西アジア北部では、遊動的な集団と定住的な集団が混在していた可能性がある。

2．動物家畜化の開始：新石器時代

1．家畜化開始期の社会と狩猟

考古学的に、ナトゥーフ期には、野生穀類を採集し、貯蔵していたことが確かめられている。一方、耕作、播種、収穫からなる農耕は、恐らく前10千年紀の先土器新石器時代A期（Pre-Pottery Neolithic A期）に始まったと考えられている。遊動的な狩猟採集経済から、生産性が高く安定した農耕・牧畜経済への移行は、長期間にわたる複雑なプロセスであったと推測される。西アジア北部で、はじめてヤギ（*Capra hircus*）、ヒツジ（*Ovis aries*）、ウシ（*Bos taurus*）、ブタ（*Sus domesticus*）が家畜化されるのは、紀元前9千年紀すなわち先土器新石器時代B期前葉（Early Pre-Pottery Neolithic B期）のことであった（Helmer et al. 2005，Peters et al. 2005）。しかしながら、一方で、狩猟は銅石器時代まで重要な活動であり続けた。例えば、シリアのジャジラ地方、テル・セクル・アル・アヘイマルの前7千年紀すなわち先土器新石器時代B期後葉（Late Pre-Pottery Neolithic B期）の居住層では、ペルシャ・ガゼル（*Gazella subgutturosa*）が出土動物の3分の1以上を占めている。同様に、ユーフラテス川中流域のテル・コサック・シャマリでは、ウバイド期からウルク期にかけて、野生動物の占める割合が大きく増加し、出土動物骨の20％近くを占めるようになる（Gourichon and Helmer 2003）。

動物を家畜化する以前の先土器新石器時代A期および先土器新石器時代B期前葉の時期には、実に多様な動物が利用されていた。しかし、なかでもガゼル、野生のウマ科動物、オーロックスの狩猟は重要で、食用の肉の大部分は、これらの動物の狩猟を通じて獲得されていた。ジェルフ・エル・アハマル（Jerf el Ahmar）、ムレイベト（Mureybet）、ジャアーデ・ムガーラ（Dja'de el Mughara）といったユーフラテス川中流域の初期新石器時代の遺跡から出土したガゼルの年齢構成を調べた結果、これらの遺跡で狩猟されたガゼルの年齢構成は、現生のガゼルの群れの年齢構成に類似したものであった（Gourichon 2004）。つまり、肉質や肉の量などを考慮して、ある年齢層のガゼルだけを選別して狩猟したわけではなかったことになる。むしろ、ガゼルの群れにとって破滅的な方法で、狩猟が行われていたように思える。歯のセメント質や乳歯の磨耗具合から狩猟の時期を分析した結果、一年を通じてガゼルの狩猟が行われたわけではなく、雨季（秋から冬）および春の終わりにガゼル狩猟が行われていたことが明らかになった。こうしたデータから、狩猟が季節的に行われていたこと、また、追い込み猟を行い、若い個体や老獣も関係なく、ガゼルの群れを丸ごと狩猟していたことが推測された。また、野生のウマ科動物（オナガー）の研究も同様の結果を示し、ウマ科動物が季節的に、そして群れ単位で狩猟されていたことも判明している。

つまり、大型獣の狩猟は、規則的な年間計画に従い、狩猟者や勢子を大勢動員し、共同で限られた時間内に最大限の獲物を獲得するよう行われていたことになる。このような狩猟は、いわゆる「社会的な狩猟」に当てはまる。「社会的な狩猟」とは、獲物を追い込むために、フェンスや網などの仕掛けを用いて、大勢の村落の人間を導入して共同で行う狩猟のことである（Driver 1995）。

この時期、新石器時代の社会が、社会的・技術的にも、より複雑な社会に変容したことが知られている。西アジア北部では、このような発展は、先土器新石器時代A期の集落ジェルフ・エル・アハマルやムレイベト、テル・アバル 3（Tell 'Abr 3）、テル・カラメル（Tell Qaramel）の建築遺構の変化にはっきりとあらわれている。この時期、これらの遺跡では、建築遺構が円形から矩形へと変化し、また、大型の公共建造物が出現する。このような大型の公共建造物は、恐らく政治的あるいは宗教的な活動の中心の場として用いられたと思われる

(Stordeur 2006)。このような大型の公共建造物を建設し維持したり、あるいは畑を耕し、種を撒き、収穫したりすることには、時間や労力、技術や人手が必要である。この結果、「集落の領域」という概念が発達したものと思われる（Kuijt 2000, Peters et al. 2004）。続く先土器新石器時代A期終末期から先土器新石器時代B期前葉にかけて、建築技術はさらなる進歩を遂げる。例えば、南東トルコのギョベクリ・テペ（Göbekli Tepe）では、巨大な石灰岩の石柱を用いた大型建造物が確認されている（Schmidt 2001）。

2．家畜の登場

動物の家畜化は、まさにこのような状況下で進行した。かつては、家畜化はザグロス地域などを含む複数の地域で進行したと推測されていた。しかし、近年のネヴァル・チョリ（Nevalı Çori）やチャファー・ホユック（Cafer Höyük）、ギョベクリ・テペ、ハルーラ（Halula）、ジャアーデ・ムガーラといった遺跡における研究によって、最も古い有蹄類の家畜馴化は、肥沃な三日月地帯の北部で進行したことが明らかとなった（Helmer et al. 2005, Peters et al. 2005, ヴィーニュほか 2008）。最初の家畜化は、生態域が広く、特有の行動的・身体的な特徴を有し、生息域が人間の活動領域と重なり、年間の移動が予測しやすく、かつ限定された領域内を移動する動物を対象としていた（Peters et al. 2005）。最初に家畜化された動物には、ヒツジ、ヤギ、ウシ、ブタが含まれている。これらの動物は、数は多くはないが、西アジアで普遍的に狩猟されてきた動物である。これらの家畜の野生祖先種は、それぞれアジアン・ムフロン、ベゾアール・ヤギ（*Capra aegragrus*）、オーロックス、そしてイノシシ（*Sus scrofa*）である。

家畜の同定は、通常、動物遺存体を対象に生物測定学的な研究および形態学的な研究を実施し、野生祖先種の物と比較することによって行われる。しかし、家畜化過程の最古段階の資料を対象に、同定を行うことは非常に難しい。「体の矮小化」は、一般的に家畜化を判断する上で重要な基準の一つと考えられている。しかし、この基準を用いる場合でも、ウシやヤギ、ヒツジに見られるような角芯の形状の変化や、ブタに見られるような顔面部位の小型化、また性的二形の減少や年齢構成の変化など、家畜化と関連するその他の変化も合わせて考察する必要がある。さらに、ある動物が、本来の生息域の外側に突然出現し

た場合も、家畜化された動物が、本来の生息域から人為的に持ち込まれたものと考えることができる。キプロスのシロロカンボス (Shillourokambos) が、この例にあたる。前8千年紀後半（先土器新石器時代B期前葉の後半）に相当するこの遺跡の最古の居住層からは、ウシ、ヤギ、ブタが出土している。

「生物資源の人為的な管理」とも言える家畜化は、純粋に生業の変化だけではなく、社会的・観念的な側面とも関係している。前10千年紀から9千年紀にかけて、西アジア北部では、動物に対する世界観が徐々に変化したものと思われる。このことは、まず、動物の体の特定の部位が、特殊な用途に用いられるようになったことから推測される。例えば、この時代、ウシの頭骨や大型哺乳類の肩甲骨が、意図的に埋納されている。また、同時に、動物の描写が、石製品や住居、柱や像に多く見られるようになる。特に、北シリアのジェルフ・エル・アハマルやテル・アバル3、南東アナトリアのギョベクリ・テペやネヴァル・チョリからは、多くの動物意匠が確認されている。先土器新石器時代A期から先土器新石器時代B期前葉にかけての時期に、最も多く見られる図像は、ヘビ、雄牛、ヒョウ、キツネ、イノシシ、そしてハゲワシやツルなどの大型鳥類の図像である (Helmer et al. 2004)。これらの動物の多くは、危険で、力強くそして恐ろしい存在として描かれている。このような現象は、同時期のレヴァント地方南部では、確認されていない。しかし、レヴァント地方北部では、このような象徴的な表現は、まさに人間による野生動物の管理の開始ともに出現している。狩猟採集経済から食糧生産経済への移行期に、人間の自然環境に対する関わり方が観念面で大きく変化したことを示しているのかもしれない。

3．二次的製品の利用: 新石器時代から青銅器時代へ

1．家畜化の目的を探る

　長い年月をかけて、ゆっくりではあるが、動物考古学者は、先史時代の牧畜、特に小型反芻動物（ヒツジとヤギ）の飼育に関する分析方法や理論を洗練してきた。その方法とは、発掘された動物の歯から動物個体の年齢を推定し、家畜群の年齢構成を復元するというものである。年齢構成の研究からは、古代の羊飼いが採用していた飼育戦略や飼育管理方法を明らかにすることができる。つ

まり、フリース（羊毛）やミルクなど動物を殺さずに得ることのできる二次的な製品を目的に飼育をしていたのか、あるいは、動物を殺害することによって得られる肉などの一次的な製品を目的に飼育していたのか判別することが可能となる（Helmer et al. 2007, Vigne and Helmer 2007）。民族学および畜産学のデータによれば、特定の製品を目的に家畜を飼育した場合、家畜は、ある特定の年齢で屠殺される傾向がある。家畜は、肉を目的に屠殺されると考えられがちだが、必要のない個体あるいは年老いた個体を間引きし家畜群の大きさを調整するなど、他の間接的な目的のために、屠殺されることもある。

　実際、複数の製品を目的に家畜が飼育されている場合があり、状況はより複雑である。しかし、何を目的にするかで家畜の屠殺の仕方は明確に異なるため、年齢構成を解釈することができる。例えば肉を目的にヤギを飼育した場合、1歳から2歳の時期に個体が屠殺される傾向がある。この個体は通常オスであり、たいていは事前に太らされている。この年齢で、ヤギの個体は成熟し最重量に達することが知られている。同じように肉を目的に飼育した場合でも、6ヵ月から12ヵ月というより若い段階で、家畜を屠殺する場合もある。前者は、市場経済が発達している場合などで、生産量（肉質と肉の量）を最大限にすることを目的としている。後者は通常、村や家庭内消費を目的にしている場合である。

2．肉、乳製品、フリース（ウール）

　乳製品を目的とした場合、ヤギ、ヒツジの授乳期に、新生獣を犠牲にして、最大量のミルクを獲得することが理想的である。実際には様々な方法があり、離乳を迎える時期（生後3ヵ月から4ヵ月）の前に幼獣を屠殺したり、あるいは母親から一時的に幼獣を引き離す方法などがある。前者の場合、3ヵ月くらいの個体を屠殺することになるが、群そのものを維持できなくなる恐れがある。この飼育方法は、市場を対象にした場合が多く、通常、別の方法で飼育されている他の群によって補完される必要がある。後者の方法は、西アジアや地中海沿岸域の村落で伝統的に採用されているものである。この飼育方法では、ミルクが明らかに出なくなる3歳から5歳の時期に集中して、メスが屠殺される。

　フリース（あるいはウール）を刈り取るためには、必ずしも個体を屠殺する必要はない。そのため、肉や乳製品とは異なり、年齢構成からフリース（ある

いはウール）を目的とした飼育の存在を推定することは難しい。さらに、高度に専門分化した場合を除き、フリース（あるいはウール）を単独の目的として、家畜飼育が行われることは稀である。

　先史時代に関しては、「ウール」という用語よりも「フリース」という用語を用いるほうが適切である。厳密にいえば、「ウール」とは、品種改良の結果、「フリース」が自然に抜け落ちなくなった状態の毛を指す。図像から判断すると、西アジアでは前期青銅器時代には、ウール種が出現していたと思われる。動物考古学的には、動物遺存体の中で老獣（5歳以上）がかなり高い割合で存在する場合にのみ、フリースが利用されていたと推測できる。フリースを目的とした場合、フリースの質が落ちるまで、できるだけ長く家畜が飼育されるからである。

　A. シェラート（Sherratt）は、1980年代に西アジアにおける動物飼育の歴史的な発展モデルを提示した（Sherratt 1981, 1983）。シェラートは、肉を目的にしたヤギ・ヒツジ飼育に比べ、ミルクやウールを目的にしたヤギ・ヒツジ飼育は、かなり遅れて登場したと考え、その出現は前4千年紀を遡らないと主張した。そして、彼は、こうした二次的な製品の利用が、経済や技術システムを大きく飛躍させ、結果的に都市国家の出現に必要な条件を多くもたらしたと主張した。「二次的製品革命」と呼ばれるこの仮説は、近年、シェラート自身を含む動物考古学者達により再検討されている（Evershed et al. 2006）。有蹄類の家畜化開始期（前9千年紀）から前期青銅器時代（前3千年紀）にかけての家畜飼育の発展を明らかにするため、近年比較研究が実施されている（Helmer et al. 2007）。この研究では、西アジア北部の諸遺跡から出土した49サンプルにも及ぶヒツジとヤギの歯が分析され、年齢構成に関する一連の重要なデータが得られている。この研究には、東京大学総合研究博物館が発掘調査したテル・セクル・アル・アヘイマルとテル・コサック・シャマリの資料も含まれている。

　研究の結果、肉を目的としたヒツジ・ヤギの飼育は、前9千年紀には既に実施されていたことが確認された。6ヵ月から12ヵ月の若い個体が集中的に屠殺されていたことが根拠となっている。このような屠殺パターンは、通常、小規模な食糧生産と関連している。また、1歳から2歳にかけての個体を集中して屠殺する、別のタイプの肉を目的とした飼育方法が、紀元前7千年紀（先土器

新石器時代B期後葉）になって出現している。例えば、北イラクのマグザリーヤ（Maghzaliyah）や北シリアのテル・セクル・アル・アヘイマルを例にあげることができる。しかし、このような屠殺パターンからすぐに、市場や交易のためにヒツジやヤギが飼育されていたと結論付けるべきではない。とくにテル・セクル・アル・アヘイマルのE区のレベル11、レベル12で得られたデータは、この時代としては異常で驚くべきものだが、特殊な動物の廃棄方法によるものと推測される。テル・セクル・アル・アヘイマルの他の地区の同時期のレベルから出土したヒツジ骨には、全年齢層のヒツジが含まれていた。一方、E区のレベル11、レベル12からら出土した動物の大半は、6ヵ月から2歳にかけてのヒツジであった。このような特殊な年齢構成は、集落のこの場所で、ヒツジが饗宴や集団全体の儀礼活動といった特殊な目的のために屠殺されていたことを示している。

3．乳製品、フリースを目的とした家畜化はいつ始まったか

また、この比較研究は、今日、一般的に受け入れられている仮説とは異なり、乳製品利用は、ヤギ・ヒツジが家畜化された当初にまで遡ることを明らかにした。この結論は、別の研究者による最近の研究によっても支持されている（Vigne and Helmer 2007）。実際に、前9千年紀から8千年紀（先土器新石器時代B期前葉と中葉）にかけての複数の遺跡で、ヒツジ・ヤギの多くが2歳から4歳にかけての時期に屠殺されていたことが確認された。しかし、ミルクを得るために生後3ヵ月以内の幼獣を集中的に屠殺するようなリスクの高い戦略は、後の時期になるまで確認されず、前期青銅器時代以前の時期には、ごく稀であった。ミルクが非常に早い段階から利用されていたと考えると、乳製品を利用するためにヤギ、ヒツジ、ウシが飼育されたようになった可能性がある。実際、脂肪成分（脂質）は、代謝に不可欠である。伝統的な社会では、通常、脂肪が価値の高いものとされていることはよく知られている。西アジア北部では、動物飼育が行われる前は、ガゼルや野生のウマ科動物が主に狩猟されていたが、これらの動物の肉は、比較的脂肪分が少ない。必要な脂肪分は、骨の髄を食べることで補っていたものと思われる。続旧石器時代および新石器時代の多くの遺跡で、実際に動物骨が打ち割られていることが確認されている。しか

し、このような慣習は、先土器新石器時代B期の間に、徐々に見られなくなっていく。このような現象が同時に進行していることからも、家畜飼育は肉のみではなく、二次的な製品を利用するために開始されたと推測される。

　考古学的に確認することは困難ではあるが、フリースの利用は、紀元前7千年紀（土器新石器時代）には始まり、5千年紀（ウバイド期、ウルク期）には活発になっていたものと思われる。テル・セクル・アル・アヘイマルの土器新石器時代の層では、大部分が4歳以上のヤギ・ヒツジで占められてい

図4　現代の紡錘車利用

た。同様の年齢構成は、同時期のテル・ソットー（Tell Sotto）（北イラク）やエル・コウム2（El Kowm 2）（中央シリア）でも確認されている。羊毛利用が活発化する動きは、テル・コサック・シャマリのウバイド期からウルク期にかけての層でも確認されている。また、紡錘車の研究からも同様の傾向が指摘されている（図4）（須藤2008）。

　テル・コサック・シャマリでの研究では、ヤギとヒツジの歯をしっかりと区分することができ、動物種ごとに異なった利用方法が採用されていたことを明らかにすることができた。ヒツジは主に肉とフリース目的に、一方、ヤギは、ミルク目的に飼育されていた。同様の飼育方法は、西アジアの伝統的な飼育方法に見ることができる（Lancaster and Lancaster 1991，D'Hont 1994）。

4．おわりに

　先土器新石器時代B期の終末期には、家畜飼育の在り方が多様化したことが

確かめられており、家畜製品の余剰生産が行われていたこと、また非常に高度に家畜飼育が組織化されていたことが示唆される。この時期に、消費者と生産者の分化が進み、新しい社会組織へと移行した可能性がある。

上述した比較研究によれば、家畜飼育における専門分化が、はっきりと明確化するのは前期青銅器時代のことであり、前期青銅器時代には、とくに二次的な製品（ミルクとウール）を目的に家畜飼育が行われていた。しかし、少なくとも西アジア北部では、紀元前7千年紀より、家畜飼育が少しずつ時間をかけて多様化していったことが確認されており、かつてシェラートによって提唱された「二次的製品革命」という概念は、今後、成り立つものではない。家畜飼育は、文明の誕生に向けて社会や経済が複雑化する中で、同時に発展していったものと思われる。

註

1) 本稿は、全て較正年代を用いている。挿図・写真は編者提供。

引用文献

Bar-Yosef, O. and A. Belfer-Cohen 1989 The Origins of Sedentism and Farming Communities in the Levant. *Journal of World Prehistory* 3 (4): 447-498.

Cauvin, J. 2000 *The Birth of the Gods and the Origins of Agriculture.* Cambridge, Cambridge University Press.

D'Hont, O. 1994 *Vie quotidienne des Agédât. Techniques et occupation de l'espace sur le Moyen Euphrate.* Damas, Publications de l'Institut Français d'études arabes de Damas 147.

Dayan, T. 1994 Early Domesticated Dogs of the Near East. *Journal of Archaeological Science* 21: 633-640.

Driver, J. C. 1995 Social Hunting and Multiple Predation. In D.V. Campana (ed.), *Before Farming: Hunter-Gatherer Society and Subsistence*, 23-38. MASCA Research Papers in Science and Archaeology (supplement) 12.

Evershed, R. P., Copley, M. S., Coolidge, J., Urem-kotsou, D., Sherratt, A. and S. Payne 2006 The Emergence and Spread of Dairying in Southeast Europe and the Near East. *10th International Council of Archaeozoology* (Mexico, August 2006). Oral communication by S. Payne.

Gourichon, L. and D. Helmer 2003 Preliminary Analysis of the Faunal Remains from Tell Kosak Shamali (Syria): Squares AD5, AE5, AF5, BD6 and BE6. In Y. Nishiaki and T. Matsutani (ed.), *Tell Kosak Shamali. The Archaeological Investigations on the Upper Euphrates, Syria.*

Vol. II-Chalcolithic Technology and Subsistence, 273-282. Tokyo, UMUT Monograph 2.

Helmer, D. 1991 Etude de la faune de la Phase 1A (Natoufien final) de Tell Mureybet, fouilles Cauvin. In O. Bar-Yosef and F. R. Valla (eds.), *The Natufian Culture in the Levant*, 359-370. Ann Arbor, International Monographs in Prehistory (Archaeological Series 1).

Helmer, D., Gourichon, L., and D. Stordeur 2004 A l'aube de la domestication animale. Imaginaire et symbolisme animal dans les premières sociétés néolithiques du Nord du Proche-Orient. *Anthropozoologica* 39 (1): 143-163.

Helmer, D., Gourichon, L., and E. Vila 2007 The Development of the Exploitation of Products from Capra and Ovis (Meat, Milk and Fleece) from the PPNB to the Early Bronze in the Northern Near East (8700 to 2000 BC cal.). *Anthropozoologica* 42 (2): 41-70.

Helmer, D., Gourichon, L., Monchot, H., Peters, J., Saña, M. and M. Seguiī 2005 Identifying Early Domestic Cattle from the Pre-Pottery Neolithic Sites on the Middle Euphrates using Sexual Dimorphism. In J. D. Vigne, J. Peters and D. Helmer (eds.), *New Methods and the First Steps of Mammal Domestication. Proceedings of the 9th International Council of Archaeozoology (ICAZ) Conference (Durham, 2002)*, 86-95. Oxford, Oxbow Books.

Kuijt, I. 2000 *Life in Neolithic Farming Communities: Social Organization, Identity, and Differentiation*. New York, Kluwer Academic Publishers.

Lancaster, W. and F. Lancaster 1991 Limitations on Sheep and Goat Herding in the Eastern Badia of Jordan: An Ethnoarchaeological Enquiry. *Levant* 23: 125-138.

Legge A. J. and P. A. Rowley-Conwy 2000 The Exploitation of Animals. In Moore A.M.T., Hillman G.C. and Legge A.J (ed.), *Village on the Euphrates. From Foraging to farming at Abu Hureyra*, 423-471. Oxford, Oxford University Press.

Mazurowski, R. 2001 Tell Qaramel. Excavations 2001. *Polish Archaeology in the Mediterranean* 13: 295-307.

Moore, A. M. T., Hillman, G. C., and A. J. Legge 2000 *Village on the Euphrates. From Foraging to Farming at Abu Hureyra*. Oxford, Oxford University Press.

Munro, N. D. 2003 Small Game, the Younger Dryas, and the Transition to Agriculture in the Southern Levant. *Mitteilungen der Gesellschaft für Urgeschichte* 12: 47-71.

Nishiaki, Y., Muhesen, S., and T. Akazawa 2009 Newly Discovered Late Epipalaeolithic Lithic Assemblages from Dederiyeh Cave, the Northern Levant. In E. Healey, S. Campbell, and O. Maeda (eds.), *Proceedings of the 6th Workshops on PPN Chipped Lithic Industries*. Manchester, University of Manchester.

Peters J., von den Driesch, A., and D. Helmer 2005 The Upper Euphrates-Tigris Basin: Cradle of Agro-Pastoralism?. In J. D. Vigne, J. Peters and D. Helmer (eds.), *The First Steps of Animal*

Domestication. *Proceedings of the 9th International Council of Archaeozoology (ICAZ) Conference (Durham, 2002)*, 96-123. Oxford, Oxbow Books.

Rocek, T. R. and O. Bar-Yosef 1998 *Seasonality and Sedentism. Archaeological Perspectives from Old and New World Sites*. Cambridge, Peabody Museum Bulletin 6.

Schmidt, K. 2001 Göbekli Tepe, Southeastern Turkey: A Preliminary Report on the 1995-1999 Excavations. *Paléorient* 26 (1): 45-54.

Sherratt, A. 1981 Plough and Pastoralism: Aspects of the Secondary Products Revolution. In I. Hodder, G. Isaac and N. Hammond (eds.), *Pattern of the Past: Studies in honour of David Clarke*, 261-305. Cambridge, Cambridge University Press.

Sherratt, A. 1983 The Secondary Exploitation of Animals in the Old World. *World Archaeology* 15: 90-104.

Stiner, M. C., Munro, N. D. and T. A. Surovell 2000 The Tortoise and the Hare: Small Game Use, the Broad Spectrum Revolution and Paleolithic Demography. *Current Anthropology* 41: 39-73.

Stordeur, D. 2003 Symboles et imaginaire des premières cultures néolithiques du Proche-Orient (haute et moyenne vallée de l'Euphrate). In J. Guilaine (ed.), *Arts et symboles du Néolithique à la Protohistoire. Hommage à J. Cauvin*, 15-37. Paris, Errance.

Stordeur, D. 2006 Les bâtiments collectifs des premiers néolithiques de l'Euphrate, création, standardisation et mémoire des formes architecturales. In P. Butterlin and B. Müller (eds.), *Les espaces syro-mésopotamien. Dimensions de l'expérience humaine au Proche-Orient ancien, Volume d'hommage au Professeur J. Margueron* (*Subartu* 17), 21-35. Turnhout, Brepols Publishers.

Vigne, J. D. and D. Helmer 2007 Are the Secondary Products Secondary, especially for the Birth of Old World Bovid Domestication? : Its Role in the Domestication of Cattle, Sheep and Goats. *Anthropozoologica* 42 (2): 9-40.

須藤寛史　2008　「羊毛のドメスティケーション」西秋良宏編『遺丘と女神：メソポタミア原始農村の黎明』94-102頁　東京大学出版会。

西秋良宏（編）　2008『遺丘と女神：メソポタミア原始農村の黎明』東京大学出版会。

西秋良宏・仲田大人・米田穣・近藤修・丹野研一・カンジョ, Y.・ムヘイセン, S.・赤澤威　2008　「シリア、デデリエ洞窟における先史人類学的調査（2006-2007年度）」『高知工科大学紀要』5 (1)号　9-23頁。

マシュコル, M.・ヴィーニュ, J.・西秋良宏　2008　「西アジアにおける動物の家畜化とその発展」西秋良宏編『遺丘と女神：メソポタミア原始農村の黎明』80-93頁　東京大学出版会。

西アジア新石器時代の倉庫址
——テル・エル＝ケルク遺跡の事例——

小髙敬寛

　物資を貯蔵する行為の発展は、人類の歴史上きわめて重要な役割を果たしてきた。とりわけ、西アジアの先史時代において世界に先駆けて起きた、定住の始まりから農耕・牧畜の開始を経て都市文明の誕生へといたる一連の画期的変化は、つねに貯蔵活動の発展と連動した出来事であった。すなわち、その過程をつぶさに跡付けることは、西アジア先史時代の文化変化の解明に対する直接的な寄与につながるといえよう。

　2008年8月、筑波大学シリア考古学調査団（団長：常木晃）とシリア・アラブ共和国文化財博物館総局（団長：J. ハイダール）が合同で発掘調査を実施しているテル・エル＝ケルク（Tell el-Kerkh、以下ケルクと略）遺跡において、遺存状態の良好な先土器新石器時代B期の建物址が検出された。655号遺構という名称が与えられたその建物址は、多くの状況証拠から物資の貯蔵のために使われていた倉庫であったと推定できる。本稿ではこの新資料を紹介するとともに、西アジア先史時代における貯蔵活動の発展過程のなかで本遺構が占める位置について、若干の考察を試みたい。

1．テル・エル＝ケルク遺跡655号遺構

　シリア北西部ルージュ盆地内の南寄りに位置するケルク遺跡は、テル・エル＝ケルク1号丘、同2号丘、テル・アイン・エル＝ケルク（Tell Ain el-Kerkh）の三つの遺丘で構成される（図1）。新石器時代からビザンツ時代にわたって形成された複合遺跡であるが、なかでも新石器時代に営まれた集落は西アジア

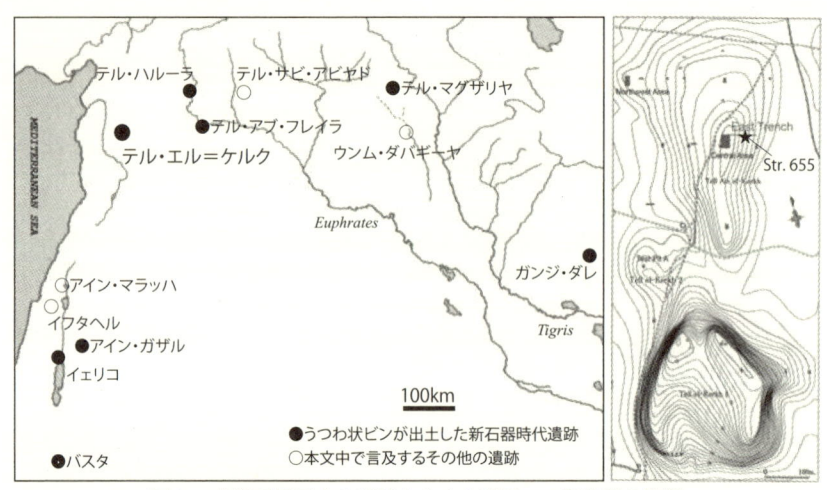

図1　本稿で言及する遺跡とケルク遺跡655号遺構の位置

図2　655号遺構検出状況（西から）

で最大級の規模を誇り、先土器新石器時代B期後期を中心とした時期に特有な「巨大集落 (mega-site)」の一つとして知られる（cf. 常木1995、小髙2005）。

　ケルク遺跡の655号遺構は、東トレンチと称する発掘区の第9層、テル・アイン・エル＝ケルクの頂部から東に約40〜50m、地表面からの深さ約2.5mの位置で確認された（図1〜3）。放射性炭素年代の測定結果はまだ得られていないものの、この層に土器はまったくみられず、直上の第8層ではこの地域で最古の土器（ケルク土器）が出土していること、あるいはアムーク型尖頭器など出土石器の型式などから、先土器新石器時代B期後期に帰属することが確実視される。厚さ0.4m程のピゼ（練土）で構築された平面矩形の建物であり、壁の表面には明灰色の泥プラスターが1mm程の厚さで塗られてい

西アジア新石器時代の倉庫址　49

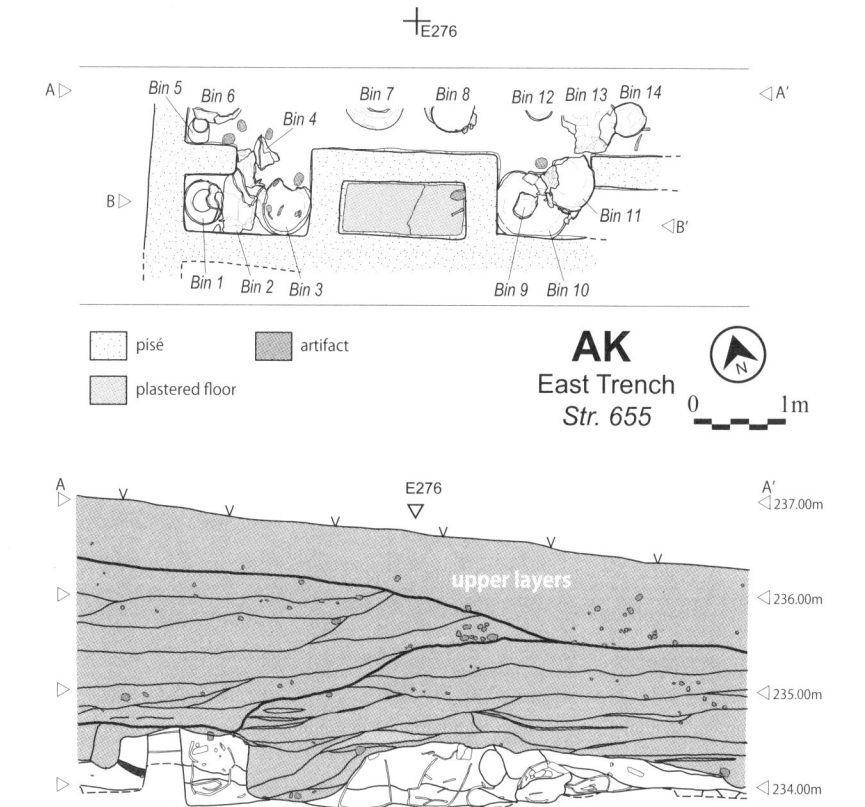

図3　655号遺構平面・断面図

た。東西方向で約5.5mの長さを確認したものの、東端は削られており本来の規模は不明である。南北方向は約2mの範囲のみを発掘したが、遺構はさらに続いている。残存高はもっとも遺存状態のよい部分で約0.8m、他はおおむね0.4m程を測り、確認面から床面までの深さも同程度である。全体的に強く被熱しており、覆土は明赤褐色から明黄褐色の焼土が主体的で、火の回りが悪かったと思われる内部の底面隅付近には、燃切れていない細粒の黒色炭化物が多く

みられた。遺構の内部はピゼ壁によって少なくとも4つの部屋に仕切られており、覆土の掘り下げに際しては便宜的に6つのユニットを設定した（図4）。また、遺構内から出た排土はすべて篩がけを行ない、微細な遺物の収集に努めた。以下では、ユニットごとに観察所見を述べてみたい。

ユニット1　遺構検出範囲の南西部、東西1.4m×南北0.6mの独立した部屋にあたる。北壁の東半が開口し、ユニット2に通じる。室内には樽形の据付式容器（ビン bin）が計3基、隙間なく並んでいた。これらはいずれも厚さ2～3cm内外の明褐色を呈する粘土で造られており、表面にはピゼ壁のそれと似た泥プラスターが薄く塗布されていた。取り上げると細かく割れてしまうほど非常に脆く軽いため、元来は未焼成のまま設置されていたと考えられる。なお、他のユニットで出土したビンもすべて同様の材質であった。残存径46cmを測る西側のビン（ビン1）は、遺構内で検出されたビンのうち底をもたない唯一の例であり、部屋の床面に置かれた上面の平坦な石の上に設けられていた。容器が可動式ではなく、据付式であったことを示す証左といえよう。中央のビン（ビン2）は北方向に横倒しになって潰れた状態でみつかったが、ビン1と同

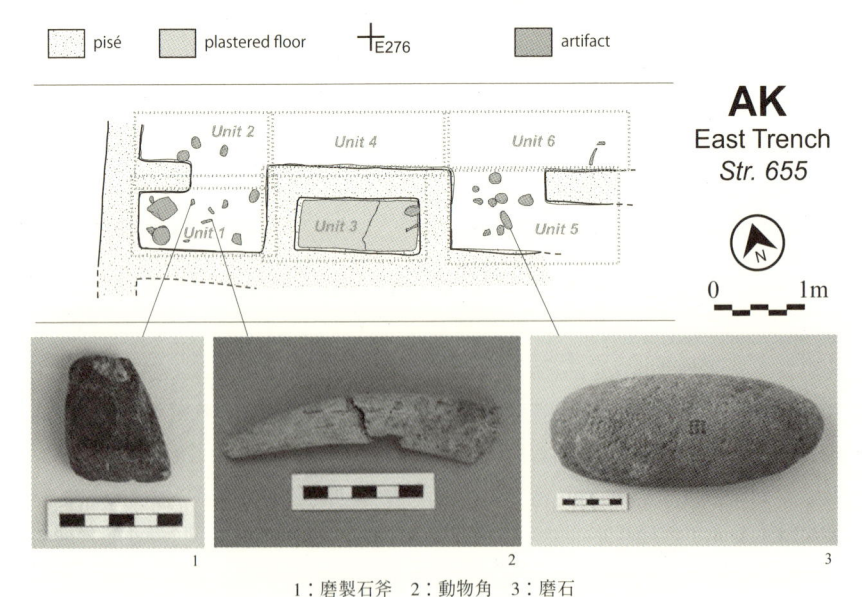

1：磨製石斧　2：動物角　3：磨石

図4　655号遺構のユニット配置と床面出土遺物

1：黒曜石製掻器（ユニット1出土）　2：フリント製掻器（ユニット1出土）
3：フリント製アムーク型尖頭器（ユニット2出土）　4：動物角（ユニット1出土）
5：貝製ビーズ（ユニット5出土）

図5　655号遺構の出土遺物

程度の大きさであったと思われる。東側のビン（ビン3）は残存径53cmで、北半は上層からの掘り込みによって破壊されていた。他のビンの覆土が微細なフリント片や骨片等をわずかに含むのみであったのに対し、ビン3内部の底からは黒曜石製掻器1点（図5-1）、フリント製掻器1点（図5-2）、小型の磨石1点、動物角3点（図5-4）といった遺物が出土した。ユニット1の室内空間はビンにほぼ占有されていたが、わずかな隙間の床面直上からは、小型の磨製石斧1点（図4-1）、砥石1点、大型の磨石2点といった磨製石器類の他、動物角1点（図4-2）などがみつかった。

ユニット2　ユニット1の北側、遺構検出範囲の北西部にあたる。西側と南

側はピゼ壁に囲まれるが、南側の東半は開口してユニット1に通じる。北側は調査区外で、東側は隔てる壁がなくユニット4へと繋がり、さらに東のユニット6を含めて一つの部屋を成しているようだ。ユニットのほぼ東半は、床面近くにまで達する上層からの掘り込みが覆土を攪乱していた。少なくとも3基のビンが出土したが、そのうちユニット1との境界付近のもの（ビン4）は、残存径38cmを測るものの大部分はこの攪乱によって破壊されていた。南西隅のビン（ビン5）は径が20〜25cm程と小さく、細長い円筒形に近い形状を呈す。その北隣のビン（ビン6）は南側の一部を除いて大半が調査区外にあたっていたが、最大径58cm以上の樽形と推測される。いずれのビンからも内容物と思しき遺物は出土しなかった。いっぽうで、ビン外の覆土中からはフリント製のアムーク型尖頭器（図5-3）1点や大型の磨石3点などがみつかり、特に後者の出土位置は床面直上であった。

　ユニット3　ユニット1の東側、四方を壁で囲まれた東西1.3m×南北0.6mの独立した部屋。他の部屋に通じる開口部がなく、プラスター貼りの床をもち、ビンはまったく設置されていない。これらの三つはいずれも、655号遺構の検出範囲内で唯一このユニットのみにみられる特色である。覆土中からは、敲石や磨石といった磨製石器類3点および貝製ビーズ1点のほか、室内東端の床面直上で大型の磨石1点と加工された動物骨1点が出土した。

　ユニット4　ユニット3の壁を隔てて北側の範囲である。東西には壁がなく、西側のユニット2および東側のユニット6とともに形成される空間の中央を占める。北側は調査区外にあたり、南北の幅は約0.5mの範囲のみが調査の対象となった。調査区外にかかる形で、東西に並ぶ2基のビンが部分的に出土した。西側のビン（ビン7）は残存径60cm程、東側のもの（ビン8）は同じく50cm強の大きさであり、ビン7はやや下部が膨らむように潰れていたが、両者とも樽形で互いに酷似している。ビンの内部も含め、覆土中から目立った遺物は出土しなかった。

　ユニット5　ユニット3の壁を隔てて東側、遺構検出範囲の南東部にあたる。南北も壁に仕切られて独立した部屋を成すようだが、東側は後代の削平を受けており不明である。北側の西半は壁が途切れており、ユニット6へと通じる。3基のビンが確認でき、西端では残存径28cmの底部のみが遺存したビン（ビン

9）が、同じく80cm強を測る大型のビン（ビン10）の内側に設置された状態でみつかった。このビン9の下に隠れたビン10の底からは、貝製ビーズが150点以上まとまって出土した（図5-5）。もう1基のビン（ビン11）はその北東側、北側の壁が途切れる部分に位置し、残存径はおよそ65cmであった。いずれのビンも損壊が激しく、貝製ビーズのほかに内容物は出土しなかった。しかし、遺構床面上からは5点の大型磨石類（図4-3）やヘラのような骨製品などが検出された。これらの遺物はビンのあるユニット西部に偏在している。

　ユニット6　遺構検出範囲の北東部にあたる。西側はユニット4に接し、南側のユニット5とは壁で隔てられているが、その西半は開口して直接通じる。北側は調査区外であり、東側は後代の削平を受けていた。ビンは東西に3基並んで検出されたが、いずれも損壊が激しい。西側のビン（ビン12）は残存径35cm程の底部のみがみつかった。その北側は調査区外に及んでおり、土層断面を観察するかぎりは西側に並ぶユニット4のビン7や8と同様のものであったようだ。中央では東方向に横倒しになって潰れた状態のビン（ビン13）が検出され、さらにその東では、残存径40cm程の底部のみが遺存したもう1基のビン（ビン14）がみつかった。都合、ユニット2、4、6で形成される一連の空間には、ほぼ同じ規模をもつ計6基のビン（ビン6〜8、10〜12）が直線状に配置されていたことになる。ビン6と7の間の撹乱された部分にも本来はビンが存在していたかもしれないし、土層断面にみえるビンの破片から、ビン8と10の間にもビンが存在していた可能性が考えられる。ユニット6の覆土中、特にビン12の南側では、建材らしい焼けた板状の粘土塊が大量に出土した。また、ビン14の南東側の床面直上からは2点の動物角がみつかった。

　以上の観察所見から、655号遺構の最大の特徴として、ユニット2東半付近の撹乱およびユニット3を除き、おもに樽形のビンが足の踏み場もないほど隙間なく並んでいる点を指摘できる。この空間を貯蔵以外の目的で使うことはまず不可能であり、本遺構の少なくとも発掘された範囲が貯蔵用に特化した倉庫として利用されていたのは間違いなかろう。唯一ビンの設置されていないユニット3にしても、四方を壁で囲まれているうえ非常に狭いため、貯蔵用の空間であった可能性が高い。この部屋だけ床にプラスターが貼られているのは、貯蔵物資を直接床の上に置いたためかもしれない。また、ユニット3の出入り口

をもたない部屋や、壁と他のビンに周りを囲まれたビン1、2などの存在は、貯蔵物資へのアクセスが上方からであったことを示唆する。

　ビンには例外的に小型のもの（ビン5）や大型のもの（ビン10）もみられるが、多くは径45～65cmの規模であったと考えられる。また、持ち運びできるような材質で造られてはおらず、底がないもの（ビン1）も存在することから、建物に直接据え付けられた設備であったようだ。ビンの隙間を縫って床面上からしばしば出土する大型の磨製石器類は、ほとんどがビンを取り除かないかぎり手に取ることのできない位置にあった。したがって、これらは後で利用するために収納されていた物資ではなく、ビンの据え付けに際してその安定性を確保するために、部材として転用されたものではないかと思われる。

　また、他の出土遺物の多くも、やはり手にしづらいビン付近の床面直上から出土した。上方からはほとんど視認できない位置であり、何より容器であるはずのビンの内部ではない。したがって、これらは貯蔵されていた物資というより、むしろ何らかの原因でビンの裏に入り込んでしまい取り出せなくなったもの、あるいはそのまま存在を忘れ去られてしまったものと想像できる。まとまって出土したユニット5の貝製ビーズもまた、ビン9の下に隠れていたことから同様であろう。

　では、本来の貯蔵されていた物資は何であったのだろうか。残念ながら、ビンの内容物はほとんど残されていなかった。例外として、ビン3の中からは複数の遺物が出土したが、ビンの北半が攪乱されていることを考慮すると、これらが元々ビンの中に収納されていたものであったかどうかは疑わしい。今後、ビン覆土の分析などから推定可能かもしれないが、結局のところ貯蔵物資について何も分かっていないのが現状である。ただし、貯蔵されていた物資が倉庫を放棄する以前に持ち出されていたであろうことは想像に難くない。ビンの中身がほとんど空であったのに加え、出土遺物の多くは持ち出し忘れた「忘れもの」のようにみえるからだ。

　その場合、655号遺構が火を受けたのは倉庫として使われていた時期ではない。建物の放棄に際して意図的に火を放つ行為は世界各地で認められるが、西アジアの新石器時代でもその可能性を指摘しうる事例は知られている（e.g. Verhoeven 2000, Twiss et al. 2008）。儀礼行為なのか、あるいは害虫・害獣駆除

のためなのかといった理由はともかくとして、本遺構の被熱もまた偶発的な火災の結果ではなく、物資を持ち出した後、意図的に火を放ったためと解釈するのが自然であろう。

2．西アジア新石器時代の貯蔵設備

　西アジアにおいて貯蔵活動が顕著に捉えられはじめるのは、終末期旧石器時代後葉のナトゥーフ期からである。この時期はいわゆる広範囲生業（broad spectrum subsistence）に支えられ、著しく定住性が高まるとされるが、住居内に設けられた貯蔵設備はその有力な根拠の一つになっている。たとえば、西アジアにおける定住的な狩猟採集民の初期の発見例として著名なアイン・マラッハ（Ain Mallaha）遺跡では、複数の住居内で貯蔵設備と思しき一辺0.5～1m程の方形に石を並べた区画がみつかっている（Valla 1981）。定住生活を支えたのは広範囲生業だけでなく、食糧その他の必要物資を長期的に確保するための貯蔵活動も不可欠であったに違いない。貯蔵活動は定住性の高まりとともに顕在化するが、定住を裏付けるのもまた貯蔵活動の顕在化である。

　先土器新石器時代に入り、農耕・牧畜へと生業基盤の転換が始まると、貯蔵活動の証拠はますます顕著になっていく。集落構造の理解に貢献しうるような、遺存状態の良好な建築層を広く発掘した場合には、必ずといってよいほど貯蔵活動を示唆する資料がみつかっている。そのなかで物資を納めたと推定される貯蔵設備の類例は、貯蔵穴、小部屋、ビンの3種に大別できそうだ。

　貯蔵穴はナトゥーフ期から数多くみつかっている。単純な土坑から内面に板石やプラスターを貼ったものまで多種多様であり、しばしば実際の貯蔵物資が出土することもある。たとえば、南レヴァントの先土器新石器時代B期の遺跡であるイフタヘル（Yiftahel）では、径1～2mを測る2基の土坑から3～4tもの石灰岩が検出された。付近には平面楕円形の焼成遺構もみつかっており、プラスターの原材料として貯蔵されていたものと推測される（Garfinkel 1987: 208-209）。

　小部屋は部屋そのものを貯蔵設備とする。居室や寝室、作業場としては狭すぎるものが多く、壁に囲まれて出入り口をもたないこともある。貯蔵された物

資がみつからなくても、他の用途が想像できないことから貯蔵設備と解釈される場合がままあり、ケルク遺跡655号遺構のユニット3もその一例に数えられよう。また、先土器新石器時代B期までは住居内の一画にあるのが通例だが、土器新石器時代に入ると、イラク北部のウンム・ダバギーヤ（Umm Dabaghiyah）遺跡（Kirkbride 1974）やシリア北部のテル・サビ・アビヤド（Tell Sabi Abyad）遺跡Ⅰ号丘6層（Akkermans and Duistermaat 1997）の例といった、複数の連結する小部屋から構成される大規模な倉庫が現れる。テル・サビ・アビヤド遺跡などにもみられるような、いわゆるトロス（tholos）のうち倉庫として使われた諸例もまた、小部屋タイプの貯蔵設備の一種としてよかろう。

　ビンは先土器新石器時代に入ってからみられはじめ、板石などで部屋の隅を仕切って設けたものと、粘土やプラスターを樽形などのうつわ状に成形したものの2種に細別できる。後者には無論、ケルク遺跡655号遺構のビン14基が含まれる。類例はそれほど多いわけではないが、ほぼ同時期の西アジアの広い範囲に点在している。イラン南西部に所在するガンジ・ダレ（Ganj Dareh）遺跡では、火を受けて良好に遺存していたD層において、3基以上の部屋の隅を仕切ったビンもみつかったが、少なくとも6基ある「大型の土製容器（large clay vessel）」はうつわ状のビンに相当する。繊維や礫を含んだ粗い粘土で造られ、内容量は70～200ℓ近くとの記述があり、図版を参照するかぎり平面形は径25～60cm程の円形である（Smith 1990: 332, Fig. 1）。イラク北部では、テル・マグザリヤ（Tell Maghzaliyah）遺跡最下層の例があげられる。厚さ2～3cmの未焼成粘土製で、高さ65cm、径45cmの樽形をなす。下部に径10cmの開口部があり、現代の地域住民が使うビンとの類似から、内容物であった穀物の取り出し口と解釈されている（Bader 1993: 13）。ケルク遺跡と距離的に近いものとしては、ユーフラテス川中流域の例がある。テル・アブ・フレイラ遺跡（Tell Abu Hureyra）では、トレンチBフェイズ7の建物のうちルーム1という一室で、大型のプラスター容器が2基検出された。一つは長辺1.1m×短辺0.7m×高さ0.6m以上の直方体で、粘土製の土台の上に置かれていた。もう一つは壁面に埋め込むように設置されており、高さ65cm×幅55cm×奥行き21cmの卵形で「壁龕（niche）」と報告されている。これらは土製ではないが貯蔵用のビンである可能性があり、特に前者は報告者も穀物貯蔵設備と推測している（Moore et al.

eds. 2000: 197-203）。また、テル・ハルーラ（Tell Halula）遺跡では、部屋の内外に設置された平面円形もしくは矩形の「サイロ（silos）」が複数報告されている。図版を参照するかぎり、径あるいは一辺が0.5～1m程の平面規模をもつ、うつわ状のビンのようにみえる（Molist 1998: 120）。南レヴァントでは、バスタ（Basta）遺跡やアイン・ガザル（'Ain Ghazal）遺跡の例があげられる。両者とも未焼成粘土製で、図版をみるかぎり後者は径70cm程の樽形である（Nissen et al. 1987: 109, Rollefson et al. 1992: Figs. 4, 13）。また、土器新石器時代前葉に下るが、イェリコ（Jericho）遺跡IX層で出土し、家屋あるいは祠堂の模型と解釈された高さ102cm×幅77cmの土製品（Garstang et al. 1936: 71）についても、同類のものではないかという指摘がある（Garfinkel 1999: 10）。

　以上であげたビンは、矩形のものを除けば形状や大きさの点でケルク遺跡の例に類似する。しかし、決定的に違うのが配置の疎密である。通常、同じ室内に置かれるビンは1基のみであり、例外であるガンジ・ダレ遺跡やテル・アブ・フレイラ遺跡でさえ最大3基にとどまる。しかも、室内には人の移動できる空間が十分にあり、ケルク遺跡655号遺構のようにビンが部屋を埋め尽くしてはいない。また、複数基のビンをもつ部屋が隣接して密集するようなこともない。

　ケルク遺跡655号遺構は、発掘面積わずか11m²程の空間に14基ものビンが設置されており、ビンのないユニット3も小部屋タイプの貯蔵設備という「倉庫」である。しかも、建物のすべてが倉庫として使われていたかどうかは不明ながら、調査区外に及んでいるため本来の規模はさらに大きくなる可能性が高い。これらから、655号遺構の倉庫としての収容量は、当時にしては群を抜いた規模であったことが容易に想像できる。1～3基ずつ配置されたビンを通常の住居における世帯単位の貯蔵設備とするならば、655号遺構は超世帯的な公共の倉庫であったに違いない。

3．むすびにかえて――ケルク遺跡の事例がもつ可能性――

　ケルク遺跡655号遺構と同規模もしくはそれ以上の収容量をもつ倉庫には、土器新石器時代の連結した小部屋タイプの貯蔵設備があげられるものの、先土

器新石器時代以前では他に例をみない。これがやはり稀有な存在である巨大集落の一つでみつかったというのは、決して偶然の組み合わせではなかろう。これまでも、ケルク遺跡には小集落と比べて多様なモノが集まってきており、それらを管理し利用する複雑な社会の存在が推測されていた（小髙 2005: 122-128）。655号遺構は先土器新石器時代B期後期の超世帯的な公共の倉庫であった可能性が高く、まさに巨大集落の複雑な物資管理機構を裏付ける資料である。そして、世帯単位での生活必需品の確保だけなく、集落単位で行なう（時には奢侈品を含む）多様な物資の管理にまで貯蔵活動の範囲が拡大したことを示唆する、きわめて重要な証拠といえる。何しろ、その後の物資管理機構の発展は、神殿経済を中心とした都市文明の形成へと繋がっていくのだ。

　また、印章や封泥といった物資管理に直接関係する遺物、あるいは遺構内から貯蔵された物資が出土しなかった点は残念であったが、にもかかわらず建物全体が被熱していたという事実は、かえってこの特別な遺構を廃棄する際に行なわれた儀礼活動その他の可能性を暗示する。さらに、本稿では特にふれなかったが、先土器新石器時代B期のビンは、同じく粘土製の容器である土器の製作開始について示唆するところが大きい。他にも集落や建物の構造など、655号遺構の発見が貢献しうる学問的主題は多彩である。今後もこの貴重な資料の活用に努めるべく、分析と検討を重ねていきたい。

　畏友・木内智康君の訃音に接したのは、そのひと月ほど前に発見した655号遺構の発掘調査を終えてから10日余りが過ぎたころ、ケルク遺跡に程近い、調査団の宿舎を構える村でのことであった。本遺構の分析作業は始まったばかりであり、議論の俎上に載せるには時期尚早との懸念が拭えない。しかし、あの夏に起きた出来事を永く深く心に刻むために、あえてこの遺構をとりあげて本書に拙考を寄せさせていただいた。なお、本稿の内容はあくまで一調査団員による暫定的な見解であり、調査団としての公式見解ではない。資料の公表をご快諾いただいた筑波大学シリア考古学調査団の常木晃団長に謝意を表するとともに、以上のことをご寛恕願いたい。

引用文献

Akkermans, P. M. M. G. and K. Duistermaat 1997 Of Storage and Nomads: The Sealings from Late Neolithic Sabi Abyad, Syria. *Paléorient* 22/2: 17-44.

Bader, N. O. 1993 Tell Maghzaliyah: An Early Neolithic Site in North Iraq. In N. Yoffee and J. J. Clark (eds.), *Early Stages in the Evolution of Mesopotamian Civilization: Soviet Excavations in Northern Iraq*, 7-40. Tucson/London, The University of Arizona Press.

Garfinkel, Y. 1987 Yiftahel: A Neolithic Village from the Seventh Millenium B.C. in Lower Galilee, Israel. *Journal of Field Archaeology* 14: 199-212.

Garfinkel, Y. 1999 *Neolithic and Chalcolithic Pottery of the Southern Levant*. QEDEM 39, Jerusalem, The Institute of Archaeology, The Hebrew University of Jerusalem.

Garstang, J., I. Ben-Dor and G. M. Fitzgerald 1936 Jericho: City and Necropolis (Report for Sixth and Concluding Season). *University of Liverpool Annals of Archaeology and Anthropology* 23: 67-90.

Kirkbride, D. 1974 Umm Dabaghiyah: A Trading Outpost? *Iraq* 36: 85-92.

Molist, M. 1998 Espace collectif et espace domestique dans le néolithique des IXeme et VIIIeme millénaires B.P. au nord de la Syrie: Apports du site de Tell Halula (Vallée de l'Euphrate). In M. Fortin and O. Aurenche (eds.), *Espace naturel, espace habité en Syrie du nord (10e-2e millénaires av. J-C.)*, 115-130. Québec/Lyon, Canadian Society for Mesopotamian Studies/ Maison de l'Orient Méditerranéen.

Moore, A. M. T., G. C. Hillman and A. J. Legge (eds.) 2000 *Village on the Euphrates: From Foraging to Farming at Abu Hureyra*. Oxford, Oxford University Press.

Nissen, H. J., M. Muheisen and H. G. Gebel 1987 Report on the First Two Seasons of Excavations at Basta (1986-1987). *Annual of the Department of Antiquities of Jordan* 31: 79-119, 548-554.

Rollefson, G. O., A. H. Simmons and Z. Kafafi 1992 Neolithic Cultures at 'Ain Ghazal, Jordan. *Journal of Field Archaeology* 19: 443-470.

Smith, P. E. L. 1990 Architectural Innovation and Experimentation at Ganj Dareh, Iran. *World Archaeology* 21/3: 323-335.

Twiss, K. C., A. Bogaard, D. Bogdan, T. Carter, M. P. Charles, S. Farid, N. Russell, M. Stevanović, E. N. Yalman and L. Yeomans 2008 Arson or Accident? The Burning of a Neolithic House at Çatalhöyük, Turkey. *Jounal of Field Archaeology* 33: 41-57.

Valla, F. R. 1981 Les établissements natoufiens dans le nord d'Israël. In: Cauvin and Sanlaville (eds.) *Préhistoire du Levant: Chronologie et organization de l'espace depuis les origines jusqu 'au VIe millénaire*, 409-419. Paris, Centre national de la recherche scientifique.

Verhoeven, M. 2000 Death, Fire, and Abandonment Ritual Practice at Late Neolithic Tell Sabi Abyad, Syria. *Archaeological Dialogues* 7/1: 46-83.

小髙敬寛　2005　「西アジア新石器時代の巨大集落―テル・エル・ケルク遺跡の事例から―」岡内三眞・菊池徹夫（編）『社会考古学の試み』115-130頁　同成社。

常木　晃　1995「肥大化する集落―西アジア・レヴァントにおける集落の発生と展開―」古代オリエント博物館（編）『文明学原論―江上波夫先生米寿記念論集―』99-130頁　山川出版社。

西アジア新石器集落の崩壊と再編成
――世帯からの展望――

門脇　誠二

　西アジアでは農耕牧畜の発達に伴って集落が大型・複雑化する傾向が良く知られている（常木 1995，Kuijt 2008）。ナトゥーフ文化期の定着的狩猟採集民では約2,000m²であった居住地の規模が、先土器新石器時代B（PPNB）後期では100,000-140,000m²という大規模な農耕村落が出現するようになる（Kuijt 2000b: 80-83，Kuijt 2008: 291-297）。このような大規模遺跡が次々に調査されてから間もなく、都市化のプロセスが新石器時代にまで遡るかという問題が議論された（Beinert et al. 2004）。しかし「原都市化（Proto-Urbanism）」という解釈には慎重な考えが多くみられる（Gebel 2004，Hole 2000）。その原因として、巨大遺跡内における居住の同時期性の問題が指摘されているが（Verhoeven 2006）、それに加え、当時の集落規模が大きかったと想定される場合でも、その政治経済的性格は都市と異なっただけでなく（Düring 2007，Gebel 2004）、新石器集落が後の都市へと一線的に進化したわけでもなかったことが明らかになってきている。特に最後の現象は、初期農耕村落の「崩壊」ともしばしば呼ばれており、社会の変化を発展段階論的に説明する一般モデルにとって大きな問題である。なぜ集落の拡大が止まってしまったのかという問題に対して様々な説明が提出されている。本稿はこれに関する最近の論議を整理し、集落の変革期に起きた様々な変化について、日常活動の社会経済的側面に着目して世帯という視点から説明を試みる。

1．新石器集落「崩壊」のモデル――環境変化への適応と社会の分節化――

　PPNB期の集落の多くが突然放棄されるように見える現象は、以前は領域的

な人口の減少と考えられていた (de Vaux 1970: 519)。しかし、最近の考古学調査の結果、この現象はPPNB期末から土器新石器時代 (PN期) 初頭のあいだに約300-600年を経て起こった人口拡散の結果だったと考えられている。この人口拡散は、PPNB期の大型集落における集住が放棄され、分散した小型集落が居住されるパターンへの変化が原因であったと考えられている (Banning 2001, Gopher and Gophna 1993: 303-307, Köhler-Rollefson 1988)。さらにこの変化とほぼ同じタイミングで、生業活動、道具の製作技術、社会構造、そして儀礼活動などの再編が伴っていたことが指摘されている (Banning et al. 1994, Gopher 1989, Köhler-Rollefson 1992, Kuijt 2000b, Nishiaki 2000, Quintero and Wilke 1995, Rollefson 2000, Simmons 2000, Verhoeven 2002) (図2)。こうした文化変化は特に南レヴァント地方において顕著であるが、その中でさえ全ての遺跡で同様な変化が見られるわけではなく、ローカルな違いがあることを認めなければならない。メソポタミアやアナトリアを含めたより広い地理的範囲では、変化のタイミングの違いなどさらに大きな変異が見られるが、新石器集落が一度大きな変革を迎えるという点は西アジアの広い地域に共通すると思われる (図1)[1]。

　この様な人口拡散や文化変化がなぜ生じたのかについて、南レヴァント地方の事例に基づいて様々な説明が提案されているが、指摘される要因の多くは気候や環境変化、人口増加である。こうした要因への対応として集落が変化したという見解が以前から提示されている。例えば、乾燥化によるPPNB集落周辺の環境悪化が原因の1つとして挙げられている (Bar-Yosef 2001, Bar-Yosef and Meadow 1995: 45, Moore 1985: 52)。A. シモンズ (Simmons 1997) はPPNB期の激しい夏雨による肥沃土の浸食を指摘する。また、農耕や放牧、建築やプラスター生産のための伐採による集落周辺の環境悪化も繰り返し指摘された原因である (Köhler-Rollefson 1988, 1992, Moore 1985: 52, Moore et al. 2000, Rollefson and Köhler-Rollefson 1989, Rollefson et al. 1992, Simmons 1997)。I. ケーラー・ロレフソン (Köhler-Rollefson) とG. ロレフソン (Rollefson) によると、アイン・ガザル ('Ain Ghazal) のPPNB集落における人口増加に伴って生じた耕作地と放牧地の軋轢を解消するために農民と遊牧民が分かれ、後者がPPNC期とヤルムーク文化期 (PN期初頭) では村落とステップのあいだを季節

西アジア新石器集落の崩壊と再編成　63

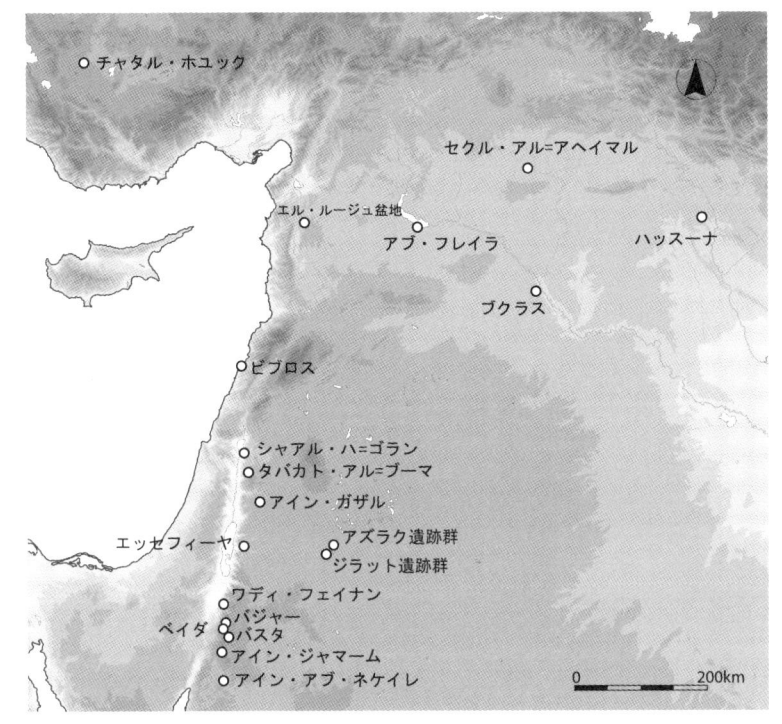

図1　本稿で言及される新石器時代の遺跡

的に移動する居住形態を始めたことが集落縮小の原因であると説明される（Köhler-Rollefson 1988, 1992, Rollefson 1997）。E. バニング（Banning 2001）も同様に、PPNB集落の人口増加を想定する。その結果、耕作地や放牧地が集落から離れたところに設営されるようになり、耕作地までの移動や収穫物の運搬にかかるコストが増加した。この問題を解決するために、居住地を分散させる方法が採用されたという。こうした説明モデルは、共同体全体が環境悪化や人口増加によって生じた経済的問題に集団適応を遂げたという考えに基づく。

その一方、I. カイト（Kuijt 2000b）は集団内の世帯やリネージに基づく小集団により高い能動性を認める。具体的には、人口増加による社会的混雑によって生じた社会変化がPPNB集落の放棄を促したと考えている（Kuijt 2000b）。南レヴァント地方における人口推移の検討に基づき、PPNB期の「巨大遺跡」では、それまで経験したことのないほど大きなストレスが社会的混雑によって生

	PPNB中期	PPNB後期	PPNB終末期/PPNC期	土器新石器時代	参考文献
およその移行年代(calBC)	7,500	7,000 – 6,700		6,400	Banning 2007, Kuijt 2008
生業活動	狩猟(ガゼル、ヤギ、シカなど) → 家畜(ヤギ、ヒツジ、ウシ、ブタ); 野生植物の採集 → 植物栽培(ムギ類、マメ類)				Kuijt and Morris 2002, Miller 1992, Neef 1997, Rollefson et al. 1992など
石器製作技術	石刃技術(ナヴィフォーム式) → 石刃技術(単打面石核); 不定形剥片製作				Gopher 1989, Gopher and Gophna 1993, Nishiaki 2000, Quitero 1998, Rollefson 1998など
磨製石器に占める食物加工具の比率	約35%	約60%	?	約30-40 %	Kadowaki 2002, Wright 1992など
遺跡規模	0.5-4.5ha	6-14 ha	2-12 ha?	0.1-10 ha?	Kuijt 2000b, 2008. Kadowaki 2007など
居住パターン	中・大型村落への集住		?	分散した小型村落	Banning 2001, Kuijt 2008など
建築物	矩形住居; 間仕切りの増加; 2階建て建築の増加		円形あるいは矩形の住居; 中庭付き住居		Banning 1998, 2004, Banning and Byrd 1987, Goring-Morris and Belfer-Cohen 2008など
住居配置	直線状あるいは密集	密集	?	分散、あるいは通路や中庭に沿った配列	Banning 1998, 2004, Henry et al. 2003, Garfinkel and Miller 2002など
埋葬儀礼	頭骨儀礼; 副葬品を伴わない			石室墓; 副葬品	Banning 1998, Kuijt 2000b.

図2 先土器新石器時代B(PPNB)期から土器新石器時代にかけて見られる考古記録の特徴的な変化(南レヴァント地方の事例に基づく)

じており、その対処としてプライバシーと貯蔵を保つために2階建ての大型住居が建設されたという (Kuijt 2000b: 87-89)。しかしそれ以上に重要なのは、こうした居住域の分割は集落民のあいだの社会・経済・政治的関係に対する意識に影響を及ぼしたことであるという (Kuijt 2000b: 96)。社会ストレスと社会の分節化の結果、1)「世帯、儀礼、経済レベルの長老が共同体全体を効率的に統制する能力が減じ」、2)「政治・経済・社会的により強力な世帯やリネージが出現した」と指摘される (Kuijt 2000b: 95)。この2つの現象の結果、共同祭祀の頻度が減り、PPNB後期において副葬品が出現する。彼によると、PPNB期の共同祭祀、特に副葬品を伴わず、頭骨はずしという行為を含めた二次葬の儀礼サイクルは平等意識を繰り返し提示し、共同体の紐帯を維持するために権威と権力の共有を維持する機能があったという (Kuijt 1995: 108-110, 2000a, 2000b: 96)。この共同祭祀が減少した結果、PPNB集落がやがて分節化したという。しかしながら、社会ストレスや祭祀儀礼の変化が環境悪化などの生態要因や生業活動の変化とどのように関連していたかを説明することが問題として残されている。

以上、新石器集落の「崩壊」あるいは居住システムの変化に対するこれまでの説明をまとめたが、概ね1) 経済活動に関わる適応手段であったと見る立場と2) 共同祭祀の減少がもたらした社会の分節化と理解する立場がある。この2つは同じ現象の生態的側面と文化・社会的側面にそれぞれ着目していると捉えられるが、もし両者をより明確に関連づけて理解・説明することができれば、西アジア新石器集落に見られる複雑な歴史過程をより深く理解することができるのではないだろうか。その方法の1つとして、集落共同体を構成する世帯の構造や活動および世帯間関係に視点を置いた説明の枠組みを次に述べる。

2．世帯の独立化と共同体維持のメカニズム

西アジアの新石器集落共同体を構成する世帯の構造や活動、世帯間関係はB. バード (Byrd 1994, 2000, 2005) によって議論されている。特に、世帯と共同体維持のメカニズム (community regulatory mechanism) のあいだの関係に着目してPPNB中期のベイダ (Beidha) 遺跡における社会構造の通時的分析が行わ

れている（Byrd 1994, 2000, 2005）。特にバードが指摘する点は、世帯の自立性がしだいに増し、生産と消費の共有ネットワークが制限される傾向である。その考古学的証拠として1）住居の入り口が狭くなり住居内へのアクセスが制御されたことと、2）貯蔵などの住居内遺構が発達したことがあげられる。特に後者は、複数の新石器集落の事例を検討したK. フラナリー（Flannery 1972, 1993, 2002）やカイト（Kuijt 2008）によっても指摘された点である。特にフラナリーは、貯蔵庫が複数の世帯間で共有されていた段階（ナトゥーフ文化期からPPNA期）から、PPNB期において個々の世帯による「貯蔵の私有化（privatization）」が生じる過程を想定している。

その一方、集落内における世帯の自立化に伴って、共同体維持のメカニズムがより明確に発達したとバードは主張する（Byrd 1994: 642）。そのメカニズムによって、共同労働や公共の意思決定、利害対立の解消や共同祭祀が促されるという（Byrd 1994: 660）。この概念はカイトによる共同祭祀の議論と類似し、中央権力や階級制度を持たない集団の紐帯がどのように保たれるかを説明する。しかし、カイトの説明は祭祀活動を通した公共レベルの権威提示によって個々のリネージや少数個人の権威確立が抑制されたという政治的側面を強調するのに対し、バードによる共同体維持のメカニズムという概念では、日常の生計活動を含めたより幅広い共同活動が促進される機能が強調される。共同活動は集団構成メンバーの紐帯を高めるだけでなく、共同活動のなかで特別な役割を担う人や世帯（例：活動の指揮者や特別に埋葬される人）の地位を公に示す機会でもある。この点に基づいて、社会の階層化において共同活動が果たした役割が認められている（Blanton et al. 1996, Feinman 1995）。G. フェインマン（Feinman 1995: 264-268）は、共同活動の民族誌例として、狩猟や畑の開墾、移植、収穫、食料分配、儀礼、公共建築などをあげている。

3. PPNB期の世帯と日常活動の社会的意義

以上の様に西アジア新石器集落は、特にPPNB期の場合、その構成要素である世帯の自立性と共同体維持のメカニズムのあいだのバランスの上に存立していたと見ることができる。この視点は特に目新しいものでも西アジアの新石器

研究に特有なものでもない。こうした視点を私が採用する理由は、儀礼活動だけでなく考古学記録の大半を残したであろう日常の生産・消費活動の社会的意義を導くためである。例えば、世帯単位で個別に行われた活動は世帯の自立性を示すであろうし、その反対に世帯間で共同して行われた活動が同定できれば、それは世帯間の紐帯を高める役割があったと解釈することができる。従来は、住居の内部構造や貯蔵庫の位置という証拠に主に基づいて集落内の社会交流が解釈されてきたことは先述した。例えばバードやカイトによると、PPNB中期～後期の集落において住居内へのアクセス制御や部屋の細分化、2階建て住居の建設が見られる現象は、世帯間の社会交流が制限され、住居内で多様な活動が個別に行われたことに関連していると解釈された（Byrd 1994, 2000, Kuijt 1995: 224-284, 2000b: 87-94）。その一方、具体的にどのような活動が世帯単位あるいは共同で行われ、それらが集落内の社会関係にどのような役割を果たしていたかという議論はあまり見られない。

　ここでPPNB期の生産・消費活動と世帯との関わりについて現在利用可能なデータを用いて素描してみたい。まず、世帯構造であるが、核世帯（nuclear household）がPPNB期には一般的であったことがPPNB期の住居サイズに基づいて提案されている（Banning 1996: 170, Banning and Byrd 1987, Byrd 2000）。しかし、世帯が核世帯かあるいは拡大世帯かという問題は親族関係に関わるので、考古学的には証明するのが難しい。したがって、ここでは核世帯・拡大世帯のサイズという属性を考慮することにする。つまり、核世帯は数人の小規模、拡大世帯はより大きな規模という意味で用いる。バードは核世帯が南レヴァント地方の食糧生産経済の状況に最も適していたと考えるが、その理由として次のような生態的社会的条件をあげている（Byrd 2000: 90）。1)「資源は比較的豊富であるが空間的に限られており、それは小規模な土地として効果的に利用できる」。2)「家族内の成人が共同体を離れて長期遠征する必要は限られている」。3)「複数の仕事を同時に行う機会がない」。4)「収穫が少ない時期は貯蔵食料を利用できる」。

　しかしながら、PPNB期の世帯サイズが核世帯ほどの小規模だった場合、労働の組織やスケジュールに関して問題が生じるように思われる。PPNB期の遺跡出土の動物骨や植物遺存体によると、農耕だけでなく狩猟を継続し、そして

後に牧畜が加わる幅広い生業活動が行われているからである。この点を考慮すると、バード（Byrd 2000: 90）が想定した上記の2）と3）の条件は必ずしも当てはまらない可能性がある。例えば、アブ・フレイラ（Abu Hureyra）のPPNB期を対象に復元された季節的資源の利用パターンを見ると、初夏は穀物収穫やガゼル狩猟を含めた複数の資源が獲得される非常に重要なタイミングである（Moore et al. 2000: 499）（図3）。この時期は、複数の異なる作業を同時に行う必要があった可能性があり、その場合、成人が集落を離れて作業する必要があったと思われる。特に、共同狩猟が行われていた可能性がアブ・フレイラで出土したガゼル骨の死亡季節や年齢構成の分析によって指摘されている（Legge and Rowley-Conwy 2000: 435-450）。また、動物を追い込む石列の罠であるカイト・サイトも、集団猟が行われた証拠の1つに挙げられるだろう（Betts 1998, Helms and Betts 1987, 藤井 1986）。こうした複雑な生業スケジュールや多様な（時には大規模な）生業活動に、小型の世帯はどの様に対応していたのであろうか？

　農地開墾や移植、集団猟などのために大規模な労働力が必要とされる場合、核世帯が共同して働くことが民族誌から知られている（Wilk and Rathje 1982: 623）。例えば、現代ベリーズのケクチ（Kekch）族では農地が豊富にあり通常は核世帯が個別に生計活動を行っている。しかし、開墾や移植、トウモロコシ

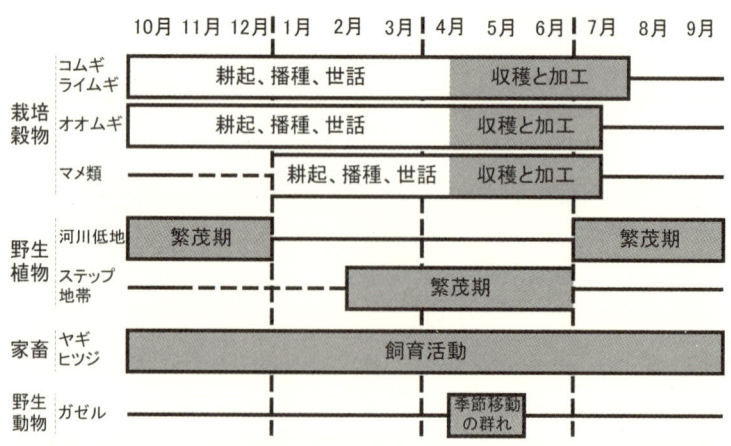

図3　アブ・フレイラ遺跡2A期（PPNB中期に相当）における食料資源の季節性（Moore et al. 2000: Fig. 14.4より作成）

の収穫などのために大規模な労働力が必要な農繁期は、世帯間で相互扶助的な共同労働が行われる（Wilk 1984: 232-3）。これと同様な対策がPPNB期の小規模世帯でも講じられ、共同作業への参加が世帯の維持にとって必要な手段だったと考えられる。生産活動における共同労働は、先述したように集団内の紐帯を維持する社会的意義（共同体維持のメカニズム）を有すると考えられる。ここで強調したいのは、PPNB集落の紐帯維持には、共同祭祀だけでなく日常の生計活動における共同労働も関わっていた可能性である。というのも、共同労働への参加は世帯と利害が対立するのではなく、また何か上からの権威によって強制されていたのでもなく、世帯間の経済的互酬関係の上に成り立っていたと考えられるからである。

その一方、PPNB期を通して世帯ごとに自立して行われる活動も存在したと思われる。住居の閉鎖性が増し、住居内構造や遺構が発達する傾向は先述したが、具体的にどの様な活動が世帯ごとに行われていたかを明らかにする研究は少ない。例えば、住居内部が間仕切りされてできた小区画が貯蔵庫と解釈されることが一般的であるが（Byrd 1994, 2000, Flannery 1972, 1993, 2002, Kadowaki 2006）、具体的に何を貯蔵していたのかに関する証拠は希少である。世帯活動の例として、製粉具の空間分布から食物加工の場を同定する研究が行われている。K.ライト（Wright 2000）は、南レヴァントの旧石器時代終末期から新石器時代の遺跡で出土した製粉具の出土位置を検討し、PPNB中期から後期にかけて屋内の閉鎖的な空間で磨り石類が出土する傾向が強くなることを指摘した。また、門脇（Kadowaki 2006）はPPNB中期のアイン・アブ・ネケイレ（'Ayn Abū Nukhayla）遺跡において床面から出土した製粉具の分布を検討した結果、世帯ごとに個別に食物加工が行われていた可能性を認めた（図4）。

道具製作については打製石器の研究がある。PPNB期に特徴的なナヴィフォーム式石刃製作の場についてL.クインテロ（Quintero 1998: 229-232）はアイン・ガザル遺跡の分析を行った。複雑で高度な技術を必要とするこの石器製作法は、専業集団によって特定の作業場（workshop）で行われたと考えられているが、それ以外のあまり高度な技術を要しない石器製作は世帯ごとに行われたと考えられる。また、黒曜石製石刃・細石刃の押圧剥離による製作もPPNB期に行われていた。アナトリアのチャタル・ホユック（Çtalhöyük）遺跡の事例

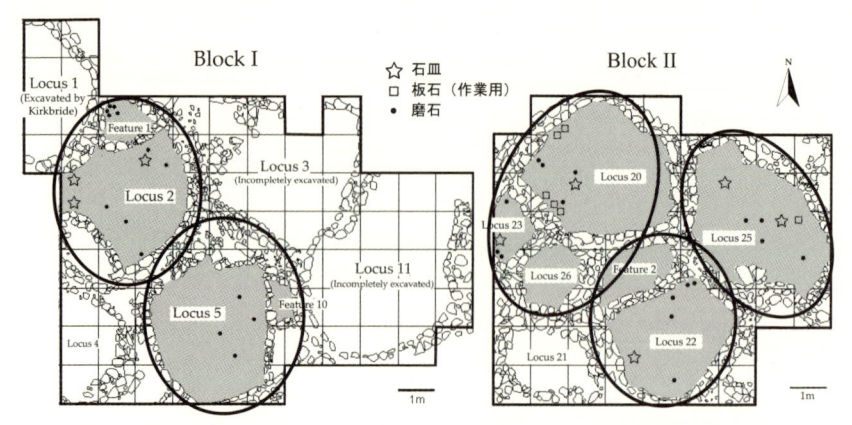

図4 南ヨルダン、アイン・アブ・ネケイレ遺跡における食物加工具の分布
(楕円で示された範囲は、食物加工や貯蔵、道具製作などの諸活動が行われた空間単位である。その範囲が1つの活動集団（世帯）によって居住されたと解釈した。Kadowaki 2006より作成)

を研究したJ. コノリー（Conolly 1999）は、黒曜石製のプリズム状石核や細石刃が、メラートによって「祭殿」とよばれた特定の住居に数多く伴う傾向を指摘した。しかしながら、それは本格的専業ではなく、数世帯の範囲内での分配と想定されている。一方、東北シリア、セクル・アル=アヘイマル（Seker al-Aheimar）のPPNB後期末〜PN期初頭では、黒曜石製石器の集中地点が幾つか発見されたが、それらは細石刃製作に伴う残滓が一括廃棄されたものであることが分かった（Kadowaki and Nishiaki 2009）。しかしその廃棄物はごく小量であるため（約20-40g）、近隣に住む世帯によって小規模な生産が行われていたことを示すと解釈された。

　装身具製作の例としては、ヨルダン東部のジラット（Jilat）・アズラク（Azraq）盆地において、石製ビーズの製作址が住居内で検出されている（Wright and Garrard 2002）。また、南ヨルダンのバジャー（Ba'ja）遺跡では砂岩製リングの製作残滓が発見されているが（Gebel and Bienert 1997）、両事例とも世帯レベルでの製作規模であると考えられている。以上、以前から指摘されていたようにPPNB集落では生産や消費の共有ネットワークがある程度制限されており、道具や装飾品製作の一部や貯蔵、食物消費が世帯単位で行われていた事例が報告されている。この様に、PPNB集落の共同体は共同労働と世帯ご

との自立活動のバランスの上に成り立っていたと考えることができる。

4．PPNB後期から土器新石器時代にかけての世帯の変化

　もしPPNB集落の紐帯が共同労働によって一部維持されていたならば、その活動の変化は社会関係に影響を与えたと思われる。実際、PPNB後期において世帯は次のような変化に直面していたと考えられている。1）集落周辺の資源枯渇（Köhler-Rollefson 1988, 1992, Moore et al. 2000, Rollefson et al. 1992）、2）狩猟活動の減少（Köhler-Rollefson et al. 1988, Legge and Rowley-Conwy 2000）、3）家畜動物への依存度拡大（Köhler-Rollefson et al. 1988, Legge and Rowley-Conwy 2000）、そして4）農地に対する人口圧の増加（Banning 2001: 153, Kuijt 2000b, 2008）。

　資源の減少がもたらす影響として2つの可能性が民族誌から考えられる。1つは希少な資源を相続することが世帯にとって重要となり、資源の私有化が進む（Wilk and Netting 1984: 11, Wilk and Rathje 1982: 628）。もしこれがPPNB後期の集落に当てはまれば、世帯間の資源共有ネットワークがさらに制限されたと考えられる。2つ目は、集落から離れた場所に農地や資源を得る必要が生じ、世帯ごとに異なる方策が採用される（Banning 2001: 153, Trigger 1990: 35-36, Wilk 1984: 235）。例えば、現代ベリーズのケクチ族の農民では、（扶養者の少ない若者など）収穫を最大限に増やしたい者は近隣の低地森林を開拓する。その一方、（扶養者の多い中高年者など）リスクを最小限に抑え確実に収穫を得たい者は遠隔地の高地森林でトウモロコシを栽培する（Wilk 1984: 235）。土地の立地や植生が異なると、その開墾に適したタイミングや必要な技術が異なる。したがって、それぞれの世帯のために共同労働を組織することが難しくなる。さらに、トウモロコシの生産高が減少したのを補うために米などの穀物が導入されることによって、それぞれの世帯の活動内容や労働スケジュールはさらに複雑で多様になる。

　人口圧が増していたと思われるPPNB後期の集落の世帯も同様に、集落から離れた様々な場所に農地を開拓したり資源を得ていたとすれば、共同労働を行う頻度が従来より減少したかもしれない。その直接的な証拠を得ることは難し

いが、少なくともPPNB期からPN期にかけて地中海性環境帯に位置する農耕村落から出土する狩猟具の頻度が減少する（Gopher and Gophna 1993）。その一方、家畜動物が導入された結果、生業活動の多様性が世帯間で増した可能性がある（Flannery 2002: 424）。その例として、アイン・ガザルの新石器集落民がPPNB期の終末に農耕民と牧畜民に分かれたとケーラー・ロレフソン（Köhler-Rollefson 1992）とシモンズ（Simmons 2000）によって考えられている。新たな生業活動の導入は全ての世帯で一様に進行したのではなく、世帯毎に異なる判断が下されたのかもしれない。その結果、生業活動の内容や労働スケジュールに関して世帯間で差が生じると、従来のように共同労働を組織することが難しくなったと思われる。

　この様な社会経済的状況を考慮すると、PPNB後期において住居の規模が拡大する傾向が注目される（Banning 1996, Byrd 2000, Goring-Morris and Belfer-Cohen 2008）。例えば、ヨルダンのバスタ（Basta）遺跡で発見された大型の矩形住居は、中央の比較的広い空間の周りが貯蔵庫と思われる小部屋に取り囲まれる構成をもち、残存する壁の高さを考慮すると本来2階建てだったと考えられている。同様な構造を持つ住居はアイン・ガザル（Rollefson 1997）やエッセフィーヤ（es-Sifiya: Mahasneh 1997）遺跡など他のPPNB後期の遺跡でも発見されており、この時期に特徴的だといえる。また、東シリアのブクラス（Bouqras）遺跡はPPNB後期から土器新石器時代初頭にかけて居住されたが、その期間を通して中庭を有する矩形住居が報告されている（Akkermans et al. 1983: 340-343）。当遺跡で検出された住居の面積は一軒当たり50-105㎡であるが、その25-40％を占める中庭には馬蹄形のオーブンが設置されるのが特徴である。また、中庭を取り囲む小部屋には小型の炉や貯蔵容器が設けられており、調理・貯蔵の場であったと解釈されている（Akkermans et al. 1983: 343）。これらの住居が拡大世帯によって居住されていたかあるいは核世帯だったかは断定できないが、住居の大型化は少なくとも世帯規模の拡大を示すと考えられる。世帯間の共同労働が減少した結果、様々な生産活動を遂行するために個々の世帯が多くの労働力を確保することが必要だったため世帯規模が大きくなったという解釈が提案されている（Banning 1996）。

　こうした傾向の延長は、PPNB大型集落が縮小あるいは放棄された後に出現

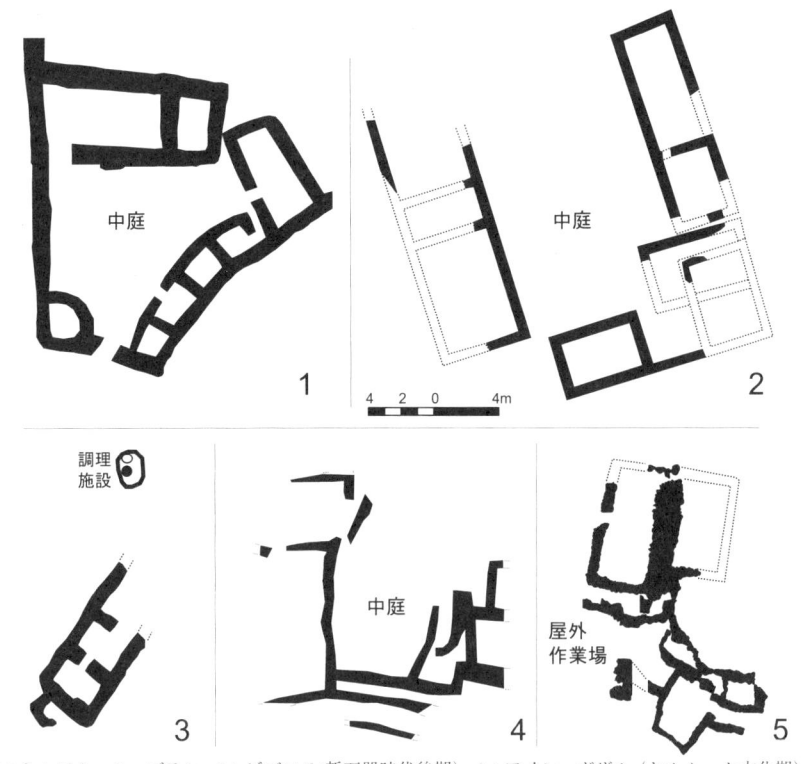

1：シャアル・ハ゠ゴラン　2：ビブロス(新石器時代後期)　3：アイン・ガザル（ヤルムーク文化期）、
4：ワディ・フェイナン　5：タバカト・アル゠ブーマ（第3建築期）

図5　土器新石器時代の住居遺構（中庭あるいは屋外作業場に隣接する）
（1：Garfinkel and Miller 2002: 58，2：Dunand 1973: 128-129，3：Rollefson 1997: 300，
4：Najjar 1992: 22，5：Kadowaki 2007: 184より作成）

した土器新石器時代の集落にも認められる（図5）。例えば、ガリレー湖南東岸のシャアル・ハ゠ゴラン（Sha'ar Hagolan）遺跡では中庭を有する大型住居が発見されている（Garfinkel and Miller 2002）。ガーフィンケル（Garfinkel 2002: 258-262）によると、それぞれの中庭付き住居には3つ以上の核家族から構成される拡大家族が居住していたという。核家族は、中庭を取り囲むように配置される矩形部屋に居住し、それに隣接する貯蔵庫をそれぞれ管理していたと考えられている。中庭構造を持つと考えられている住居は、アイン・ガザルのヤルムーク文化期（Rollefson 1997）やビブロス（Byblos）の新石器時代後期

(Néolithic Récent: Dunand 1973)、ワディ・フェイナン（Wadi Feinan: Najjar 1992）などにおいても発見されている（図5）。また、北ヨルダン、タバカト・アル＝ブーマ（Tabaqat al-Bûma）遺跡の第3建築期（ワディ・ラバ文化期）においても、中央屋外広場が共同作業場として複数世帯によって共有されていた可能性が場の利用の分析の結果示されている（Kadowaki 2007）。また、北イラク、ハッスーナ（Hassuna）遺跡の建築物の構造や配置を検討したフラナリーも、土器新石器時代に拡大家族が出現したと想定している（Flannery 2002）。このように、土器新石器時代には複数の世帯が緊密な活動集団を構成し、中庭構造の住居あるいは隣接する建物に居住した事例が散見される。先述したように、こうした傾向はPPNB後期における社会経済の変化に対する世帯の反応と理解できる。つまり、資源減少や人口増加、生業活動の多様化の結果、大規模な生産・消費活動の共有ネットワークが減少したため、個々の世帯が規模を拡大したり拡大家族を形成したりして、十分な労働力を確保する必要が生じたと説明される。

5．まとめと展望

冒頭に述べたように、PPNB後期からPN期への移行期には様々な文化変化が起こったことが知られており（図2）、特に大型集落が縮小あるいは放棄され、代わりに小型農村が分散する居住パターンへ大きな変化が遂げられる。この現象は、農耕牧畜の開始と共に拡大・複雑化してきた新石器集落の「崩壊」とも呼ばれることがあり、原因として気候や環境の悪化、生業の変化、人口増加などの要因が究明されてきた。居住パターンの変化に対する説明として、1）経済活動に関わる適応手段であったと見る立場と2）共同祭祀の減少がもたらした社会の分節化と理解する立場があるが、この2つの側面（生態と社会）を互いに関連させてより深い理解を得るために、本稿では世帯の構造や活動、日常活動を通した世帯間の社会交流という視点からこの時期を素描した。その結果、PPNB後期からPN期への移行期のあいだ、生産・消費活動における世帯の自立性が増加し、世帯の規模が拡大した傾向があったと判断された。上記2）の社会の分節化という現象は、世帯の自立化と関連した現象と考えられる。先述し

たように、世帯の独立は気候・環境の悪化や人口増加によって生じた経済問題に対処した結果であり、必要な労働力を確保するために世帯の規模が拡大した。集住型から分散型への居住パターンの変化は、経済問題に対する適応と説明されているが、この居住形態の変革が可能であった背景として、PPNB後期において世帯が自立・拡大化していた点が重要と考えられる。

　PPNB集落の崩壊という問題は、明確な中心的権威を欠くにもかかわらずなぜ集落の紐帯が保たれていたのかという問題につながる。これまで共同祭祀などの役割が提起されたが、筆者はそれに加えて日常活動における共同作業を通した互酬的社会交流の意義も大きいと考えている。日常の生計活動に着目することによって、1）遺跡から採集される遺物に基づいて復元される具体的な日常活動の社会的意義を読み取り、それを社会変化の過程に関連付けて理解することができる。また、2）気候や環境、人口増加などの問題に対して人々が社会の成員として具体的にどの様に反応したのかという問題に取り組むことができる。

　ここに示されたシナリオはまだ粗く、より具体的な証拠や集落の地域的変異に関する考察も欠けている。今後は、PPNB期からPN期における気候や環境、生業活動の変化をより具体的に明らかにする必要がある。また、集落内で行われた日常活動の社会的コンテクストをより多くの事例で検討することによって、集落内の社会交流に対する知見が蓄積されることが望まれる。

　図1の作成には下釜和也氏（東京大学大学院人文社会系研究科博士課程）による地図を利用させていただいた。記して感謝申し上げる。本稿は日本学術振興会特別研究員奨励研究（課題番号20・5）の一部である。

木内君への謝辞

　木内君は前3千年紀における都市化とその崩壊のプロセスについて研究されていた。時代は異なるが同様な社会変化の問題に私も取り組んでおり、これからお互いにアイディアを交換できれば良いと思っていた。いずれも一筋縄では解決できない課題であるため、私はそれを真正面から論ずるのをこれまで避け細かな分析を重ねてきた。その一方、木内君は都市化の崩壊プロセスに関わる問題を的確に見据えて論じていた。そのような彼の姿勢を見習い、自分にとっ

ての研究課題を見直すためにも拙稿を執筆させていただいた。問題から目をそむけずそれに真正面から取り組む彼の姿勢に短い時間ながらも接すことができたことに感謝し、心からご冥福をお祈り申し上げる。

註
1) 北シリアのアブ・フレイラ遺跡（Moore 2000: 267-275）やブクラス遺跡（Akkermans et al. 1983）では南レヴァント地方とほぼ同じタイミングで集落規模の縮小あるいは居住の放棄が報告されている。その一方、北レヴァント地方のエル・ルージュ盆地（常木 1994）やアナトリアのコンヤ平原における遺跡分布調査（Baird 2005)によると、これらの地域ではテル・エル・ケルク遺跡やチャタル・ホユック遺跡において人口の集住が土器新石器時代にピークを向かえ、それ以降の時期に分散した居住パターンへと変化するようである。

引用文献

Akkermans, P. A., J. A. K. Boerma, A. T. Clason, S. G. Hill, E. Lohof, C. Meiklejohn, M. Le Mière, G. M. F. Molgat, J. J. Roodenberg, W. Waterbolk-van Rooyen and W. van Zeist 1983 Bouqras Revisited: Preliminary Report on a Project in Eastern Syria. *Proceedings of the Prehistoric Society* 49: 335-372.

Baird, D. 2005 The History of Settlement and Social Landscapes in the Early Holocene in the Çatalhöyük Area. In I. Hodder (ed.), *Çatalhöyük Perspectives: Reports from the 1995-99 Seasons*, 55-74. Ankara, British Institute at Ankara.

Banning, E. B. 1996 Houses, Compounds and Mansions in the Prehistoric Near East. In G. Coupland and E. B. Banning (eds.), *People Who Lived in Big Houses: Archaeological Perspectives on Large Domestic Structures*, 165-185. Madison Wisconsin, Prehistory Press.

Banning, E. B. 1998 The Neolithic Period: Triumphs of Architecture, Agriculture, and Art. *Near Eastern Archaeology* 61(4): 188-237.

Banning, E. B. 2001 Settlement and Economy in Wadi Ziqlab during the Late Neolithic. *Studies in the History and Archaeology of Jordan* VII: 149-155.

Banning, E. B. 2004 Changes in the Spatial Organization of Transjordan Settlements from Middle PPNB to Late Neolithic. In H. D. Bienert, Gebel, H. G. K., and R. Neef (eds.), *Central Settlements in Neolithic Jordan*, 215-232. Berlin, ex oriente.

Banning, E. B. 2007 Wadi Rabah and Related Assemblages in the Southern Levant: Interpreting the Radiocarbon Evidence. *Paléorient* 33(1): 77-101.

Banning, E. B. and B. F. Byrd 1987 Houses and the Changing Residential Unit: Domestic

Architecture at PPNB 'Ain Ghazal, Jordan. *Proceedings of the Prehistoric Society* 53: 309-325.

Banning, E. B., D. Rahimi and S. Siggers 1994 The Late Neolithic of the Southern Levant: Hiatus, Settlement Shift or Observer Bias? The Perspective from Wadi Ziqlab. *Paléorient* 20(2): 151-164.

Bar-Yosef, O. 2001 New Views on the Origins of Agriculture in Southwestern Asia. *Review of Archaeology* 22(1): 5-15.

Bar-Yosef, O. and R. Meadows 1995 The Origins of Agriculture in the Near East. In T.D. Price and A. Gebauer (eds.), *Last Hunters, First Farmers*, 39-94. Santafe, New Mexico, School of American Research Press.

Betts, A. V. G. (ed.) 1998 *The Harra and the Hamad*. Sheffield, Sheffield Academic Press.

Bienert, H. D., H. G. K. Gebel, and R. Neef (eds.) 2004 *Central Settlements in Neolithic Jordan*. Berlin, ex oriente.

Blanton, R. E., G. M. Feinman, S. A. Kowalewski, and P. N. Peregrine 1996 A Dual-Processual Theory for the Evolution of Mesoamerican Civilization. *Current Anthropology* 37(1): 1-14.

Byrd, B. F. 1994 Public and Private, Domestic and Corporate: The Emergence of the Southwest Asian Village. *American Antiquity* 58(4): 639-666.

Byrd, B. F. 2000 Households in Transition. In I. Kuijt (ed.), *Life in Neolithic Farming Communities: Social Organization, Identity, and Differentiation*, 63-102. Norwell, Kluwer Academic/Plenum Publishers.

Byrd, B. F. 2005 *Early Village Life at Beidha, Jordan: Neolithic Spatial Organization and Vernacular Architecture. The Excavations of Mrs. Diana Kirkbride-Helbaek*. Oxford, Oxford University Press/Council for British Research in the Levant.

Conolly, J. 1999 *The Çatalhöyük Flint and Obsidian Industry: Technology and Typology in Context*. BAR International Series 787. Oxford.

de Vaux 1970 Palestine during the Neolithic and Chalcolithic periods In I. E. S. Edwards, C. J. Gadd, and N. G. L. Hammond (eds.), *The Cambridge Ancient History, volume 1, part 1*, 498-538. Cambridge, Cambridge University Press.

Dunand, M. 1973 *Fouilles de Byblos*, Vol. V. Paris, Librairie d'Amérique et d'Orient, Adrien.

Düring, B. S. 2007 Reconsidering the Çatalhöyük Community: From Households to Settlement Systems. *Journal of Mediterranean Archaeology* 20(2): 155-182.

Feinman, G. M. 1995 The Emergence of Inequality: A Focus on Strategies and Processes. In T.D. Price and G. M. Feinman (eds.), *Foundations of Social Inequality*, 255-279. New York, Plenum Press.

Flannery, K. 1972 The Origin of the Village as a Settlement Type in Mesopotamian and the

Near East: A Comparative Study. In P. J. Ucko, R. Tringham, and G. W. Dimbleby (eds.), *Man, Settlement and Urbanism*, 23-53. London, Duckworth.

Flannery, K. 1993 Will the Real Model Please Stand Up: Comments on Saidel's 'Round House or Square?'. *Journal of Mediterranean Archaeology* 6/1: 109-117.

Flannery, K. 2002 The Origins of the Village Revisited: From Nuclear to Extended Households. *American Antiquity* 67(3): 417-433.

Garfinkel, Y. 2002 Conclusions: The Effect of Population Size on the Human Organization at Sha'ar Hagolan. In Y. Garfinkel and M.A.Miller (eds.), *Sha'ar Hagolan 1: Neolithic Art in Context*, 257-262. Oxford, Oxbow Books.

Garfinkel, Y. and M. A. Miller (eds.) 2002 *Sha'ar Hagolan 1: Neolithic Art in Context*. Oxford, Oxbow Books.

Gebel, H. G. K. 2004 Central to What? The Centrality Issue of the LPPNB Mega-Site Phenomenon in Jordan. In H. D. Bienert, H. G. K. Gebel and R. Neef (eds.), *Central Settlements in Neolithic Jordan*, 1-19. Berlin, ex oriente.

Gebel, H. G. K. and H. D. Bienert 1997 Ba'ja Hidden in the Petra Mountains: Preliminary report on the 1997 Excavations. In H. G. K. Gebel, Z. Kafafi, G. O. Rollefson (eds.), *The Prehistory of Jordan, II. Perspectives from 1997*, 221-262. Berlin, ex oriente.

Gopher, A. 1989 *The Flint Assemblages of Munhata-Final Report*. Paris, Association Paléorient.

Gopher, A. and R. Gophna 1993 Cultures of the Eighth and Seventh Millennia BP in the Southern Levant: A Review for the 1990s. *Journal of World Prehistory* 7(3): 297-353.

Goring-Morris, N. and A. Belfer-Cohen 2008 A Roof Over One's Head: Developments in Near Eastern Residential Architecture Across the Epipalaeolithic-Neolithic Transition. In J.-P. Bocquet-Appel and O. Bar Yosef (eds.), *The Neolithic Demographic Transition and Its Consequences*, 239-286. New York, Springer.

Helms, S. and A. Betts 1987 The Desert "Kites" of the Badiyat esh-Sham and North Arabia. *Paléorient* 13(1): 41-67.

Henry, D. O., White, J., Beaver, J., Kadowaki, S., Nowell, A., Cordova, C., Dean, R., Ekstrom, H., McCorriston, J., Scott-Cummings, L. 2003 Early Neolithic Site of Ayn Abu Nukhayla, Southern Jordan. *Bulletin of the American Schools of Oriental Research* 330: 1-30.

Hole, F. 2000 Is Size Important?: Function and Hierarchy in Neolithic Settlements. In I. Kuijt (ed.), *Life in Neolithic Farming Communities: Social Organization, Identity, and Differentiation*, 191-209. Norwell, Kluwer Academic/Plenum Publishers.

Kadowaki, S. 2002 *Structure of Food Processing Activity and its Implications to the*

Community Organization at Ain Abu Nekheileh, Southern Jordan. Unpublished M.A. thesis, University of Tulsa.

Kadowaki, S. 2006 Ground-Stone Tools and Implications for the Use of Space and Social Relations at 'Ain Abū Nukhayla, a PPNB Settlement in Southern Jordan. In E. B. Banning and M. Chazan (eds.), *Domesticating Space: Construction, Community, and Cosmology in the Late Prehistoric Near East*, 53-64. Berlin, ex oriente.

Kadowaki, S. 2007 *Changing Community Life at a Late Neolithic Farmstead: Built Environments and the Use of Space at Tabaqat al-Bûma in Wadi Ziqlab, Northern Jordan.* Unpublished PhD. Toronto, University of Toronto, Department of Anthropology.

Kadowaki, S. and Y. Nishiaki 2009 The Organization of Obsidian Blade-Tool Production at Tell Seker al-Aheimar. A paper presented at a conference, *Interpreting the Late Neolithic of Upper Mesopotamia.* Leiden University, 26-28 March 2009.

Köhler-Rollefson, I. 1988 The Aftermath of the Levantine Neolithic Revolution in Light of Ecologic and Ethnographic Evidence. *Paléorient* 14: 87-93.

Köhler-Rollefson, I. 1992 A Model for the Development of Nomadic Pastoralism on the Transjordanian Plateau. In O. Bar-Yosef and A. Khazanov (eds), *Pastoralism in the Levant*, 11-18. Madison, Wisconsin, Prehistory Press.

Köhler-Rollefson, I., W. Gillespie, and M. Metzger 1988 The Fauna from Neolithic 'Ain Ghazal. In A.N.Garrad and H.G.Gebel (eds.), *The Prehistory of Jordan*, 423-430. BAR 396. Oxford.

Kuijt, I. 1995 *New Perspectives on Old Territories: Ritual Practices and the Emergence of Social Complexity in the Levantine Neolithic.* Ph.D. dissertation, Harvard University.

Kuijt, I. 2000a Keeping the Peace. In I. Kuijt (ed.), *Life in Neolithic Farming Communities: Social Organization, Identity, and Differentiation*, 137-164. Norwell, Kluwer Academic/Plenum Publishers.

Kuijt, I. 2000b People and Space in Early Agricultural Villages: Exploring Daily Lives, Community Size, and Architecture in the Late Pre-Pottery Neolithic. *Journal of Anthropological Archaeology* 19: 75-102.

Kuijt, I. 2008 Demography and Storage Systems During the Southern Levantine Neolithic Demographic Transition. In J.-P. Bocquet-Appel and O. Bar Yosef (eds.), *The Neolithic Demographic Transition and its Consequences*, 287-313. New York, Springer.

Kuijt, I. and N. Goring-Morris 2002 Foraging, Farming, and Social Complexity in the Pre-Pottery Neolithic of the Southern Levant: A Review and Synthesis. *Journal of World Prehistory* 16(4): 361-440.

Legge, A. J. and P. A. Rowley-Conwy   2000   The Exploitation of Animals. In A.M.T. Moore, G. C. Hillman, and A. J. Legge (eds.), *Village on the Euphrates*, 423-471. Oxford, Oxford University Press.

Mahasneh, H.   1997   The 1995 Season at the Neolithic Site of Es-Sifiya, Wadi Mujb, Jordan. In H. G. K. Gebel, Z. Kafafi, G. O. Rollefson (eds.), *The Prehistory of Jordan, II. Perspectives from 1997*, 203-124. Berlin, ex oriente.

Miller, N. F.   1992   The Origins of Plant Cultivation in the Near East. In C. W. Cowan and P. J. Watson (eds.), *The Origins of Agriculture, An International Perspective*, 39-58. Washington and London, Smithsonian Institution Press.

Moore, A.   1985   The Development of Neolithic Societies in the Near East. In F. Wendorf and A.E.Close (eds.), *Advances in World Archaeology* 4, 1-69. Academic Press, Inc.

Moore, A.   2000   The Buildings and Layout of Abu Hureyra 2. In A.M.T. Moore, G. C. Hillman, and A. J. Legge (eds.), *Village on the Euphrates*, 261-275. Oxford, Oxford University Press.

Moore, A. M. T., G. C. Hillman, and A. J. Legge (eds.)   2000   *Village on the Euphrates*. Oxford, Oxford University Press.

Najjar, M.   1992   Tell Wadi Feinan/Wadi Araba: a New Pottery Neolithic Site from Jordan. In S. Kerner, (ed.), *The Near East in Antiquity*, Vol. III, 19-28. Amman, German Protestant Institute for Archaeology.

Nishiaki, Y.   2000   *Lithic Technology of Neolithic Syria*. BAR International Series 840. Oxford.

Neef, R.   1997   Status and Perspectives of Archaeobotanical Research in Jordan. In H. G. K. Gebel, Z. Kafafi, and G. O. Rollefson (eds.), *The Prehistory of Jordan, II. Perspectives from 1997*, 601-609. Berlin, ex oriente.

Quintero, L. A.   1998   *Evolution of Lithic Economies in the Levantine Neolithic: Development and Demise of Naviform Core Technology*. Ph.D. dissertation. University of California, Riverside.

Quintero, L. A. and P. J. Wilke   1995   Evolution and Economic Significance of Naviform Core-and-Blade Technology in the Southern Levant. *Paléorient* 21(1): 17-33.

Rollefson, G.   1997   Changes in Architecture and Social Organization at 'Ain Ghazal. In H. G. K. Gebel, Z. Kafafi, G. O. Rollefson (eds.), *The Prehistory of Jordan, II. Perspectives from 1997*, 287-307. Berlin, ex oriente.

Rollefson, G.   1998   The Aceramic Neolithic of Jordan. In D. O. Henry (ed.), *The Prehistoric Archaeology of Jordan*. 102-126. BAR International Series 705. Oxford.

Rollefson, G.   2000   Ritual and Social Srtucture at Neolithic 'Ain Ghazal. In I. Kuijt (ed.), *Life in Neolithic Farming Communities: Social Organization, Identity, and Differentiation*, 165-190.

Norwell, Kluwer Academic/Plenum Publishers.

Rollefson, G. and I. Köhler-Rollefson 1989 The Collapse of Early Neolithic Settlements in the Southern Levant. In I. Hershkovitz (ed.), *People and Culture in Change*, 73-89. BAR International Series 508. Oxford.

Rollefson, G., A. Simmons and Z. Kafafi 1992 Neolithic Cultures at 'Ain Ghazal, Jordan. *Journal of Field Archaeology* 19: 443-470.

Simmons, A. H. 1997 Ecological Changes During the Late Neolithic in Jordan: a Case Study. In Z. Kafafi, H. G. K. Gebel, and G. O. Rollefson (eds.), *The Prehistory of Jordan II*, 309-318. Berlin, ex oriente.

Simmons, A. H. 2000 Villages on the Edge. In I. Kuijt (ed.), *Life in Neolithic Farming Communities: Social Organization, Identity, and Differentiation*, 211-230. Norwell, Kluwer Academic/Plenum Publishers.

Trigger, B. G. 1990 *The Huron: Farmers of the North*. Holt, Rinehart and Winston, Inc.

Verhoeven, M. 2002 Transformations of Society: The Changing Role of Ritual and Symbolism in the PPNB and the PN in the Levant, Syria and South-East Anatolia. *Paléorient* 28(1): 5-13.

Verhoeven, M. 2006 Megasites in the Jordanian Pre-Pottery Neolithic B Evidence for 'Proto-Urbanism'? In E. B. Banning and M. Chazan (eds.), *Domesticating Space: Construction, Community, and Cosmology in the Late Prehistoric Near East*, 53-64. Berlin, ex oriente.

Wilk, R. R. 1984 Households in Process: Agricultural Change and Domestic Transformation among the Kekchi Maya of Belize. In R. Netting, R. Wilk, and F. Arnould (eds.), *Households*, 217-244. California, University of California Press.

Wilk, R. R. and R. McC. Netting 1984 Households: Changing Forms and Functions. In R. Netting, R. Wilk, and E. Arnould (eds.), *Households*, 1-28. California, University of California Press.

Wilk, R. R. and W. L. Rathje 1982 Household Archaeology. *American Behavioral Scientist* 25(6): 617-639.

Wright, K. 1992 *Ground Stone Assemblage Variation and Subsistence Strategies in the Levant, 22,000 - 5,500 b.p.* Unpublished Ph.D. dissertation, Department of Anthropology, Yale University.

Wright, K. 2000 The Social Origins of Cooking and Dining in Early Villages of Western Asia. *Proceedings of the Prehistoric Society* 66: 89-121.

Wright, K. and A. Garrard 2002 Social Identities and the Expansion of Stone Bead-making in Neolithic Western Asia: New Evidence from Jordan. *Antiquity* 77(296): 267-284.

常木　晃　1994　「シリア文明の興亡と環境変動」安田喜憲・川西宏幸編『古代文明と

環境』85-109頁　思文閣出版。
常木　晃　1995「肥大化する集落―西アジア・レヴァントにおける集落の発生と展開」『文明学原論』99-130頁　山川出版社。
藤井純夫　1986「カイト・サイト―レヴァント地方先土器新石器文化の一側面」『オリエント』29-2号　63-84頁。

石器利用が進める新石器化の一様相

前田　修

　本稿では、西アジア新石器時代における石器利用の社会的意義を考察する。石器の利用が社会形成の一要因であったことを主張する一例として、チグリス河上流域の土器新石器時代遺跡であるサラット・ジャーミー・ヤヌ（Salat Cami Yan1）における石器利用を検討する。従来の石器研究とは異なる理論的視座からのアプローチを試みるものであり、現段階ではまとまった結論を示すものではないが、この時代の石器利用を新たな視点から理解するための方向性を提示することを目指す。そのためにはまず、従来とは異なる新石器時代社会の捉え方を説明するところから始めねばならない。そこで以下では、はじめに本稿における新石器時代社会の見方を提示し、その後で、同様の視点にもとづいてサラット・ジャーミー・ヤヌの石器インダストリーを検討する。

1．新石器時代を見る視点

　農耕牧畜の開始を人類史における一大イベントとして位置づけ、それに続く大小様々な出来事を丁寧に復元することで初期農耕牧畜社会を理解しようというのが、西アジア新石器時代研究のオーソドックスな立場であろう。そこでは主に、この時代の社会変化を地域ごと、時期ごとに捉える手段として、生業の違い、集落の規模、社会組織の複雑化の度合い、あるいは遺物のスタイルの違いなどに応じた文化圏、文化期が設定され、各文化圏、文化期の積み重ねとして新石器時代全体の社会像が築かれてきた。トレヴァー・ワトキンス（T. Watkins）が「チャイルド考古学的文化史研究」と称するこのような伝統においては（Watkins 2008）、農耕牧畜の起源、人口の増加、集落規模の拡大、社会差の出現、交易の発達、工芸技術の進歩といった「出来事」や「社会の状態」

を「文化」ごとに細かく説明することに関心が寄せられ、物質文化はそれらを反映する痕跡として理解されてきた。

　一方、西アジア新石器時代研究の中には、1960年代後半以降に盛んとなるプロセス考古学の影響も散見される（e.g. Binford 1968, Flannery 1972, Renfrew and Dixon 1976）。プロセス考古学的なアプローチが西アジア考古学の大きな潮流となることはなかったものの、西アジア新石器時代は「新しい」考古学理論の実践の場として度々取り上げられてきた。そこでは進化史的視点にもとづいた社会発展モデルの構築に主眼が据えられ、考古資料として残る新石器時代の物質文化を科学的なデータとして扱うことで、部族社会、首長制社会といった「社会形式」を復元し、社会発展段階のプロセスを説明することが試みられた。これらの研究成果は、1930年代以前にはほとんど未知の世界であった西アジア新石器時代の様相を徐々にではあるが着実に明らかにし、私たちによるこの時代の理解を大きく前進させたといえる。しかしながら、過去の出来事や社会の形式を重視するこれらの研究においては、生業形態や社会組織の研究に関心が集中する反面、新石器時代を生きた人々が社会をどのように理解していたのかに注意が向けられることはなかった。考古資料からのアプローチが困難に思われる「過去の人々の考え」にせまることは、出来事の客観的な復元を試みる文化史的アプローチや、社会発展の実証的説明を目指すプロセス考古学においては回避せざるを得ない研究テーマだったのである。

　しかしながら、歴史を解釈学的な立場から捉えるならば、この時代を生きた人々による物事の見方や考え方にどのような変化が起こったのかを考慮することなく新石器時代を十分に理解することはできないといえる。なぜならば、いかなる社会の構造も先天的に備えられたものではなく、社会の成員の共通理解の上に成立し絶え間なく再生産されているものであり、それゆえ新石器時代の人々が自分たちの社会をどのように理解していたのかを考えずして、その社会の成り立ちを理解することはできないためである。私たちが新石器時代社会を理解するためには、当時の人々の思考の変化、いわば頭の中に起こった新石器化を考えねばならないのである。これは単に、儀礼や祭祀、その他の象徴的な表現や事象をもとに当時の人々の思想や観念を探ることの必要性を訴えるものではない。実際のところ、新石器時代に土偶や頭骨装飾、プラスター壁画や土

器文様など、儀礼的な活動や象徴的な表現が盛んになることは早くから指摘されているし（Cauvin 2000）、ここ数年の間にも新石器時代社会のシンボリックな側面が注目されてきている（e.g. Verhoeven 2002, Gorring-Morris and Horwitz 2007）。しかしこれらの研究の多くは、特定の文化や文化期を特徴づける一要素として象徴的観念を扱う研究であったり、儀礼や祭祀などのシンボリックな事象と社会統合の仕組みを結びつけて社会形式を解明する研究であったりと、あくまで従来の研究の枠組みの中に思想や観念を新たな研究対象として取り入れたものにとどまる。これらの研究で扱っている思想や観念は、生業、集落、社会階層、生産、流通、埋葬などと並列される社会構成要素の一つに過ぎないといえる。すべての研究対象を横断する新石器時代研究の大きな枠組みとして、それぞれの社会構成要素自体が人々にどのように認識されたのかという視点から人々の思考を考察するものではないのである。[1]

　翻って、本稿で問題とする新石器時代の思考とは、単に人々の思想や観念から文化を読み解くものでも、それらが社会的に機能する仕組みを扱うものでもない。それは、儀礼や祭祀などのシンボリックな事象に限定されるものではなく、植物栽培・動物飼養の開始、集落構造の変化、専業的な生産の発達、社会差の出現といった、あらゆる場面における日常生活の変化が人々にどのように理解され、人々の共通の理解の上に成り立つ社会全体の枠組みがどのように形成されたのかを考えるものである。

2．カテゴリー化する社会

　それでは、新石器時代の人々に起こった社会の見方の変化とは一体どのようなものであったのだろうか。ここではその解釈の一つとして、新石器時代における「世界の分節化」というアイデアを示したい。これは、旧石器時代には曖昧で両義的であったと考えられる様々な物事の概念が、新石器時代にはより明確な輪郭を持った概念として認識されるようになり、人々は社会の諸現象をカテゴリー化して理解するようになったと解釈するものである。例えば、現代では当たり前の、自然と文化、集団と個人、男性と女性、人間と動物といった諸概念は、人類が初めから持って生まれたものではなく、人類の歴史の中で文化

的に生み出され育まれたものと考えることができるわけだが、これらの概念の発達の端緒を新石器時代に遡って考えることができるのである。もちろん、このような概念が制度化されたカテゴリーとして定着するのは近代以降のことであろうし（Thomas 2004）、一方で旧石器時代においても同様の概念は存在したであろう。しかしながら、新石器時代には様々な概念が以前に増してはっきりした形をもって認識されるようになり、その結果、明確にカテゴリー化された概念に基づいて世の中が理解されるようになったと考えられるのである。

　例えば、農耕牧畜の発達とともに、自然のものと文化的なものの違いが意識されるようになり、その概念がはっきりと認識されるようになったと想像するに難くはないだろう。ムギやマメの栽培化は、自然の中に自生する植物と、人の手が加わった植物との区別を明確にし、ヒツジ、ヤギ、ウシ、ブタなどの家畜飼養も、これらの動物を自然の存在から文化的存在へと転換させるものであったと考えられる。野生種と栽培・家畜種の違いが対比される日常生活の中で、自然のもの、人為的なものといったカテゴリーが発達したものと考えられる（Asouti 2006）。また、農耕牧畜の開始によってそれまで利用されていなかった種の動植物が日常の生活環境に新たに導入されたことも、自然のものと文化的なものの違いを際だたせる要因であったと思われる。例えばレヴァントで栽培されたアインコルンコムギやヒヨコマメはこの地域の在来種ではなく、南東アナトリアなどから持ち込まれた可能性が指摘されている（Willcox 2003, Lev-Yadun et al. 2000）[2]。また野生種のヤギ・ヒツジが生息していなかったと考えられるシリアの多くの地域では、家畜化の開始とともに多くの遺跡に家畜ヤギ・ヒツジが人為的に持ち込まれたようだ（三宅 1999）。このように周囲の自然の中にはそれまで存在していなかった動植物を人為的に持ち込んで利用することは、自然の食糧資源の利用と人為的な食糧生産の対比を生みだし、より明確にカテゴリー化された自然と文化の概念を新石器時代の人々に意識させるものであったと考えることができよう。

　このような自然と文化の概念に関する議論を推し進め、新石器時代における世界の分節化をいち早く議論したのはイアン・ホダー（I. Hodder）であった。1990年の著書「The Domestication of Europe」の中でホダーは、チャタルホユック（Çatalhöyük）の事例を引きながら、家という場（domestic place）の利用や、

土偶や壁画などのシンボリックな表現が新石器時代に発達したことで、野性や死といった本来は自然のものが文化的に管理されるようになり、文化の概念およびその対立概念としての自然の概念が発達したと主張している（Hodder 1990）。さらに、これらの概念に結びついて、女性と男性といった概念が象徴的に理解されるようになったとされる。自然のものと文化的なものの対置に見られる象徴概念の発達は、他の遺跡で見られる女神像や女性土偶の利用、野生動物骨の象徴的な利用のされ方などからも解釈可能である。そこでは人間や動物の自然のままの姿が表現されるのではなく、デフォルメされた女性偶像によって多産や豊饒さを示すと考えられる概念が表現されたり、野生ウシの頭骨を住居内に安置することで強靱さや脅威、あるいは権力や守護といった概念が表現されたものと考えられ、ありのままの自然の概念だけではなく、文化的で抽象的な意味を持った概念を用いて世界が理解されたのだと考えることができる。この時代には、具象的な物事と抽象的な物事の境界がより明確に意識されるようになったものと考えられよう。

　さらに、ホダーによる議論を超えて、世界の分節化は新石器時代における空間のカテゴリー化としても捉えることができる。西アジア型の農耕牧畜では、集落の後背地を利用してムギ・マメ類が栽培され、同時に耕地以外の丘陵や刈り取りの終わった耕地で家畜の放牧がおこなわれたようだが、これによって集落周辺の景観は大きく変化し、人々による生活環境の理解の仕方も変化したはずである。集落周辺の土地と資源は以前から利用されていたわけだが、土地利用の特化が進んでいなかった旧石器時代には狩猟採集の場である野生動植物の生息域と自らの居住域との境界は曖昧であり、連続性をもって人々に認識されていたと考えられる。これに対し、耕地や放牧地といった人の手が加えられた場の存在は、人為的な領域と自然のままの領域を明確に区分し、そのような景観の中で日々の生活を送ることによって、文化と自然あるいは内と外といった場の概念が人々の頭の中に形成されたと考えられるのである（c.f. Tilley 1994: 206-208）。集落内の空間利用の変化についても世界の分節化を考えることができる。新石器時代には、住居とは別に共同の貯蔵施設や儀礼の場と考えられる公共の建物やモニュメントなどが造られるようになる。また、各建物が通路で隔てられたり同一方向に並んで配置されるなど、ある程度の公共性を持った集

落プランも出現する。このような集落内の空間利用の変化は、公と私の違いを視覚的、身体的に経験させるものであり、共同体と個人の概念を明瞭化させるものであったことだろう。

　このように、新石器時代の新しい生活様式は、社会の様々な局面において人々の物事の捉え方に影響を与えたと考えられる。人間は持って生まれた社会概念にしたがって行動をおこしているのではなく、日々の活動を経験する中で様々な概念が生み出され、社会を理解する方法を習得しているのだといえる。それは、日々の生活における実践を通して人々の世界の見方が形成され、その世界観にしたがってさらなる行動が実践され、さらにその行動を通して世界の見方が再生産されるというサイクルである[3]。新石器時代には、新しい生活様式の導入によって、文化、自然、共同体、個人、女性、男性、具象、抽象、内、外といった概念がより明確にカテゴリー化され、人々はそれらの概念に基づいて世界を分節化して理解するようになり、さらにそのような理解に基づいた活動を通して、分節化された世界の見方が定着していったと考えられるのである。

3．石器利用の社会的役割

　新石器時代をこのような観点から捉えるとき、石器の利用もまた、世界を分節化する活動の一つであったということができる。石器製作や道具の利用といった活動は、生活に必要な需要を満たすものであると同時に、極めて社会的な活動でもあった。例えば、先土器新石器時代B期以降には、ナヴィフォーム型石核を用いた石刃製作や押圧剥離による石刃製作など、高度な知識と技術を必要とする専門性の高い石器製作活動が盛んになるが（e.g. Quintero and Wilke 1995）、そのような石器利用の実践の中では、石器製作職人とその他の人々の社会的役割や地位の違いが確認されたものと考えられる(c.f. Wright and Garrad 2003)。また製作技術の伝承過程においては、教える者と習う者の人間関係が形成されたであろうし（Dobres 2000）、道具の利用においても、尖頭器を用いた狩猟や鎌刃を使った穀物の刈り取りなど、特定の石器を用いた特定の社会活動を通して、それに関わる集団のアイデンティが育まれたものと考えられる。また、石材獲得活動を通しても、石材の採取活動に参加した集団の仲間意識や、

交易によって石材を入手する際の交易相手との社会関係などが形成されたことだろう（Bradley and Edmonds 1993）。つまり、石材の獲得から道具の製作と使用、廃棄に至るまで、日常的な石器利用の繰り返しの中で、人々による世の中の見方が形成されたものと考えることができる。社会集団の違いが石器利用を通して体験されることによって、社会的役割や地位、集団や個人のアイデンティティといった概念がより明確にカテゴリー化され、その概念に基づいて社会が理解されたものと解釈できよう。当然ながら石器利用を通した社会の再生産は新石器時代以前から繰り返されていたわけだが、新石器時代の石器利用は特に、社会集団のカテゴリーを顕わにし、社会構造の分節化を進めるものであったのだ。

4．サラット・ジャーミー・ヤヌにおける石器利用

　サラット・ジャーミー・ヤヌにおける石器利用も、このような社会構造の分節化という視点から捉えることが可能である。2004年より発掘調査が進められている（三宅ほか 2009）この遺跡の石器インダストリーの一番の特徴は、黒曜石製石器とフリント製石器の利用方法の乖離である。石材の獲得から石器製作、道具の使用と廃棄に至るまで、両石材の利用に共通点は見あたらない。このことから、同じ石器であっても黒曜石とフリントの利用は性格の異なる活動であった可能性が高いといえ、両石材の利用を通してそれに纏わる社会活動や社会集団が区別されたものと考えられる。

　これまでに出土した約8500点の資料のうち、全体の約40%を黒曜石、残り約60%をフリントが占める。前者がすべて石刃インダストリーであるのに対し、後者は輸入品と思われるごくわずかな例を除けば完全な剥片インダストリーである。黒曜石の産地同定分析結果によれば、利用された黒曜石のほとんどが130〜150km離れた東アナトリアの産地から運ばれており、交易によって黒曜石が入手された可能性が高い。この遺跡の住民が直接黒曜石を採りに遠征した可能性も捨てきれないが、いずれにせよ集落周辺で採取されたと考えられるフリントの獲得と比べ、黒曜石の獲得は完全に性格の異なる活動であったはずだ。集落内の異なるグループの人々がそれぞれの獲得に関わっていたとも考えられ

るし、あるいは同じ人々の手によって両石材が獲得されたとしても、その機会は全く別のものであっただろう。したがってこの遺跡において黒曜石の存在は、単にフリントとは異質の石材として認識されたのみではなく、その獲得に纏わる人々やエピソードの違いとともに理解されたのではないかと考えられる。

　獲得された黒曜石はすべて石刃の製作に用いられた。剥片石核は石刃石核を再利用したものがわずかに見られるのみである。砲弾形の石核（図1: 1-3）から押圧剥離によって定形的な石刃（図1: 4, 5）が連続して剥離されたが、こうした石刃製作は高度な技術と知識を必要とするだけでなく、明確なコンセプトのもとで確かな手順を踏んでこそ可能なものである。したがって黒曜石石刃製作のノウハウは日々の石器製作の中でエキスパートから初心者へと伝授されたのであろうが、それは両者の人間関係を形成する機会でもあっただろう。また、石刃製作が専門職人のグループによってのみおこなわれたとすれば、それは専門職人とその他の住民の役割や地位の差を顕わにするものであったであろうし、家族単位などの小グループごとに石刃が製作された場合でも、石刃製作を通してそれらの単位集団のアイデンティティが確認される活動であったと考えられる。黒曜石石刃の製作は場当たり的なものではなく、集落内の何らかのコミュニティーによって積極的に共有された活動であり、それぞれのコミュニティー内外の社会関係を形成するものであったわけだ。

　このようにして製作された黒曜石石刃のほとんどは、スクレイパーやドリルなどの定型的なトゥールには加工されず、側縁にのみリタッチが施された二次加工石刃として使用された（図1: 6-9）。二次加工石刃の中で注目すべきは、側縁に急角度の粗いリタッチ[4]が見られる石刃であり、リタッチの位置には明確なパターンが観察される。同一側縁の背面側あるいは腹面側のいずれかのみにリタッチが見られる場合、片方の側縁が背面側のリタッチ、もう一方の側縁が腹面側リタッチになるものが多く（図1: 9）、両側縁で同じ面にリタッチがあるものは少ない。また、同一側縁上で背面側と腹面側に交互リタッチが見られる場合、（石刃を背面側から見て）右の側縁上部が背面リタッチ、下部が腹面リタッチ、左の側縁上部が腹面リタッチ、下部が背面リタッチとなる例が圧倒的に多い（図1: 6-8）。このような刃部のパターンから、この二次加工石刃は場当たり的に使用されたものではなく、決まった動作で規則的に持ち替えられて使用

石器利用が進める新石器化の一様相　91

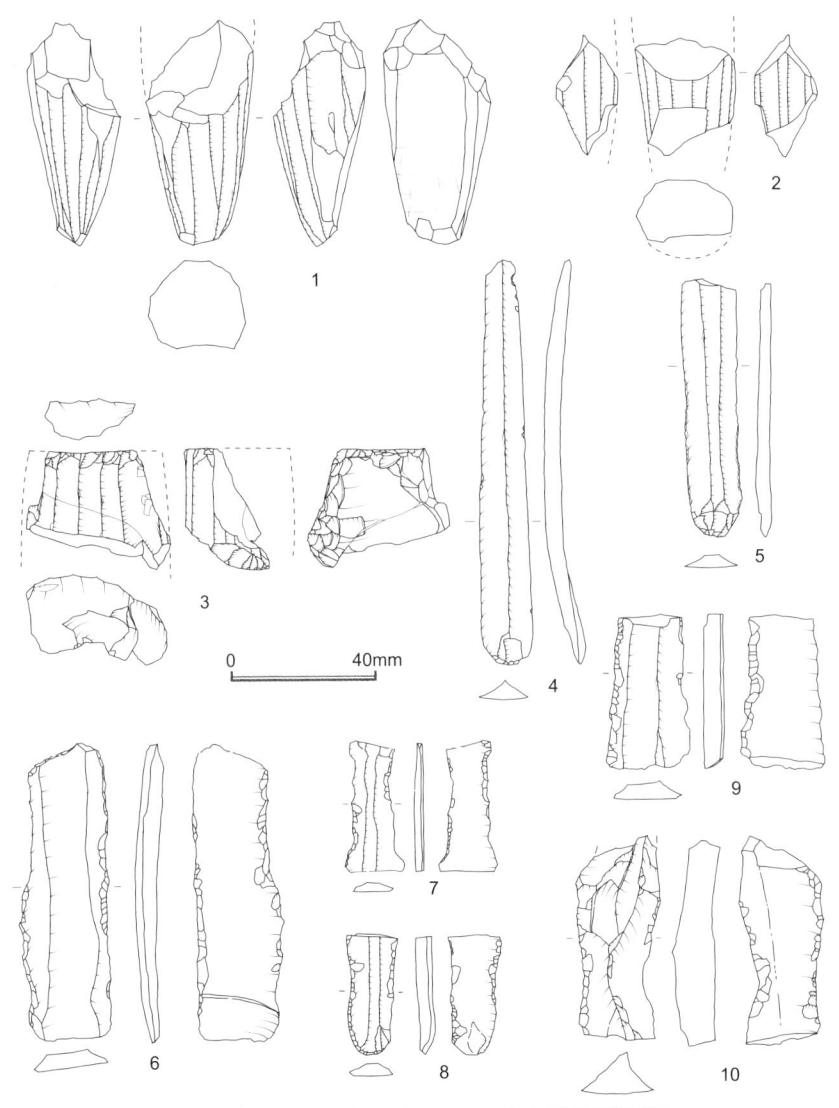

図1　サラット・ジャーミー・ヤヌ出土黒曜石製石器

されたものであると考えられる。それが意識的に守られたルールであったのか、無意識の習慣的なものであったのか、あるいは機能的な必然性の結果生じたのか判断はつかないが、この石刃を使用した人々の間では、同じ目的のために同

じ方法で石器が使用されたと考えられる。この石器を利用する人々によってルールが共有されたわけだが、このような二次加工石刃の利用は、その他の石器を使用する活動、特にフリント製石器を用いた活動とは完全に区別されたものであったといえる。

　フリント製石器の利用状況を見ると、利用されたフリントのほとんどは遺跡周辺の河川沿いで採取されたと考えられる転礫である。全体的には石器石材として質が高いとはいえないが、中には石刃製作が可能な良質のフリントも見られる。しかしこれらのフリントはすべて場当たり的な剥片製作にのみ用いられている。フリントの石核はすべて不定形の剥片石核（図2: 1）であり、石核の整形や打面の調整を施さないまま、直接打撃によって剥片が剥離されている。また、5点の剥片が接合した資料（図2: 3）から復元される剥離工程からもわかるように、フリントを用いた剥片剥離のコンセプトは、確かな工程を踏まえた黒曜石の石刃剥離とはかけ離れたものであった。

　剥離されたフリント剥片（図2: 2-4）は肉厚で不定形であるが、多くが使用痕を持つことから、不定形剥片を手軽に製作して使用することがフリント製石器製作の目的であったと考えられる。粗い二次加工で整形されたドリルあるいはピック以外、定形的なトゥールは非常に少ない。リタッチが施されずにそのまま使用された剥片が多いが、刃部に際だった使用痕を持つものは少なく、黒曜石の二次加工石刃に見られるように、特定の動作で特定の目的に用いられたと考えられるフリント製石器は見あたらない。

　このように黒曜石とフリントは、石材獲得、石刃・剥片の製作、トゥールの使用を通して明らかに異なる利用のされ方をしているわけだが、これは必ずしも両石材の機能的な差に起因するものではないようだ。例えば利用されたフリントの中には石刃製作が可能な良質のものが見られるにもかかわらず、フリント石刃の製作が試みられた痕跡はまったくない。一方で黒曜石での剥片剥離も可能であったわけだが、黒曜石からは基本的に石刃のみが製作されている。さらに両石材のトゥールの使い方を見ても、定形石刃か不定形剥片かといった素材剥片の形状の違いによって使われ方が決定されたわけではないようだ。というのも、黒曜石では不定形剥片の中にも二次加工石刃と同様の刃部パターンを持つものが見られるのである（図1: 10）。形状だけをみればフリント剥片と大

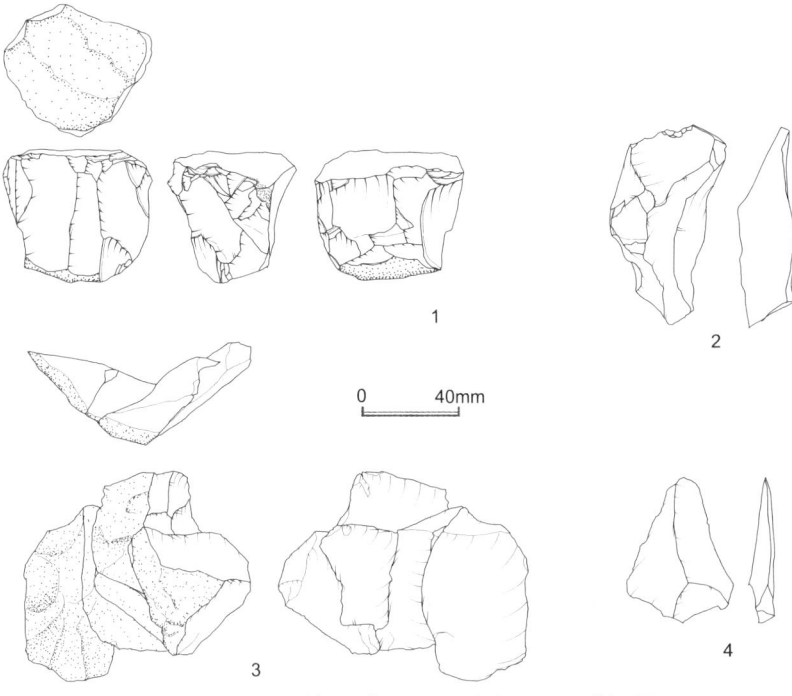

図2　サラット・ジャーミー・ヤヌ出土フリント製石器

きく変わらないわけだが、定形的な二次加工石刃と同じ動作によって同じ目的に使用されたものと考えられる。すなわち、石刃か剥片かといった素材の形状とは無関係に、黒曜石とフリントのトゥールが使い分けられていたわけだ。これらのトゥールはおもにスクレイピングに用いられたと考えられるが、スクレイピングにはむしろフリントのほうが材質的に適していると考えられ、両石材の硬さや刃部の鋭利さの違いがその使用方法を決定したわけでもないだろう。したがって、材質や形状といった機能面において黒曜石とフリントはある程度同じように使用可能だったはずなのだが、それにも関わらず黒曜石とフリントの間に厳格な使い分けがある背景には、社会的な理由を考える必要があるだろう。

　機能的要因に還元されない両石材の利用の違いは、石核の廃棄のされ方にも見られる。黒曜石製石核はすべて意図的に破壊されてから廃棄されているのに対し、フリントの石核にはそのような例は見られないのである。黒曜石製石核

の多くは、打面ではなく、石刃を剥離する作業面上へ打撃が加えられ破壊されており（図1: 1-3）、石刃剥離中のアクシデントではなく意図的に破壊されたことが明かである。さらに、黒曜石とフリントの石器製作が異なる場所でおこなわれた様子が、フローテーションにより採集された微細剥片の出土状況から想定される。微細剥片の中ではフリントの砕片が圧倒的に多く、黒曜石の割合は7％程度と低い。このことから、黒曜石製石器の多くは発掘区外で製作され、フリント製石器とは製作の機会が異なっていたものと考えられる。

　残念ながら、現段階では黒曜石とフリントの使い分けがどのような社会構造に結びついたものであったのかを特定することは難しい。しかしながら、両石材は何らかの社会的カテゴリーに結びついて使い分けられたものと考えられる。例えば、集落周辺で採取可能な地元のフリントと交易や遠征によって外の世界から得られた黒曜石は、内と外の世界の違いを象徴するものとして区別され、そのような認識に応じて異なる価値を持つ物質として異なる機会に使い分けられたと考えることができる（c.f. Taçon 1991）。あるいは、黒曜石とフリントとの入手過程で関わる集団の違いや、獲得に纏わるエピソードの違いが重視され、両者を一緒には使用しないといった慣習や伝統が存在した可能性もある。また、石器の製作や使用における専業化や分業化にともない、石器製作職人とその他の人々、あるいは石器を用いた特定の作業に従事する人々とそれ以外の人々の間で黒曜石とフリントの利用が分かれていたとも考えられる。さらには世帯間で、もしくは女性と男性の間で石器利用が分かれていた（Gero 1991）可能性も否定できない。黒曜石とフリントが同じグループの人々によって利用された場合でも、植物の収穫、動物の解体、骨格器や木器の製作、工芸品の加工など、石器を利用するそれぞれの活動が異なる社会活動として明確に分かれており、活動の区分に応じて黒曜石とフリントが選択的に利用されたとも考えられる。

　いずれの場合であれ重要なのは、サラット・ジャーミー・ヤヌにおける黒曜石とフリントの使い分けは、単に石材の機能的な違いを反映したものではなく、何らかの社会的なカテゴリーに対応したものであったと考えられることだ。黒曜石とフリントの使い分けは新石器時代の遺跡では珍しいものではないが、通常は石刃製作技法やトゥールの使用においてある程度の共通点を持つものであ

る。サラット・ジャーミー・ヤヌではそのような共通点は見られず、黒曜石とフリントの利用が完全に乖離していた。したがってこの遺跡では、石器利用と結びついた社会的カテゴリーの違いがより明確に認識されたものと解釈できるだろう。

　専業化や男女差による石器の使い分けというアイデア自体は古くから提唱されているものである（e.g. 西秋 1995）。しかしながらここで強調したいのは、石器利用に地位や役割、男女の違いといった社会区分が反映されているだけではなく、それとは逆に、石器という物質文化の利用を通してこのような社会区分が認識され、再確認されたであろうという点である。石材の獲得、石刃製作の伝授、特定のルールを守った石器の利用や廃棄は、特定の社会活動やコミュニティーと結びつき、それぞれを社会的に異なるカテゴリーの活動やコミュニティーとして意味づけるものであった。サラット・ジャーミー・ヤヌにおいては、その結びつき方が黒曜石とフリントで明確に分かれており、日常的な石器利用においてそれが忠実に守られることで社会的カテゴリーの違いが強調され、人々に深く理解されたと考えられるのである。この過程は、石器利用という活動を実践的に繰り返すことで維持された。社会構造は、意識的であれ無意識のうちであれ、人々がそのような社会の枠組みを受け入れ、それに応じた活動を繰り返すことで維持されるものといえる。サラット・ジャーミー・ヤヌにおける石器利用は、その実践を通して人々が社会を理解し、さらにその社会の在り方に応じて石器を利用するというサイクルであったわけだ。この過程において、サラット・ジャーミー・ヤヌの人々にとっての黒曜石とフリントは、それらを利用する集団や活動に応じて異なる意味を持った異なるカテゴリーの物質として理解されたと考えられる（c.f. Edmonds 1998）。この遺跡で利用された黒曜石とフリントは社会的な意味を持った物質であり、それゆえに石器という物質文化の利用が、新石器時代社会の形成において積極的な役割を果たしたといえるのだ。

5．おわりに

　新石器時代における石器利用は、人々によって世界が分節化して理解された

過程の一例を示していると解釈できる。もちろん、新石器時代における世界の分節化を、文化と自然、集団と個人、内と外、女性と男性といった二項対立の概念のみを用いて現代社会におけるそれと単純に比べることはできないし、分節化の過程は新石器時代を通して一様ではなく、地域や集落によって多様であったことはいうまでもない。また、新石器時代の人々の世界観を語るためには、当然ながら石器利用に限られない多角的な検討が必要である。本稿では、新石器時代における社会変化を単に出来事や社会形態の羅列として捉えるのではなく、人々が当時の社会をどう理解したのかという視点から解釈することを目的に、その枠組みを示すことに終始した。さらなる検討が必要ではあるが、このようなアプローチも考古学によって過去の社会を理解する方法の一つであることをあらためて主張したい。

註

1) 一方、ここに挙げたような研究対象を横断する思想や観念の議論としては、Watkins 2008を参照。
2) ただし、現状ではこれらの種の南東アナトリア起源を確かめるデータが十分ではないことも指摘されている（Tsuneki et al. 2006: 60）。
3) 社会人類学者P. ブルデュー（Bourdieu）のプラクティス理論（実践理論）によれば、社会とは個人の行為と社会の枠組みが互いに規定するサイクルによって成り立つものと説明される（Bourdieu 1990）。個人の主体的な行動が社会の枠組みを生み出す一方で、個人の行動は社会の枠組みによって条件づけられるもので、日常の実践（プラクティス）を通して二者の相互依存のサイクルが維持されるというものである。同様に、新石器時代の人々の行動と世界観の相互依存のサイクルを考えることができる。
4) ここではリタッチと表記するが、刃部を作り出すために意図的に施されたリタッチではなく、刃部として利用された結果の使用痕である可能性もある。

引用文献

Asouti, E.　2006　Beyond the Pre-Pottery Neolithic B Interaction Sphere. *Journal of World Prehistory* 20: 87-126.

Binford, L.R.　1968　Post-Pleistocene Adaptations. In S.R. Binford and L.R. Binford (eds.) *New Perspectives in Archaeology*. 313--341. Chicago, Aldine.

Bourdieu, P.　1990　*The Logic of Practice*. Cambridge, Polity Press.

Bradley, R. and M. Edmonds 1993 *Interpreting the Axe Trade. Production and Exchange in Neolithic Britain.* Cambridge, Cambridge University Press.

Cauvin J. 2000 *The Birth of the Gods and the Origins of Agriculture.* Cambridge, Cambridge University Press.

Dobres, M.-A. 2000 *Technology and Social Agency.* Oxford, Blackwell.

Edmonds, M. 1998 Sermons in Stone: Identity, Value, and Stone Tools in Later Neolithic Britain. In M. Edmonds and C. Richards (eds.), *Understanding the Neolithic of North-West Europe,* 248-276. Glasgow, Cruithne Press.

Flannery, K.V. 1972 The Origins of the Village as a Settlement Type in Mesoamerica and the Near East. In P. Ucko, R. Tringham and G.W. Dimbleby (eds.), *Man, Settlement and Urbanism,* 23-53. London, Duckworth.

Gero, J. M. 1991 Genderlithics: Women's Roles in Stone Tool Production. In J. M. Gero and M. W. Conkey (eds.), *Engendering Archaeology. Women and Prehistory,* 163-193. Oxford, Blackwell.

Goring-Morris, N. and L. K. Horwitz 2007 Funerals and Feasts during the Pre-Pottery Neolihic B of the Near East. *Antiquity* 81: 1-17.

Hodder, I. 1990 *The Domestication of Europe.* Oxford, Blackwell.

Lev-Yadun, S., A. Gopher and S. Abbo 2000 The Cradle of Agriculture. *Science* 288: 1602-1603.

Quintero, L.A. and P.J. Wilke 1995 Evolution and Economic Significance of Naviform Core-and-Blade Technology in the Southern Levant. *Paléorient* 21(1): 17-33.

Renfrew, C. and J. Dixon 1976 Obsidian in Western Asia: A Review. In G. Sieveking, I. Longworth and K. Wilson (eds.), *Problems in Economic and Social Archaeology,* 137-150. London, Duckworth.

Taçon, P. S. C. 1991 The Power of Stone: Symbolic Aspects of Stone Use and Tool Development in Western Arnhem Land, Australia. *Antiquity* 65: 192-207.

Tilley, C. 1994 *A Phenomenology of Landscape: Places, Paths and Monuments.* Oxford, Berg.

Thomas, J. 2004 *Archaeology and Modernity.* London, Routledge.

Tsuneki, A., M. Arimura, O. Maeda, K. Tanno and T. Anezaki 2006 The Early PPNB in the North Levant: A New Perspective from Tell Ain el-Kerkh, Northwest Syria. *Paléorient* 32(1): 47-71.

Verhoeven, M. 2002 Transformations of Society: the Changing Role of Ritual and Symbolism in the PPNB and the PN in the Levant, Syria and South-East Anatolia. *Paléorient* 28(1): 5-14.

Watkins, T.　2008　Supra-Regional Networks in the Neolithic of Southwest Asia. *Journal of World Prehistory* 21: 139-171.

Willcox, G.　2003　The Origins of Cypriot Farming. In J. Guilaine and A. Le Brun (eds.), *Le Néolithique de Chypre*, 231-238. Atènes, École Française d'Athénes (BCH supplément 43).

Wright, K. and A. Garrad　2003　Social Identities and the Expansion of Stone Bead-making in Neolithic Western Asia: New Evidence from Jordan. *Antiquity* 77: 267-284.

西秋良宏　1995　「石の道具とジェンダー―西アジア新石器時代の画期―」常木晃・松本健 編『文明の原点を探る―新石器時代の西アジア―』50-77頁　同成社.

三宅 裕　1999　「The Walking Account: 歩く預金口座―西アジアにおける家畜と乳製品の開発―」常木晃 編『食糧生産社会の考古学』50-71頁　朝倉書店.

三宅裕・前田修・田尾誠敏・本郷一美・丹野研一・吉田邦夫　2009　「サラット・ジャーミー・ヤヌ遺跡（トルコ共和国）発掘調査概報：2004-2008年」『筑波大学先史学・考古学研究』第20号　75-112頁.

農耕の開始と失明
——レヴァント地方南部初期農耕村落から出土する孔雀石とトラコーマ——

安倍雅史

　人類は誕生以来、さまざまな感染症に苦しめられてきた。多くの感染症は、新石器時代に起源を持つといわれている。天然痘、麻疹、結核、インフルエンザ、百日咳、熱帯性マラリアなどは、本来は動物の病気であったが、動物を家畜化し人間と動物の距離が縮まった結果、人間がかかる病気に変質したと考えられている（ダイアモンド 2000）。また、インフルエンザなど次々に人間に感染し多くの犠牲者を出し続ける集団感染症が存続するには、多くの人間が密集して暮す環境が不可欠であり、その起源は食糧生産経済の開始に行き着くといわれている（ダイアモンド 2000）。

　本稿は、失明を引き起こすトラコーマという感染症を論じる。トラコーマは、白内障、緑内障とともに三大眼病に数えられる眼病である。現在でも、トラコーマの感染者は全世界で5億人、トラコーマによって失明に至った人間は600万人に達すると報告されている（West 2004）。本稿は、他の感染症と同様、食料生産経済（定住、植物栽培、動物の家畜化）の開始が、トラコーマと人間の関係に深く影響を及ぼしたことをレヴァント地方南部（イスラエル、パレスチナ、ヨルダン）の新石器時代を対象に論じる。レヴァント地方南部は、食糧生産経済の起源地である「肥沃な三日月弧」の西翼をなし、周辺地域に比べても発掘件数の多い地域である。

　また、本稿では、新石器時代の人間がこの感染症にどのように対処したかも論じる。レヴァント地方南部の初期農耕村落からは、頻繁に孔雀石が出土する。トラコーマとは一見無関係に思われるこの鉱物から議論を始めたい。

1. 初期農耕村落から出土する孔雀石

孔雀石（マラカイト）は、銅の炭酸塩鉱物$CuCo_3Cu(OH)_2$である。光沢があり鮮やかな緑色を呈し、代表的な銅鉱石の一つとして知られている。レヴァント地方南部では、フェイナーン（Feinan）とティムナ（Timna）が孔雀石の産地として知られている[1]（図1）。

レヴァント地方南部で冶金技術が発達し、孔雀石から銅製品が生産されるようになるのは銅石器時代（7800 cal BP～58/5700 cal BP）のことである。銅石器時代の農耕村落からは頻繁に銅の製作址が確認される。製作址からは、銅製品の他に孔雀石の原石、ブロー・パイプ、坩堝、銅屑などが出土している（Golden et al. 2001）。

しかし、レヴァント地方南部で孔雀石が広く流通したのは、銅石器時代がはじめてではない。銅が生産される遥か以前、先土器新石器時代の初期農耕村落から数多くの孔雀石が報告されている。

孔雀石がレヴァント地方南部の遺跡から出土するようになるのは、人々が定住生活を開始したとされる続旧石器時代末のナトゥーフ期（Natufian、14500～11700 cal BP）である。ナトゥーフ期のロシュ・ホレシャ（Rosh Horesha）、ア

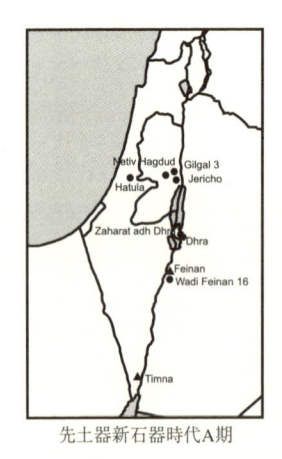

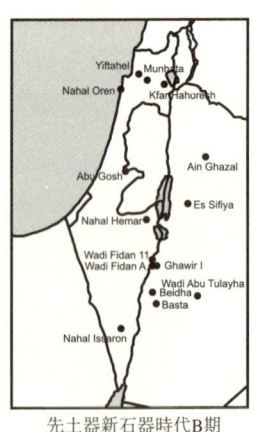

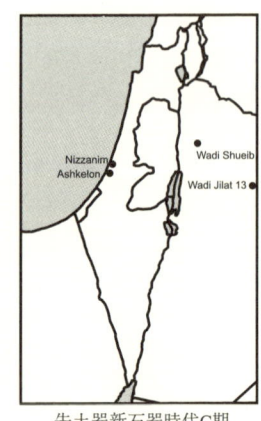

図1　孔雀石の原石、装身具が出土した遺跡

イン・マラッハ（Ain Mallaha）などから、孔雀石製の装身具が報告されている（Bar-Yosef Mayer and Porat 2008，Larson 1978）。

　植物栽培が始まったとされる先土器新石器時代A期（Pre-Pottery Neolithic A、11700～10500 cal BP）になると、孔雀石の出土例は増加する（図1）。イェリコ（Jericho）、ネティブ・ハグダッド（Netiv Hagdud）、ギルガル3（Gilgal 3）、ハトゥーラ（Hatula）、ダラー（Dhra）、ザハラット・エッ・ダラー（Zaharat ed Dhra）、ワディ・フェイナーン16（Wadi Feinan 16）など代表的な先土器新石器時代A期の村落から孔雀石の原石、装身具が報告されている（Bar-Yosef Mayer and Porat 2008，Critchley 2007，Edwards et al. 2004，Hauptmann 2007，Talbot 1983，Wheeler 1983）。

　家畜が導入され10haを超える大型農耕村落が出現する先土器新石器時代B期（Pre-Pottery Neolithic B、10500～8700 cal BP）になると、大半の遺跡から孔雀石と孔雀石製装身具が出土するようになる（図1）。孔雀石の原石と装身具が、アイン・ガザル（Ain Ghazal）、バスタ（Basta）、ベイダ（Beidha）、エッ・シフィーヤ（Es Sifiya）、ガウィールⅠ（GhawairⅠ）、イェフタヘル（Yieftahal）、クファル・ハホレシュ（Kfar Hahoresh）、ナハル・ヘマル（Nahal Hemar）、ワディ・フィダーンA（Wadi Fidan A）、ワディ・フィダーン11（Wadi Fidan 11）、ナハル・イサロン（Nahal Issaron）、ワディ・アブ・トレイハ（Wadi Abu Tulayha）などから報告されている（藤井2008，Bar-Yosef and Alon 1988，Garfinkel 1987，Goring-Morris et al. 1995，Goring-Morris 2000，Goring-Morris and Gopher 1982，Hauptmann 2004，Hauptmann 2007，Kirkbride 1968，Mahasneh 2001，Rollefson 1984，Simmons and Najjar 2006）。

　しかし、大型農耕村落が解体し、人々が再び2ha程度の小規模な農村に暮らすようになる先土器新石器時代C期（Pre-Pottery Neolthic C、8700～8250 cal BP）、土器新石器時代（Pottery Neolithic、8250～7800 cal BP）になると、孔雀石の出土例は減少する（図1）。孔雀石の原石、装身具は、ワディ・シュエイブ（Wadi Shueib）、ワディ・ジラート13（Wadi Jilat 13）、ニザニム（Nizzanim）、アシュケロン（Ashkelon）から報告されているに過ぎない（Garfinkel and Dag 2008，Simmons et al. 2001，Wright and Garrad 2003，Yeivin and Olami 1979）。

　このように銅生産が行われていないにもかかわらず、銅鉱石である孔雀石が、

とくに先土器新石器時代A期、先土器新石器時代B期の初期農耕村落から数多く出土している。次の章では、初期農耕村落において孔雀石がどのように用いられていたか具体的に検討したい。

2．レヴァント地方南部、初期農耕村落における孔雀石利用

1．装身具の素材としての利用

まず、孔雀石は装身具の素材として利用されていた。上述したように、レヴァント地方南部の初期農耕村落からは、孔雀石製のビーズ、ペンダントが多く出土している。

旧石器時代には、装身具の素材として骨、貝、象牙、ダチョウの卵殻が利用されることが一般的であった。しかし、ナトゥーフ期以降とくに新石器時代になると、装身具には緑色の石が好んで用いられるようになる。新石器時代には、孔雀石以外にも、蛇紋岩、燐灰石、フッ素燐灰石、天河石、トルコ石など緑色をした石が装身具の原石として好んで利用されていた（Bar-Yosef Mayer and Porat 2008）。

2．顔料としての利用

また、孔雀石は磨り潰され緑色の顔料としても使用されていた。実際、先土器新石器時代B期のナハル・ヘマルから出土した木製品や石製仮面は、磨り潰した孔雀石によって着色されていた（図2）(Bar-Yosef and Alon 1988)[2]。また、先土器新石器時代B期のベイダでは、磨り石、オーカー、ヘマタイトと孔雀石がセットになって住居の床面から出土している（Kirkbride 1968）。当時、木製品、骨製品、皮製品など多様な製品が、孔雀石によって着色されていたと思われる。

また、磨り潰した孔雀石は、ボディー・ペイントにも用いられていたと推測される。孔雀石は、北米のネイティブ・アメリカンなど、世界の各地域で好まれてボディー・ペイントに用いられているからである（Campbell 2007）。

3．アイ・メイクとしての利用

だが、筆者は、最も重要な用途は、アイ・メイクとしての利用であったと考

農耕の開始と失明　103

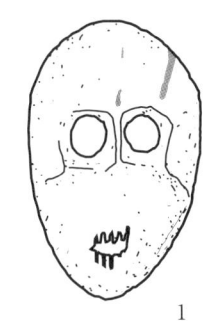

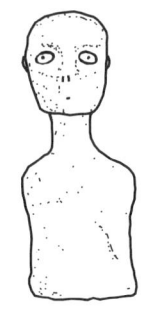

1：ナハル・ヘマル出土の石製仮面（スクリーン部に緑色顔料が付着。Bar-Yosef and Alon 1988を改変）
2：アイン・ガザル出土のプラスター塑像（Kuijt and Goring-Morris 2002を改変）
3：ナハル・ヘマル出土の骨偶（スクリーン部に緑青が付着。Bar-Yosef and Alon 1988を改変）

図2　孔雀石利用に関連する遺物

えている。磨り潰した孔雀石をアイ・シャドーやアイ・ラインとして眼の周りに塗る風習は、中近東の伝統的な風習として知られている（Cartwright-Jones 2005）。この風習は、古代エジプトや古代メソポタミアの文献資料にも登場し、壁画資料にも見ることができる（図3）。古代エジプトでは、男女ともにアイ・メイクをしていたこと、方鉛鉱が黒色のアイ・メイクに、孔雀石が緑色のアイ・メイクに用いられていたことが知られている（Sipos et al. 2004）。

図3　古代エジプトにおける孔雀石を用いたアイ・メイク（Shaw 2000を改変）

　筆者は、この風習は中近東では非常に長い歴史を持ち、最低でも先土器新石器時代まで、恐らくは続旧石器時代末のナトゥーフ期にまで遡るものと考えている。有名な先土器新石器時代B期のアイン・ガザルから出土したプラスター塑像の瞳は、天然アスファルトで表現されている（図2）。眼の周囲も天然アスファルトで黒く縁取られているが、この縁取りの下に緑色のファンデーションが塗られていることが確認されている（図2）。X線回折の結果、このファンデーションは、孔雀石を磨り潰したものであることが判明している（Hauptmann 2007, Tubb 1985）[3]。

　先土器新石器時代B期のナハル・ヘマルから出土した骨偶も参考になる（Bar-Yosef and Alon 1988）。骨偶の肌は赤色オーカーで、黒色の眼と髭、髪は

天然アスファルトで表現されている（図2）。注目すべきは、骨偶の眼の周りに緑青が浮き出ていることである。孔雀石を磨り潰しアイ・メイクとして骨偶に塗りつけたためと思われる。[4]

アイン・ガザルの塑像そしてナハル・ヘマルの骨偶の例から、レヴァント地方南部の初期農耕村落で孔雀石がアイ・メイクに用いられていたことは間違いないと思われる。

孔雀石製の装身具は、決して装身具の中で高い割合を占めない。また、蛇紋岩、燐灰石、天河石、トルコ石の場合は、装身具ばかりが遺跡から出土するのに対し、孔雀石の場合は原石自体も遺跡から数多く出土する。これらのことを考慮すると、原石を磨り潰し顔料やアイ・メイクに用いることが、孔雀石の主要な用途であったと考えられる。

一般的に、銅鉱石である孔雀石には、殺菌効果があり、孔雀石をすり潰しアイ・メイクに用いると眼病予防にもなるといわれている（Sipos et al. 2004）。次の章では、銅の持つ微量元素作用について紹介したい。

3．眼病予防としての孔雀石利用：銅の微量元素作用

実際に、水に溶けた銅イオンは、微生物に対して強力な殺菌効果を持つ。これは、「銅の微量元素作用」として知られている。例えば「墓地の花入れに10円玉を入れると蚊がわかない」という知恵は昔から伝わっているが、この効果を実証するために日本環境衛生センターが実験を行っている。

ガラス製の水槽にヒトスジシマカの幼虫を放した場合、90％の幼虫が正常に孵化した。一方、銅製の水槽にヒトスジシマカの幼虫を放した場合、一日後に66％の幼虫が死亡し、無事に孵化した幼虫は一匹もいなかったことが確かめられている（日本銅センター 2006）。

また、近年、銭湯や温泉施設でレジオネラ菌に感染して命を落とすという事故が新聞をにぎわせたが、このレジオネラ菌に対しても銅が強い抗菌力を持つことが実験で確かめられている。銅板にレジオネラ菌を含む水を垂らすと、レジオネラ菌が激減することが確かめられている（日本銅センター 2002）。

このように銅は、微生物に対し強力な殺菌効果を持っている。磨り潰した孔

雀石をアイ・メイクに用いると、実際に、眼感染症を引き起こす細菌に対しても強い殺菌効果があったものと思われる。実際に、1世紀のローマの医師ラルグスは、眼病の治療薬として銅鉱石を挙げている（Forsyth 2000）。また、エジプトでは20世紀になってもトラコーマ治療に孔雀石が用いられていたことが知られている（Sipos et al. 2004）。

　筆者は、レヴァント地方南部の初期農耕村落の間で孔雀石が流通していたのも、孔雀石が持つ眼病予防効果と関係があったと考えている。というのも、以下で論じるように、定住、植物栽培、家畜飼育を開始したことによって衛生環境が悪化し、トラコーマと呼ばれる眼病が深刻な問題になった可能性が高いからである。新石器時代におけるトラコーマについて議論する前に、まず簡潔にトラコーマについて紹介したい。

4．トラコーマ

　トラコーマ（Trachoma）は、伝染性の慢性結膜炎である。眼瞼結膜（まぶたの裏側）に、クラミジア・トラコマチス（Chlamydia trachomatis）と呼ばれる細菌が感染することによって発症する。とくに、免疫力の弱い子供がトラコーマに感染しやすい。トラコーマが蔓延している地域では、90%以上の子供がトラコーマに感染している。トラコーマに感染すると、眼瞼結膜が充血し腫れあがり、眼脂（目やに）が多く出るようになる。また、眼瞼結膜に顆粒と呼ばれる白色の水泡状の粒が形成される（West 2004）。

　大人になると免疫力が高まりトラコーマに感染しにくくなる。しかし、長年に渡り慢性的にあるいは繰り返しトラコーマに感染すると、大人になって後期の症状が見られるようになる。まず、眼瞼結膜に瘢痕（白色の傷痕）が形成され、まぶたが変形し内側に丸まる。その結果、外側に向いていたまつ毛が内側を向くようになり、逆さまつ毛となる。この逆さまつ毛が、瞬きをするたびに、眼球の表面をこすり角膜を傷つけていく。やがて角膜が混濁、白濁化し、最終的には失明にいたる（West 2004）。

　トラコーマは、クラミジア・トラコマチスに感染した眼脂を通じて伝染する。感染者が使用し感染者の眼脂が付着したタオルや衣服、シーツを他の人間が使

うことによって伝染する。また、ハエが媒介することも知られている。とくにフタスジイエバエ（Musca sorbens）は、人の顔に止まり人の眼脂を吸う習性を持つ。感染者の眼に止まったフタスジイエバエが別の人間の眼にとまることによっても、トラコーマは伝染する（West 2004）。

　WHO（世界保健機構）は、世界総人口の内約3億人から5億人がトラコーマに感染し、トラコーマが原因で視力を失った人間は600万人にも達すると報告している（West 2004）。トラコーマは、先進国では過去の病気になりつつある。しかし、アフリカ、中近東の発展途上国ではいまだ深刻な病気である。中近東の場合、比較的公衆衛生の整ったシリア、ヨルダン、レバノンでは、トラコーマは過去の病気になりつつある。しかし、イラク、サウジ・アラビア、カタール、オマーンなどの国々では、いまだトラコーマによって多くの人々が光を失っている。例えば、オマーンでは、全人口の0.3％がトラコーマによって失明している。世代別で見ると、40代、50代のトラコーマによる失明率は0.7％、60代以上では実に20人に1人がトラコーマによって失明している。その経済的損失は計り知れない（Khadekar et al. 2002）。

　公衆衛生学者であるS. K. ウェストは、トラコーマが蔓延する環境要因として以下の7要因を挙げている（West 2004）。

　密集性：大家族が狭い家で暮らすと、トラコーマが蔓延しやすい。一緒に生活する人数が増えれば、それだけ家族からトラコーマをうつされる可能性が高まるからである。また、大家族はトラコーマに感染しやすい子供を多く抱えているため、大人が子供経由でトラコーマに感染する確率も高まる。また、多くの人間が密集して暮す村ほどトラコーマが蔓延しやすいことも他の公衆衛生学者によって指摘されている（Emerson 2007）。多くの人間が密集して生活すると、それだけ感染者に遭遇する可能性が高まるからである。トラコーマが今でも深刻なザンビア、タンザニア、ケニヤ、エチオピアなどでは、人口が多く人間が密集して暮す村ほどトラコーマが社会的な問題となっている。対照的に、少人数で暮らす遊牧集団では、さほどトラコーマは問題となっていない（Emerson 2007）。

　水：水の入手性は、トラコーマの蔓延と密接に関係している。水場が集落から離れているなどの理由から水の入手が限られる場合、水は専ら飲み水、料理

に使われてしまう。顔や手、衣服を洗うことに利用できる水はわずかであり、結果、衛生状態が悪化し、クラミジア・トラコマチスに感染する要因となる。

ハエ：先述したように、ハエがクラミジア・トラコマチスを媒介していることが知られている。トラコーマの蔓延する地域で、ハエを三カ月間スプレーで殺虫し続けると、トラコーマの感染者数が明らかに減少したという例も報告されている。

便所（人の排泄物）：機能的な便所がないとトラコーマが蔓延しやすい。フタスジイエバエ（Musca sorbens）は、人の眼脂を吸うことを好み、人の眼にたかる習性を持ち、クラミジア・トラコマチスを伝染させる。このハエは、とくに人糞に好んで卵を植え付ける（Emerson 2007）。そのため、適切な便所がない場合、フタスジイエバエが繁殖し、結果、トラコーマが蔓延する。

ウシ（家畜）：イエバエ（Musca domestica）も人の眼に止まることが知られ、フタスジイエバエほどではないにしろトラコーマを媒介することで知られている。イエバエは、ウシの糞に卵を植え付けるため、ウェストは、ウシ飼育をトラコーマが蔓延する一要因として挙げている。イエバエは、ウシの糞以外にも人糞、ヤギ、ヒツジ、イヌ、ブタの糞、生ゴミにも卵を産み付けることが知られている（Emerson 2007）。家畜を飼育したり、居住区の傍に生ゴミを捨てると、イエバエが繁殖しトラコーマが蔓延しやすくなる。

栄養状態：栄養状態が悪いと免疫力が下がり、トラコーマに感染しやすくなる。とくにビタミンAが欠乏している子供ほど、トラコーマに感染しやすい。

個人の衛生管理：清潔なタオルで頻繁に顔を拭いたり、水で顔を洗うことによって顔を清潔に保つと、ハエが顔に寄らず、クラミジア・トラコマチスの感染を防ぐことができる

以上、トラコーマについて簡単に紹介したが、次の章では、レヴァント地方南部の初期農耕村落で実際にトラコーマが蔓延していたかどうかを検討する。

5．レヴァント地方南部、初期農耕村落におけるトラコーマ

古代エジプト、古代メソポタミアの文献資料にはトラコーマに関する記述が残されており、西アジア地域では、歴史時代には既にトラコーマが深刻な病気

であったことが知られている (Duke-Elder 1965)。

　しかし、先史時代のトラコーマを研究することは難しい。というのも、結核などとは異なり、トラコーマは病変という形で人骨に痕跡を残さないからである。遺跡から出土した人骨から、直接的にトラコーマが蔓延していたかどうかを知ることは難しい。

　しかし、公衆衛生学者ウェストが指摘した7要因は参考となりえる。レヴァント地方南部の新石器時代にトラコーマが蔓延していたかどうか、この7要因を新石器時代のコンテキストに当てはめ検討したい。

　密集性(1)：先土器新石器時代B期後葉に、住居プランが大きく変わることが知られている。先土器新石器時代B期中葉には、ピア・ビルディング (Pier Building) と呼ばれる住居が一般的であった（図4）。ピア・ビルディングは5m×5mほどの大きさのため、核家族が居住していたと考えられている (Rollefson 2008)。しかし、先土器新石器時代B期後葉になると、より大型のバスタ式住居 (Basta type building) が一般的になる（図4）。この住居は二階立てであったことが知られ、一階には大型の部屋（中庭？）を取り囲むように複数の小部屋が配置されている。G. ローレフソンは、この建築の変化を核家族居住から拡大家族居住への変化として捉えている (Rollefson 2008)。前述したように、大家族で暮らすとよりトラコーマが蔓延しやすくなる。先土器新石器時代B期後葉に、トラコーマが蔓延する一要因が登場したことになる。

　密集性(2)：また定住生活を開始したナトゥーフ期以降、着実に集落規模が

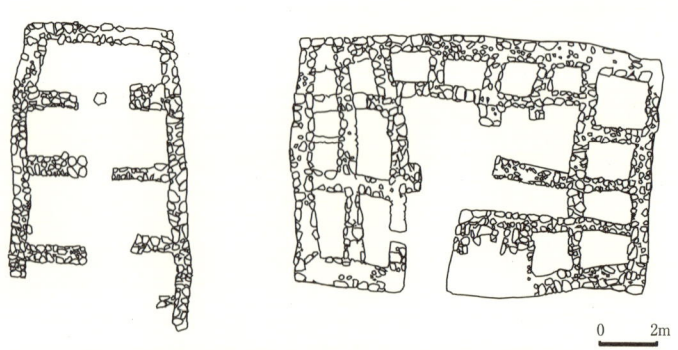

図4　ピア・ビルディング（左）とバスタ式住居（右）
（Braun 1997およびRollefson 2008を改変）

拡大し、人口が密集して暮すようになったことが、I.カイトの研究によって明らかにされている（Kuijt 2008）。ナトゥーフ期の集落は、大きくても0.3ha程度で60人ほどの人口を抱えていたと想定されている。しかし、先土器新石器時代A期、先土器新石器時代B期を通じて、着実に集落規模が拡大し、先土器新石器時代B期後葉には10haを超える大型農耕村落が登場す

図5　バスタ遺跡：先土器新石器時代B期後半の集落
（先土器新石器時代B期後半の集落では、非常に密度濃く住居が立ち並んでいる。Rollefson 2008を改変）

る。このような集落は、メガ・サイト（Mega site）と称されることもあり、数千人規模の人口を有していたと推定されている（Kuijt 2008）。また、集落規模だけではなく、人口密度も増加したことが判明している。カイトによれば、遺跡内で、遺構が専有する面積と遺構のない面積の比率は、ナトゥーフ期の頃は1：2程度であったが、先土器新石器時代B期後葉には、6：1程度となる。また、先土器新石器時代B期後葉には、二階建ての住居も登場したことが知られている（図5）（Kuijt 2008）。定住生活の開始以降、着実に集落規模・人口密度が増加し、トラコーマが蔓延する環境が整ったといえよう。

　水：新石器時代は現在よりも湿潤であったことが知られているが、本来的にレヴァント地方南部は水が少ない地域である。先土器新石器時代B期中葉まで、農耕村落の多くは地中海性地域に立地していた。しかし、先土器新石器時代B期後葉に集落の立地が変化したことが知られている。メガ・サイトと呼ばれる先土器新石器時代B期後葉の大型農耕村落の多くは、地中海性地域と沙漠の境界域に立地している（Kuijt and Goring-Morris 2002）。比較的、乾燥した地域への人口の集中は、水不足を生み出した可能性が高い。

　便所（人の排泄物）とフタスジイエバエ：移動生活を行っていれば、人の排

泄物はとくに問題にならない。しかし、ナトゥーフ期に定住生活を開始して以来、排泄物処理は大きな問題になったと考えられる。とくに、数千人が一つの農村に暮すようになった先土器新石器時代B期後葉には、深刻な問題であったと推測される。しかし、現在、先土器新石器時代B期後葉の農村からは、トイレ遺構は一切確認されていない。現在の中近東でもトイレは一般的なものではないことを考慮すれば、先土器新石器時代B期後葉の頃でも、人は集落の外れなどで排泄していた可能性が高い。ナトゥーフ期以降、とくに先土器新石器時代B期後葉にはフタスジイエバエが繁殖する理想的な環境が発達していたと思われる。

家畜とイエバエ：レヴァント地方南部では、遅くとも先土器新石器時代B期後葉までに家畜であるヤギ・ヒツジ、そして恐らくウシが導入されたことが知られている（Rollefson 2008）。家畜の導入とともに、イエバエが繁殖する環境が登場したと思われる。また、これらの家畜は、居住空間内で飼育されていた可能性が高い（Henry and Albert 2004）。この飼育方法が、よりトラコーマの蔓延に拍車をかけたものと思われる。また、イエバエは、生ゴミにも卵を産み付けることが知られている。新石器時代の遺跡では、廃棄した住居や住居間のオープン・スペースに石器製作の屑や動物骨が廃棄されていることが一般的である（Goring-Morris and Belfer-Cohen 2008）。このことから、イエバエの繁殖などがとくに考慮されず、生ゴミが居住空間のすぐ傍に捨てられていた可能性が高い。

栄養状態：ナトゥーフ期、先土器新石器時代の栄養状況に関しては、テル・アビヴ大学のダン・デービッド研究所による研究がある。彼らは、ナトゥーフ期の人骨404体、先土器新石器時代の人骨246体の分析を行った。定住生活・食糧生産を開始したことによって、栄養状態が改善されたと考えられがちだが、彼らの研究は、まったく逆の結果を示している（Hershkovitz and Gopher 2008）。ナトゥーフ期の人骨では25％、先土器新石器時代の人骨では29％と、非常に高い割合でエナメル形成不全が確認された。このことから、ナトゥーフ期および先土器新石器時代の子供が、ビタミンA、B、Dの不足に苦しんでいたことが推測される。

個人の衛生管理：個人の衛生管理に関しては、不明である。

	続旧石器時代前半	続旧石器時代ナトゥーフ期	先土器新石器時代A期前葉・中葉	先土器新石器時代B期後葉	先土器新石器時代B期	先土器新石器時代C期土器新石器時代
		定住生活の開始	植物栽培の開始		家畜動物の導入大型農耕村落の登場	大型農耕村落の解体
密集性(1)					───────	
密集性(2)		───────────────────────────				
水		───────────────────────────				
ハエ		───────────────────────────				
人の排泄物		───────────────────────────				
家畜					───────	
栄養状態		─────				
個人の衛生管理			?			

図6　トラコーマが蔓延する要因

　以上、ウェストの挙げた要因を検討した結果、定住生活を開始したナトゥーフ期以降、着実にトラコーマが蔓延する環境が整っていったことが判明した。とくに先土器新石器時代B期後葉には、トラコーマが蔓延する要因のほぼ全てが出揃っていた（図6）。食料生産経済（定住生活、植物栽培、動物の家畜化）の開始は、公衆衛生の悪化、トラコーマの蔓延をもたらしたものと推測される。人類にとって、新石器時代以降、失明は深刻な社会的な問題になったものと思われる。

6．結論

　他の感染症と同様に、食糧生産経済の開始は、人間とトラコーマの関係に深く影響を及ぼしたと考えられる。定住生活、植物栽培、家畜飼育の開始はトラコーマが蔓延する理想的な環境を作り出したと推測される。遊動的な狩猟採集生活を行っていた旧石器時代に比べ、新石器時代には、失明ははるかに深刻な問題になっていたと思われる。

　失明のもたらす影響は大きい。失明すれば、自立して生活を行うことが難しくなり、他者による介護が必要となるからである。現代のオマーンでは、60歳以上の実に20人に一人がトラコーマによって失明している。もし、同様に新石器時代の初期農耕村落でも、年長者の多くがトラコーマによって失明していたのならば、トラコーマの蔓延は、社会に深刻な影響を及ぼしたと思われる。トラコーマが蔓延する要因の一つとして、先土器新石器時代B期後葉に、核家族居住から拡大家族居住に移行したことを挙げたが、これはトラコーマが蔓延し

た結果でもあったかもしれない。年長者の多くが失明あるいは視力が低下した結果、介護が必要となり、拡大家族居住が一般化した可能性も考えられる。

　レヴァント地方南部の人間は、トラコーマに対し、孔雀石を磨り潰しアイ・メイクに用いることによって対処したものと思われる。実際、レヴァント地方南部の遺跡からはじめて孔雀石が出土するのは人々が定住生活を開始したナトゥーフ期であり、トラコーマの蔓延する要因が出揃った先土器新石器時代B期には、孔雀石は大半の農耕集落から出土するようになる。

　また、大型農耕村落が解体し、人々が再び2ha程度の小規模な農村に暮らすようになる先土器新石器時代C期、土器新石器時代になると孔雀石の出土例が減少することも興味深い。この時期の集落は小型なだけではなく、住居も疎らに立ち並んでいる。このことから、この頃になるとトラコーマの深刻性が減少したと考えられるが、これと並行するように孔雀石の出土例も減少している。

　また最後に蛇足になるが、レヴァント地方南部だけではなく、ナイル川流域でも同様の現象が進行した可能性がある。上エジプト最古の新石器文化であるバダリ文化の墓からは、頻繁に顔料を磨り潰すパレットとともに方鉛鉱と孔雀石が出土する（Wengrow 2006）。ナイル川流域にも、西アジア地域から農耕・牧畜が導入されるとともに、トラコーマが蔓延する環境要因がもたらされた可能性がある。

註
1)　フェイナーン、ティムナは、孔雀石の他、珪孔雀石、翠銅鉱、ケイ酸銅、塩化銅など多様な銅鉱物を産出する。しかし、遺跡から出土するこれらの鉱物は、鉱物学的に分類されることなく、考古学者によって「孔雀石」として一括して報告されている。そのため、本稿でも、これらの鉱物に対しても「孔雀石」の名称を用いる。
2)　正式には、孔雀石ではなくフェイナーン産の翠銅鉱、ケイ酸銅で着色されていた。
3)　正式には、孔雀石ではなくケイ酸銅である。
4)　正式には、孔雀石ではなく翠銅鉱である。

引用文献
Bar-Yosef, O. and D. Alon　1988　Nahal Hemar Cave. '*Atiqot* 18.
Bar-Yosef Mayer, D. E. and N. Porat　2008　Green Stone Beads at the Dawn of Agriculture.

農耕の開始と失明　113

Proceedings of the National Academy of Sciences of the United States of America 105/25: 8548-8551.

Braun, E.　1997　*Yiftahel: Salvage and Rescue Excavations at a Prehistoric Village in Lower Galilee, Israel.* Jerusalem, Israel Antiquities Authority.

Campbell, P. D.　2007　*Earth Pigments and Paint of the California Indians.* Los Angeles, Campbell Paul Douglas.

Cartwright-Jones, C.　2005　*Introduction to Harquus Part 2: Kohl.* Ohio, Tap Dancing Lizard Publications

Critchley, P.　2007　The Stone Beads. In B. Finlayson and S. Mithen (eds.), *The Early Prehistory of Wadi Faynan, Southern Jordan*, 356-361. Oxford, Oxbow Books.

Duke-Elder, S. S.　1965　Diseases of the Outer Eye. In H. Kempton (ed.), *System of Ophthalmology* Vol. 8. 249-307. St. Louis, Mosby,

Edwards, P.C., J. Meadows, G. Sayej and M. Westaway　2004　From the PPNA to the PPNB: New Views from the Southern Levant after Excavations at Zahrat adh-Dhra 2 in Jordan. *Paléorient* 30/2: 21-60.

Emerson, P.　2007　*Excreta, Flies and Trachoma.* A journal on http://www.lboro.ac.uk/well/index.htm

Forsyth, P. Y.　2000　The Medicinal Use of the Saffron in the Aegean Bronze Age. *Classical Views* 19/2: 145-166.

Garfinkel, Y.　1987　Yiftahel: A Neolithic Village from the Seventh Millennium B. C. in Lower Galilee, Israel. *Journal of Field Archaeology* 14/2: 199-212.

Garfinkel, Y. and D. Dag　2008　Neolithic Ashkelon. *Qedem* 47.

Golden, J., T. E. Levy and A. Hauptmann　2001　Recent Discoveries Concerning Chalcolithic Metallurgy at Shiqmim, Israel. *Journal of Archaeological Science* 28, 951-963.

Goring-Morris, N., Y. Goren, L. K. Horwitz and D. Bar-Yosef　1995　Investigations at an Early Neolithic Settlement in Lower Galilee: Results of the 1991 Season at Kfar Hahoresh. '*Atiqot* 27: 37-62.

Goring-Morris, N.　2000　The Quick and the Dead: The Social Context of Aceramic Neolithic Mortuary Practices as Seen from Kfar Hahoresh. In I. Kuijt (ed.), *Life in Neolithic Farming Communities: Social Organization, Identity, and Differentiation*, 103-136. New York, Academic/Plenum.

Goring-Morris, N. and A. Belfer-Cohen　2008　A Roof over One's Head: Developments in Near Eastern Residential Architecture across the Epipalaeolithic-Neolithic Transition. In J. P. Bocquet-Appel and O. Bar-Yosef (eds.), *The Neolithic Demographic Transition*, 239-286. New

York, Springer.

Goring-Morris, A. N. and A. Gopher   1982   Nahal Issaron: A Neolithic Settlement in the Southern Levant. *Israel Exploration Journal* 33: 149-162.

Hauptmann, A.   2004   Greenstone from Basta: Their Mineralogical Composition and Possible Provenance. In H. J. Nissen, M. Muheisen and H. G. Gebel (eds.), *Basta 1: The Human Ecology*, 169-174. Berlin, Ex Oriente.

Hauptmann, A.   2007   *The Archaeo-metallurgy of Copper: Evidence from Faynan, Jordan*. New York, Springer.

Henry, D. and R. M. Albert   2004   Herding and Agriculture at the Early Neolithic Site of Ayn Abu Nukhayla (Wadi Rum, Jordan). *Paléorient* 30/2: 81-92.

Hershkovitz, I. and A. Gopher   2008   Demographic, Biological and Cultural Aspects of the Neolithic Revolution: A View from the Southern Levant. In J. P. Bocquet-Appel and O. Bar-Yosef (eds.), *The Neolithic Demographic Transition*, 441-479. New York, Springer.

Khadekar, R., A. J. Mohammed, A. D. Negrel and A. Al-Riyami   2002   The Prevalence and Causes of Blindness in the Sultanate of Oman. *British Journal of Ophthalmology* 86: 957-962.

Kirkbride, D.   1968   Beidha: Early Neolithic Village Life South of the Dead Sea. *Antiquity* 42: 263-274.

Kuijt, I.   2008   Demography and Storage System during the Southern Levantine Neolithic Demographic Transition. In J. P. Bocquet-Appel and O. Bar-Yosef (eds.), *The Neolithic Demographic Transition*, 287-313. New York, Springer.

Kuijt, I. and N. Goring-Morris   2002   Foraging, Farming and Social Complexity in the Pre-Pottery Neolithic of the Southern Levant: A Review and Synthesis. *Journal of World Prehistory* 16/4: 361-440.

Larson, P. A.   1978   Ornamental Bead from the Late Natufian of Southern Israel. *Journal of Field Archaeology* 5: 120-121.

Mahasneh, H.   2001   Es-Sifiya: A Pre-Pottery Neolithic B Site in the Wadi el Mujib, Jordan. In H. G. Gebel and G. Rollefson (eds.), *The Prehistory of Jordan 2*, 203-214. Berlin, Ex Oriente.

Rollefson, G. O.   1984   An Early Neolithic Community in Highland Jordan near Amman. *Bulletin of the American Scholls of Oriental Research* 255: 3-14.

Rollefson, G. O.   2008   The Neolithic Period. In R. Adams (ed.), *Jordan: An Archaeological Reader*, 71-108. London, Equinox.

Shaw, I.   2000   *The Oxford History of Ancient Egypt*. Oxford, Oxford University Press.

Simmons, A. H., G. O.Rollefson, Z. Kafafi, R. D. Mandel, M.Nahar, J. Cooper, I. Köhler-Rollefson and K. R. Durand   2001   Wadi Shueib: A Large Neolithic Community in Central

Jordan. *Bulletin of the American Schools of Oriental Research* 321: 1-39.

Simmons, A. and M. Najjar 2006 Ghawir I: A Small but Complex Neolithic Community in Central Jordan. *Journal of Field Archaeology* 31: 77-95.

Sipos, P., H. Gyory, K. Hagymasi, P. Ondrejka and A. Blazovics 2004 Special Wound Healing Methods Used in Ancient Egypt and the Mythological Background. *World Journal of Surgery* 28: 211-216.

Talbot, G. 1983 Beads and Pendants from the Tell and Tombs. In K. M. Kenyon and T. A. Holland (eds.), *Excavations at Jericho* 5, 788-801. London, British School of Archaeology in Jerusalem.

Tubb, K. W. 1985 Preliminary Report on the Ain Ghazal Statues. *Mitt. Deutsche Orientges* 117: 117-134.

West, S. K. 2004 Trachoma: New Assault on an Ancient Disease. *Progress in Retinal and Eye Research* 23: 381-401

Wengrow, D. 2006 *The Archaeology of Early Egypt*. Cambridge, Cambridge University Press.

Wheeler, M. 1983 Greenstone Amulets. In K. M. Kenyon and T. A. Holland (eds.), *Excavations at Jericho* 5, 786-787. London, British School of Archaeology in Jerusalem.

Wright, K. and A. Garrad 2003 Social Identities and the Expansion of Stone-Bead Making in the Neolithic Western Asia: New Evidence from Jordan. *Antiquity* 77: 267-284.

Yeivin, E. and Y. Olami 1979 Nizzanim: A Neolithic Site at Nahal Evtah. *Tel Aviv* 6: 99-135.

ダイアモンド 2000 『銃・病原菌・鉄——一万三千年にわたる人類史の謎』草思社。

日本銅センター 2002 「レジオネラ菌に対してもすぐれた効果—実証された銅の抗菌力」『銅』155号 3頁。

日本銅センター 2006 「感染症の広がりを未然に防ぐ—銅イオンが蚊の発育抑制に大きな効果」『銅』162号 12頁。

藤井純夫 2008 「新石器時代ヨルダンの移牧春営地—ワディ・アブ・トレイハ遺跡の第5次調査 (2007)」『平成19年度考古学が語る古代オリエント—第15回西アジア発掘調査報告会報告集』52-60頁。

アルメニアにおける農耕牧畜のはじまり

有村　誠

　トランスコーカサスは、西側を黒海、東側をカスピ海に挟まれた最大幅約600kmの回廊である。北側は、東西に走る峻険な大コーカサス山脈にさえぎられ、南側は、イランとトルコの山岳地帯に接する（図1）。トランスコーカサスの大部分は山岳や高原であるが、黒海やカスピ海に注ぎ込むリオニ川（グルジア）やクラ川（アゼルバイジャン）流域には、コルヒダ低地やクラ・アラス低地といった沖積平野が広がる。主に本稿で扱うアルメニアは、小コーカサス山脈が国土を縦断し、その平均標高は1800mという山国である。トランスコーカ

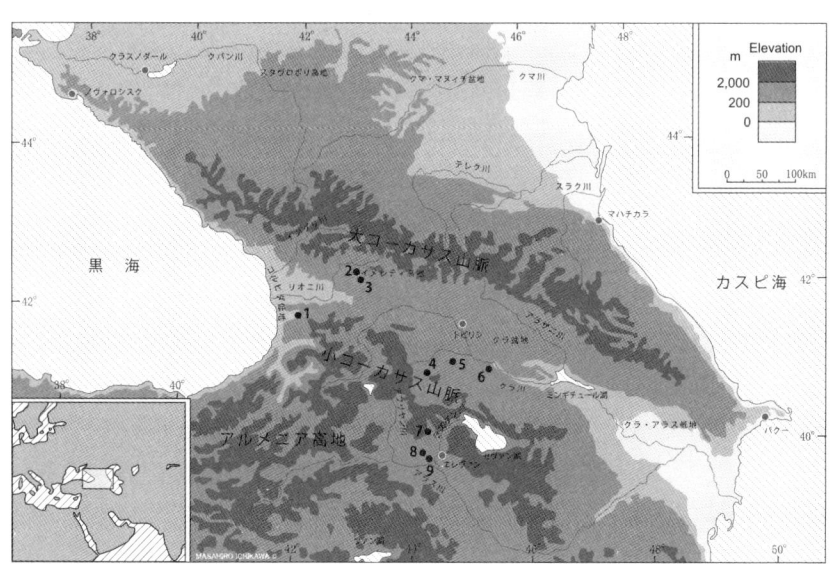

1：アナセウリ　2：ズズアナ　3：コティアス・クルデ　4：ドマニシ　5：シュラベリ
6：ショム・テペ　7：カムロ2　8：アラタシェン　9：アクナシェン

図1　トランスコーカサスの先史時代遺跡

サスの他の2国、グルジアとアゼルバイジャンに比べて特に平地に乏しく、可耕地は、北部のアララト盆地やいくつかの小平野に限られる。

栽培植物の起源地として、トランスコーカサスは興味深い地域である。アルメニアコムギやチモフェービコムギなど、この地域に固有の野生型や栽培型コムギが数種類存在することに加えて、リンゴ、スモモ、ブドウなどの果樹の栽培化においても重要な役割を果たした（阪本1996）。

一方、トランスコーカサスに隣接する西アジアは、ムギ類・マメ類の栽培化とヤギ・ヒツジ・ウシ・ブタの家畜化の起源地である。よって、トランスコーカサスにおける初期農耕牧畜文化の成立は、西アジアからの影響なくしては考えにくい。いつトランスコーカサスに農耕牧畜文化が入ってきたのか、また、それはどのように定着し、トランスコーカサス独自の農作物が栽培されるまでに至ったのか。農耕牧畜という新たな生業が、起源地から周辺地域へと拡散していく過程を検討するのに、トランスコーカサスの研究は興味深い事例を提供するだろう。

本稿は、アルメニアにおける農耕牧畜がはじまるまでの過程（新石器化）について、最近の調査成果を用いて検討することを目的とする。なお、本稿で言及する年代観は、放射性炭素年代の補正年代にもとづく。

1．新石器化のプロセス

今日のアルメニア先史時代に対する理解は、50年代から80年代までの発掘調査の成果によるところが多い。しかし、多くの研究者が指摘するように、こうした過去の調査は、層位学的な発掘や理化学的年代測定が実施された調査に乏しいという問題がある。さらに、研究の基礎となる編年は、表採遺物や年代の定かでない発掘資料を用いて、周辺地域の文化と比較して組まれており、きわめて大雑把である。先史時代編年の確立は、まず取りかからなければならない課題といえる。

1991年にアルメニア共和国として独立後、かつての宗主国ロシアだけでなく、イギリス、アメリカ、フランスといった外国の研究者とアルメニア人研究者との共同調査がはじまった。筆者が参加しているアルメニア・フランス合同調査

図2 アルメニアの先史時代遺跡

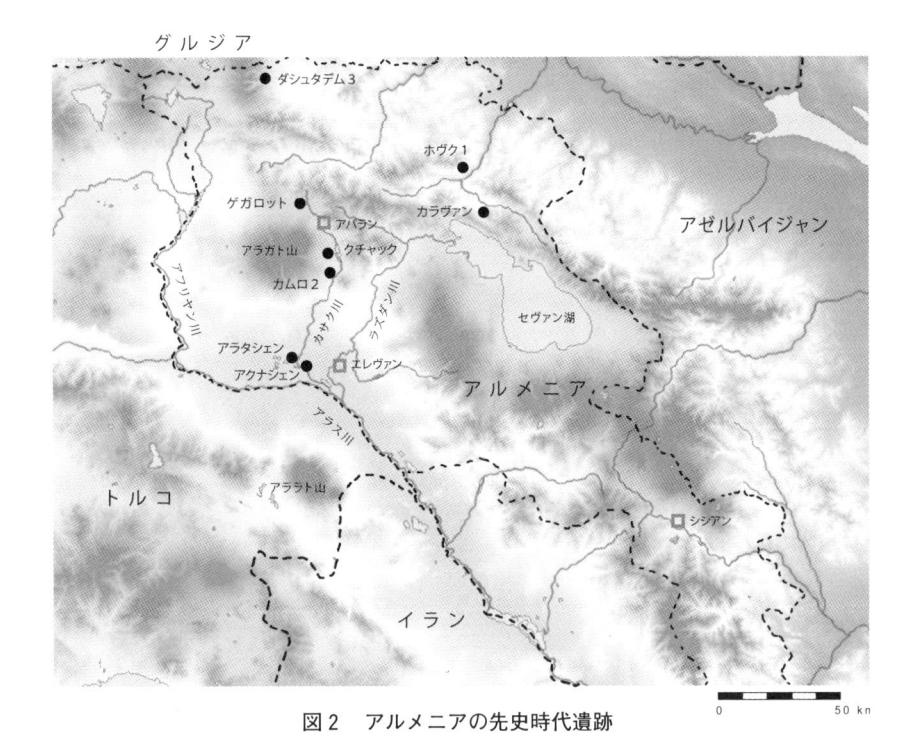

隊によるコーカサスにおける先史時代調査（以後、コーカサス調査団）もそのひとつで、主にアルメニアにおける先史時代の解明を目的として、旧石器時代から青銅器時代初頭の遺跡を対象に、1999年より調査を行ってきた。

次に、コーカサス調査団のこれまでの成果を中心に、他の調査隊の最近の成果にも触れながら、旧石器時代から新石器時代に至るまでの過程を概観したい（図2）。

1．旧石器時代：更新世のアルメニア

トランスコーカサスはその地理的な位置から、ユーラシア大陸における初期人類の拡散ルートのひとつと考えられる。この地の最古の人類はどこまで遡るのか。近年、発掘されたグルジア南部のドマニシ遺跡（Dmanisi）は、人類のトランスコーカサス到達が、予想以上に古いことを示した。この遺跡の約180万年前の地層からは、アフリカのホモ・エルガステルに類似した5つの頭蓋骨

を含む古人骨や、凝灰岩や玄武岩などで作られた石器が出土した（Gabunia et al. 2000）。石器は、チョッパーなどの古拙な礫器を主体とし、プレ・オルドワン（255〜185万年前）に比定される（de Lumley et al. 2005）。これまでに、ドマニシ遺跡に比較しうるような古い遺跡は、トランスコーカサスはおろか西アジアでも発見されていない。しばしばドマニシ原人を、アフリカを出た最初の人類と評すように、ドマニシ遺跡の古さは突出している。初期人類の出アフリカを探る上で、今後もトランスコーカサスでの調査の進展は見逃せない。

トランスコーカサスで、ドマニシ遺跡に続いて確実な考古学的証拠が得られるのは、だいぶ時代が下った後期アシューリアン（35〜20万年前頃）の遺跡群である（Doronichev 2008）。アルメニアにおいても、発掘や遺跡の分布調査によってアシューリアンの洞窟・岩陰遺跡や開地遺跡が発見されている（Fourloubey et al. 2003）。最近、発掘されたダシュタデム3遺跡（Dashtadem-3）からは、在地のデイサイトを使った様々な形態のハンド・アックス、スクレイパーなどの剥片石器に若干のルヴァロア・ポイントが伴うという石器群が出土した（Kolpakov 2009）。

続く中部旧石器時代には、レヴァント、アナトリア、ザグロスといった周辺地域と関連のある様々な文化が点在して認められる（Golovanova and Doronichev 2003）。アルメニアでは、ルヴァロア技法を示す石器群をもつムステリアンの遺跡によって特徴づけられる。2005〜2007年にかけて発掘されたホヴク1遺跡（Hovk 1）からは、タブンD層型の縦長のルヴァロア・ポイントや石刃が出土した（Pinhasi et al. 2008）。また、アルメニアのムステリアンに特徴的な石器に、エレヴァン型とよばれる尖頭器がある。縁辺部に深くリタッチが施され三角形を呈する。基部調整に特徴があり、裁断した面からさらにリタッチが施され薄く仕上げられる。こうした石器の製作方式から、アルメニアのムステリアンとザグロス・ムステリアンとの関連が論じられている（Golovanova and Doronichev 2003, Liagre et al. 2006）。年代が明らかな遺跡は少ないが、発掘されたエレヴァン、ホヴク1、カラヴァン2（Kalavan 2）といった遺跡の中部旧石器時代層は、およそ50000〜30000年前に位置づけられている。最近の調査では、動物骨の分析も行われており（Pinhasi et al. 2008, Colonge et al. 2007）、この時代にはオーロックス、ヤギ、アカシカなどが狩猟されていたことが明ら

かとなった。

　アルメニアでは、最近に至るまで、上部旧石器時代の遺跡が発掘や分布調査で確認されることはほとんどなかった。そのため、上部旧石器時代（約30000〜10000年前）には、アルメニアは無住の地であったと解釈されることもあった（Dolukhanov et al. 2004）。しかし、アルメニア北部のカラヴァン遺跡の調査によって、ようやくこの時代の人々の活動の一端が明らかになってきた（Chataigner 2007, 2008）。

　カラヴァン遺跡は、セヴァン湖の北部、標高1600mの山岳部に位置する開地遺跡で、山間を流れるバレパト川（Barepat）の両側の段丘上に2つの遺跡が発見された（カラヴァン1、2）。カラヴァン2遺跡は、中部旧石器時代から上部旧石器時代の遺跡で、上部旧石器時代の層（第6層）からは、遺物は少ないながらも、黒曜石製の石器やウマなどの動物骨が出土した。石器には、剥片や石刃、穿孔器、ビュランなどが含まれていた。細石器の出土はない。放射性炭素年代測定によると、この上部旧石器時代層の年代は前20000〜18000年頃と位置づけられた。最終氷期最盛期においてもアルメニアの高地に人が居住していたことを示す。

　一方、カラヴァン1遺跡では、上部旧石器時代／旧石器時代終末期に位置づけられる文化層が確認された。放射性炭素年代で、前15000〜14000年頃という値が得られている[1]。発掘では、動物骨と石器の集中区や炉跡を伴った生活面が確認された。動物骨の多くは、野生のヤギ・ヒツジであった。その年齢構成をみると、その半数近くが1〜2才に集中し、1才未満の幼獣は非常に少なかった。肉量が最大となる年齢のヤギ・ヒツジが選択的に狩猟されていたと推察される。出土した人工遺物の大半は打製石器で、これに数点の敲き石と1点の棒状の磨製石器が加わる。石臼や石皿といった植物加工具の出土はない。打製石器には、近隣に産地のない黒曜石が主として使用されている。石器インダストリーは、石刃や細石刃を素材とした石器を特徴とする。遺跡では、様々な形態の石核から細石刃が剥離され、この細石刃を加工して背つぶし細石刃やミクログラベット（microgravette）[2]などの細石器が製作された。

　カラヴァン1遺跡の石器インダストリーは、エピ・グラベティアン（Epi-Gravettian）と解釈されている。エピ・グラベティアンは、南・東ヨーロッパ

の上部旧石器文化（前20000～10000年頃）であるが、最近、同文化と比較される遺跡が、南西アナトリアやグルジアで相次いで発見されている（Otte et al. 2003, Meshveliani et al. 2004）。中でも、グルジアのズズアナ洞窟（Dzudzuana）の上層は、放射性炭素年代の値や石器群の内容が、カラヴァン1遺跡から得られた成果に極めて近い。

以上のように、最近の調査によって、部分的ではあるものの旧石器時代の各時期の様相が明らかになってきた。アルメニアは旧石器時代を通して、隣接するザグロスやアナトリアの文化と関わりがあったように見受けられる。新石器化を考えるときに、直前の旧石器時代後半から末期の様相を理解することは重要であるが、今のところアルメニアにおいて確実な当該時期の遺跡は、カラヴァン1遺跡だけである。カラヴァン1遺跡は、先述のように、野生のヤギ・ヒツジを狩猟していた狩猟民の遺跡であった。今日、遺跡が立地するセヴァン湖北部の山岳部が、冬季は雪に閉ざされる地域であることを考えると、カラヴァン1遺跡は夏季の居住地であった可能性が高い。上部旧石器時代の植物利用の実態は、これから明らかにしなければならない課題である。少なくともカラヴァン1遺跡では、穀物の利用を示すような製粉具は発見されていない。

2．中石器・無土器新石器時代：カムロ2遺跡

完新世初頭は、アルメニアの先史時代の中で、もっとも考古学的な情報が少ない時代である。後述する前6千年紀の新石器時代の定住集落が開始されるまで、どのような集団がこの地に居住していたのか、それを窺い知る考古学的証拠はこれまでほとんど得られていない。この時代はアルメニアの新石器化の過程を探る上で極めて重要であり、また、コーカサス調査団が集中的に調査対象としている時代でもある。

こうした中、コーカサス調査団は2004年から2006年にかけて、カムロ2遺跡の発掘調査を行った。この遺跡は、2003年の発見の際に、幾何学型細石器を含む多くの黒曜石が採集されたことから、旧石器時代末期または新石器時代の遺跡と予想された。遺跡は、アラガツ山の東山麓を流れるカサク川（Kasakh）流域に位置し、カサク川の支流が流れる深い谷の崖面に開口した洞窟である（図3）。洞窟の大きさは、幅8m、奥行き3mほどと小さい。

発掘により、洞窟の現地表面より下に厚さ50cmほど堆積層が確認された。この堆積層より深いところでは、厚さ70cmにわたり地震によって洞窟の天井から崩落したと思われる大小の角礫が充満していた。この落石層より下に土層の堆積があるのか、現時点では明らかになっていない。最上層の堆積10cmほどには、中世の土器が混じっていた。そして、この中世の層より下では、厚さ約40cmにわたって、灰や炭の混じった土層が堆積していた。この層から土器の出土はなく、炉跡と動物骨・石器の面的な広がりがみられた。この無土器の層は厚さ40cm

図3　カムロ2洞窟（矢印が洞窟入り口）

ほどと薄い堆積ながら、アルメニアではじめて確認された完新世初頭の層と期待され、その帰属時期に興味が持たれた。

　発掘によって出土した遺物の大半は、石器と動物骨であった。この他に貝や骨製のビーズが数点、玄武岩製石皿が1点出土した。

　石器は、そのほとんどが黒曜石で作られていた（図4～図6）。黒曜石は近隣のカサク川で採集された川原石で、径10cmぐらいのものが洞窟に持ち込まれたようである。黒曜石以外には、数は少ないが、デイサイトやフリントも使われていた。カムロ2遺跡で頻繁に行われていた石器製作では、石核（図4：1）や大きめの剥片から幅1～1.4cmほどの縦長剥片や石刃・細石刃（図4：4）が剥離され、それを素材にして石刃石器や細石器が作られた。石核の調整や剥離の方式に規則性がみられないので、道具の素材となる手頃な剥片を得るのに場当たり的な剥片剥離が行われていたといえる。細石刃剥離に押圧剥離技法が用

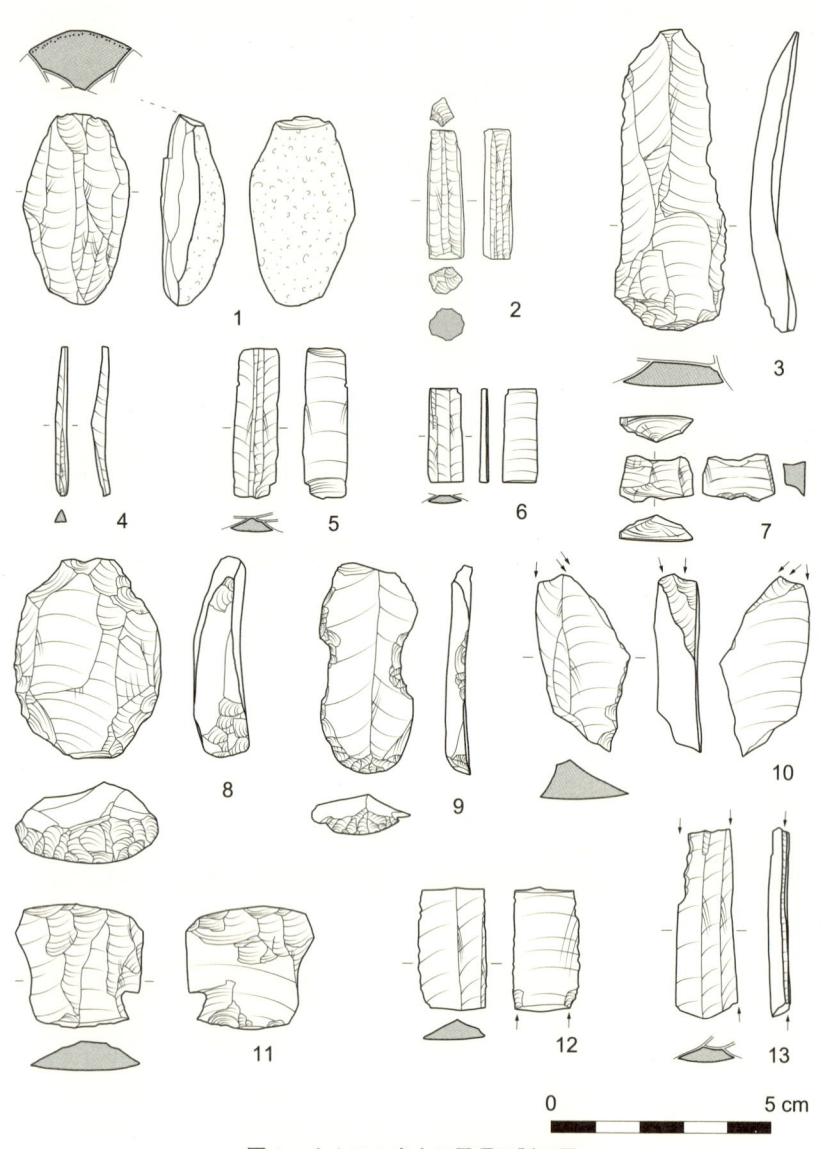

図4 カムロ2出土の黒曜石製石器

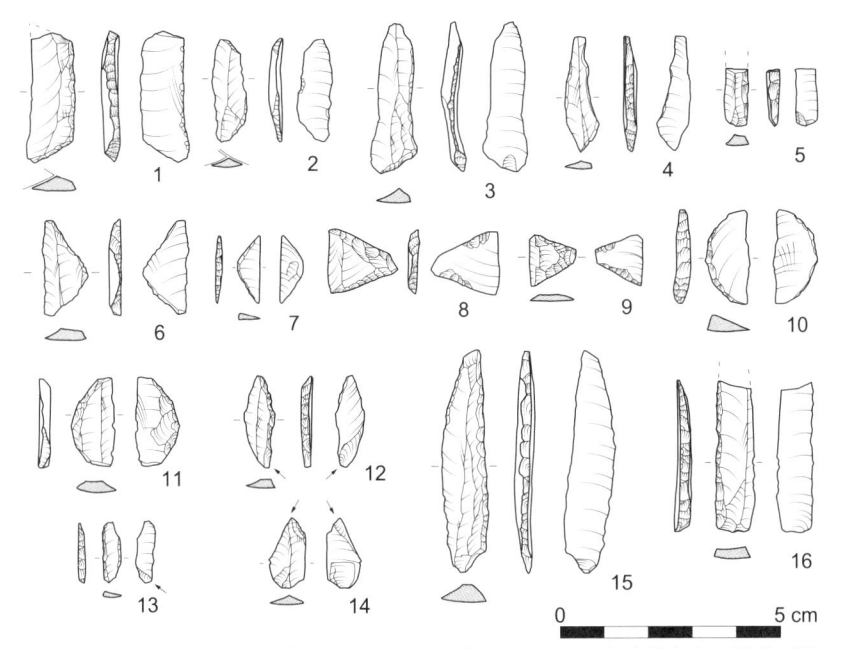

図5 カムロ2出土の石器 (15：デイサイト製と16：フリント製を除き全て黒曜石製)

いられることは稀で、わずかにこの技法で剥離された細石刃が数点と砲弾形細石核が1点出土している（図4：2、4、5）。また、幅2cm、長さ10cmをこえるような大型の石刃や石刃石器も出土したが（図4：3）、洞窟内でこうした石刃を製作した痕跡がみられないことから、石刃が完成品で持ち込まれた可能性がある。細石器は数多く出土し、道具石器の30％ほどを占める（図5）。細石器には、背つぶし細石刃や幾何学形細石器などがあった。幾何学形細石器には、台形（直剪鏃）、長台形、不等辺三角形、三角形、半月形など様々な形態のものが含まれる。また、ミクロ・ビュラン技法も確認された（図5：12-14）。多くの石器に、石器縁辺部の裁断やビュラン技法による樋状剥離がみられた（図4：7、10、12、13）。こうした技法が、石器の刃部作出または再生に頻繁に用いられたことが考えられる。

　カムロ2遺跡の石器インダストリーを特徴づける石器に、カムロ・トゥールと私たちが名づけた石器がある（図6）。そのもっとも重要な特徴は、リタッチが施された側縁部分にある。すなわち、側縁のかなりの部分に、押圧剥離によ

図6　カムロ2出土の黒曜石製カムロ・トゥール

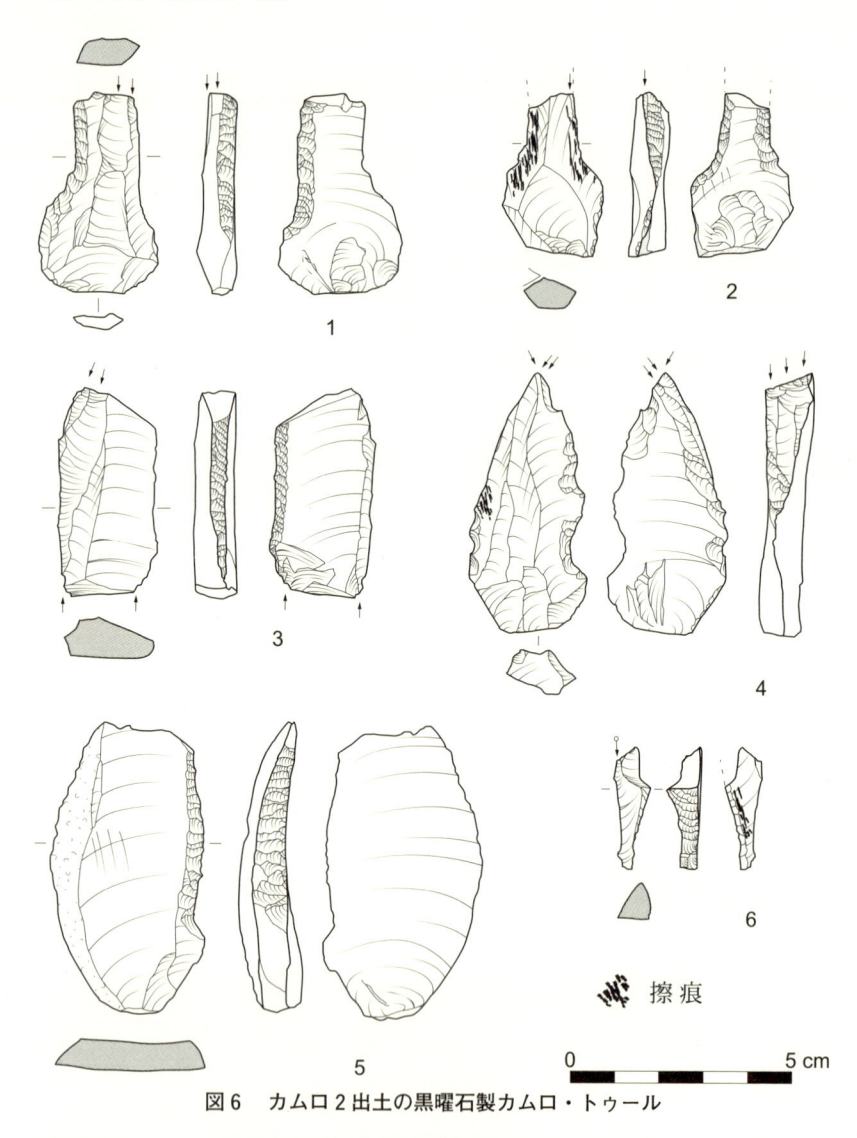

る細かなリタッチが連続して急角度で施されるという点である。素材には、縦長剥片または石刃が使われており、およそ幅2 cm、厚さ1 cmというカムロ2遺跡の石器の中では大型の剥片が選ばれる。

また、石器表面にみられる擦痕、縁辺部の裁断や樋状剥離は、カムロ・トゥ

ールにしばしばみられる特徴である（図6）。とくに表面の擦痕は、この石器の用途を考えるときにヒントとなる（図6：2、4、6）。擦痕の状態は、石器の長軸にそってやや不規則に線状の傷が並ぶものから、表面が白く曇るほど磨耗しているものまで様々である。こうした痕跡から、カムロ・トゥールは黒曜石の表面に強い使用痕を生じさせるような硬い物質に対して、石器の長軸に沿って前後に動かして使われたものと考えられる。一方、縁辺部の裁断や樋状剥離は、押圧剥離で加工された側縁部や石器表面の擦痕より後にしばしば施されている（図2：1-4、6）。このことから、こうしたリタッチは、おそらくカムロ・トゥールの刃部再生を目的としたものであったと推測される。

　カムロ・トゥールの用途やその起源を考えるとき、西アジアの新石器時代遺跡から出土するチャヨヌ・トゥールを取りあげなければならない。チャヨヌ・トゥールは、南東アナトリアや北メソポタミアなどの前9～8千年紀の遺跡から出土する石器で、多くの場合、黒曜石を用いた石刃（まれに剥片）の側縁の一部に細かなリタッチが連続して施される。形態的には、チャヨヌ・トゥールとカムロ・トゥールは極めて類似している。形態の類似に加えて、この2種類の石器は出土地域が近いことから、何らかの文化的な関連があるのではないかと推測された（Chataigner et al. 2007）。しかし、石器製作技法、石器のライフヒストリーなどの違いから、双方には関連がないとの反論もある（Astruc 2006）。両タイプ間の大きな違いのひとつに、用途の違いがあると指摘された。カムロ・トゥール数点を対象とした予備的な使用痕分析によると、カムロ・トゥールは様々な植物の切断や掻き取りに使われたものが多く、これに石材の加工に使用されたものが若干加わるという（Astruc 2006: 46）。これに対しチャヨヌ・トゥールは、石製容器などの石製品の加工に使われた道具とされる（Anderson and Formenti 1996）。現段階では、カムロ・トゥールの用途を特定するにはまだ分析数が少ないと考える。一方、カムロ2遺跡以外にもカムロ・トゥールが表採された遺跡が、カサク川流域で集中して発見されていることから（後述）、カムロ・トゥールはこの地の集団が行っていた何らかの活動と密接に結びついた石器であったに違いない。

　カムロ2遺跡で行われていた活動を明らかにするには、動植物遺存体の分析はかかせない。発掘によって、数万点に及ぶ動物骨の破片が出土した（Tomé

2004, 2005, 2006)。その半数を微小動物相と中・大型の哺乳動物がそれぞれ占めた。微小動物相のうち、約4割が齧歯目に相当し、それに鳥、魚、貝などが続いた。これらは洞窟内に生息していた動物や、その動物によって捕獲された餌に由来する骨の可能性がある。中・大型の哺乳動物の骨は、概して小さな破片となっており、解体痕や焼け痕がついているものも多い。同時に、こうした残存状態は、いくつかの種において野生種か家畜種かを判断する妨げとなった。中・大型の哺乳動物の大半は、ヤギ・ヒツジであった。少ないながらもウマ、ウシ、シカなども出土した。上述のように、野生か家畜かの判別は容易ではなかったが、判明したものには数点の家畜ヒツジが含まれていた。

植物遺存体には、様々な果実の種子や殻が多く含まれていた。数は極めて少なかったが、エンマーコムギ、クラブコムギ、オオムギなどの栽培穀物の炭化種子も出土した (Hovsepyan 2004)。

このように、カムロ2遺跡の動植物遺存体の分析によって、量は少ないながらも、栽培ムギと家畜種が出土したことが明らかとなった。

さて、カムロ2遺跡の年代的な位置づけである。直剪鏃や押圧技法によるリタッチが施されたカムロ・トゥールなどの石器が出土したこと、栽培穀物や家畜種が存在することなどを基に、南東アナトリアや北メソポタミアの遺跡と比較すると、前7千年紀頃の遺跡と推定された (Arimura et al. 2006)。ところが、これまでに得られた放射性炭素年代の測定結果は、これを裏付けるものではなかった。炉址や遺物の集中的な広がりが確認された第5層から採取した試料を分析したところ、得られた値は、およそ前10千年紀と前5千年紀の2つに大きく分かれた（表1）。前10千年紀という年代に対しては、直剪鏃とカムロ・トゥールなどの押圧剝離リタッチによって丁寧に加工された石器

表1　カムロ2の第5層出土資料の放射性炭素年代

code	uncal.BP	cal.BC 1sigma	cal.BC 2sigma
Poz-20231	10900±50	10945-10895	10979-10873
AA68562	10924±91	9705-9380	9879-9299
AA68563	10184±93	10111-9754	10230-9445
UGAMS-4076	9840±30	9270-9302	9324-9251
Poz-19666	8500±50	7580-7532	7530-7490
Ly-2761	5515±35	4372-4333	4450-4328
Ly-2762	6640±40	5619-5548	5631-5509
UGAMS-4077	5610±30	4484-4370	4498-4361
Ly-2817	5555±60	4409-4351	4518-4325

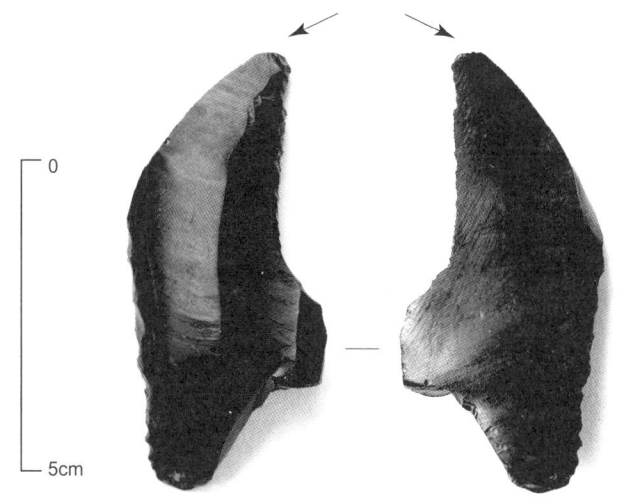

図7　ゲガロットで表採されたカムロ・トゥール（腹面に強い擦痕がみられる）

が、周辺地域と比べてその出現が早すぎるとの印象がある。一方、前5千年紀という年代に対しては、アルメニアの前5千年紀の遺跡でカムロ2遺跡のように豊富な幾何学形細石器が出土する遺跡がないという齟齬がある。もしくは、カムロ2遺跡の堆積層の中に2つの異なる時期の層が混在しているという可能性もあるが、現在のところ、遺物の出土状況や土層の堆積状況から石器群を2つに区分することはできない。

　このように、カムロ2遺跡の帰属年代について問題は残されているが、この遺跡で確認された各種の幾何学形細石器とカムロ・トゥールを特徴とする石器インダストリーは、遺跡の分布調査の結果、同じくカサク川流域に位置するゲガロット（Gegharot）やクチャック（Kuchak）などでも確認された[4]（図2）。中でもゲガロットでは、数多くのカムロ・トゥールが採集され、その多くに樋状剥離や強い擦痕といった特徴もみられた（図7）。遺跡の分布調査は、アルメニア南部でも行っているが、こうしたカムロ的な石器インダストリーはアルメニアの中でも北部でしか発見されないようである。さらに、後述のように、カムロ・トゥールに類似した石器は、小コーカサス山脈を越えてグルジアの遺跡からも発見されている。カムロ・トゥールを特徴とする文化は、トランスコーカサスの先史文化として、ある程度広い地域に広がっていた可能性がある。

カムロ2遺跡は、洞窟のサイズ、谷を見下ろす立地などから、短期間に利用されたキャンプサイトであったと思われるが、その居住者について結論は出ていない。集落から遠征してきた農耕民であるのか、それとも狩猟採集民であったのか。カムロ2遺跡の帰属時期も含めて残された課題は多い。今後、良好な堆積をもつ他の遺跡を発掘調査し、カムロ2遺跡の成果を検討していく必要がある。

3．土器新石器時代：アララト盆地の初期農耕集落

近年、前6千年紀の新石器時代に関して、めざましい成果をあげているのが、コーカサス調査団によるアラタシェン遺跡（Aratashen）とアクナシェン遺跡（Aknashen）の発掘である[5]（Badalyan et al. 2007, Badalyan 2005, Badalyan 2006）。両遺跡は、アララト盆地を流れるカサク川流域に位置し、互いに5kmほどしか離れていない（図2）。ともに数mの文化層の堆積をもったテル型遺跡である。発見された遺構や遺物は両遺跡とも似通った内容をもつ。現段階における層序と年代については、表2の通りである。これらの遺跡で居住がはじまったのは、前6千年紀初頭に遡る。それぞれの遺跡で、遺物や遺構に層位間で大きな変化がみられないことから、前6千年紀初頭から後半に至るまで、ほとんど継続して居住が続いたと考えられる。発掘では、練り土（ピゼ）や日乾煉瓦で作られた円形の建築遺構が密集して発見された。

土器は、アラタシェンⅡ層を除き、両遺跡の全層から出土した。主体的なのはオレンジ色や明褐色を呈した土器で、胎土に鉱物粒が混和される。アラタシェン

表2　アラタシェンとアクナシェンにおける層序と放射性炭素年代

補正年代 cal.BC	アラタシェン	uncal.BP	アクナシェン	uncal.BP
			Level Ⅱ	—
				6350±70
	Level Ⅰ	—		6420±40
			Level Ⅲ	6790±40
				6910±40
5500				6690±50
	Level Ⅱa	6600±60		6868±40
		6820±55	Level Ⅳ	6740±50
	Level Ⅱb	6948±73		6550±50
	Level Ⅱc	—		6930±44
		6821±46	Level Ⅴ	6900±50
	Level Ⅱd	6866±49		7035±69
6000		6913±49		6920±55

遺跡での分析によると、その多くは平底のホール・マウス壺であった（Palumbi 2007）。グルジアやアゼルバイジャンの新石器時代の土器にみられるような、貼り付け文や刺突文といった装飾はほとんどみられない。また、特筆すべき土器として、西アジアから搬入された彩文土器がある。アクナシェンⅢ、Ⅳ層からはハッスーナ土器、アクナシェンⅠ層からはハラフ土器がそれぞれ数点出土している。西アジアとの交流を示す遺物として興味深い。

　先述のように、アラタシェンⅡ層から出土した土器片はほとんどなく、この層から出土した数点の土器片も上層からの混入と考えられた（Palumbi 2007）。よって、アラタシェン遺跡の下層（特にⅡc-Ⅱd層）は無土器新石器時代層であるとされたが、新たに発掘されたアクナシェン遺跡では、放射性炭素年代でアラタシェンⅡ層と平行関係にあるアクナシェンⅣ-Ⅴ層から土器が一定量出土した。そのため、アラタシェンⅡ層も土器新石器時代に位置づけて考えようという動きがある。しかし、アラタシェンⅡ層では、遺構の残りもよく、他の遺物の出土量も多いことを考えると、同層はやはり無土器新石器文化の層であり、アラタシェン遺跡のほうが、若干アクナシェン遺跡よりそのはじまりが古い可能性がある。アララト盆地における新石器文化が、はじめから土器を伴っていたかどうかについては、さらなる調査が必要である。

　アラタシェン遺跡とアクナシェン遺跡における植物利用は、植物遺存体と泥レンガに残された圧痕の分析から明らかになりつつある（Hovsepyan and Willcox 2008）。ムギ類には、エンマーコムギや皮性オオムギといった西アジアの新石器時代に一般的な穀物が出土している。これに加えて、栽培種である裸性オオムギとおそらく易脱落性コムギが出土していることは重要である。サドルカーンなどの製粉具も豊富に出土していることから、ムギ類の農耕が行われていたことは確実である。その他に、マメ類、植物性油として利用されたと考えられるアブラナ科、新石器時代の事例として稀な野生ブドウなども出土している。

　動物利用については、両遺跡の動物相はともに近い内容であった。すなわち、出土した動物骨の多くを家畜種が占め、それにごく限られた野生動物が付随する。家畜種の大半はヤギ・ヒツジであり、時代が下るにつれて、ウシが増加する傾向がみられる（アクナシェンⅠ層、アクナシェンⅢ層以降）。量は少ない

132 第Ⅰ部 農耕牧畜の開始

が、シカ、野生ウマなどが出土することから、野生動物の狩猟は続いていたことがうかがえる。これは石鏃や骨鏃の出土からも裏付けられる。

人工遺物は、実に様々な材料で製作されたものが出土した。打製石器は、黒曜石製の石刃石器が主体である（図8）。石刃は、角錐または角柱型の単設打面石核から規則的に剥離された。石刃剥離の際に、直接、間接、押圧（てこによ

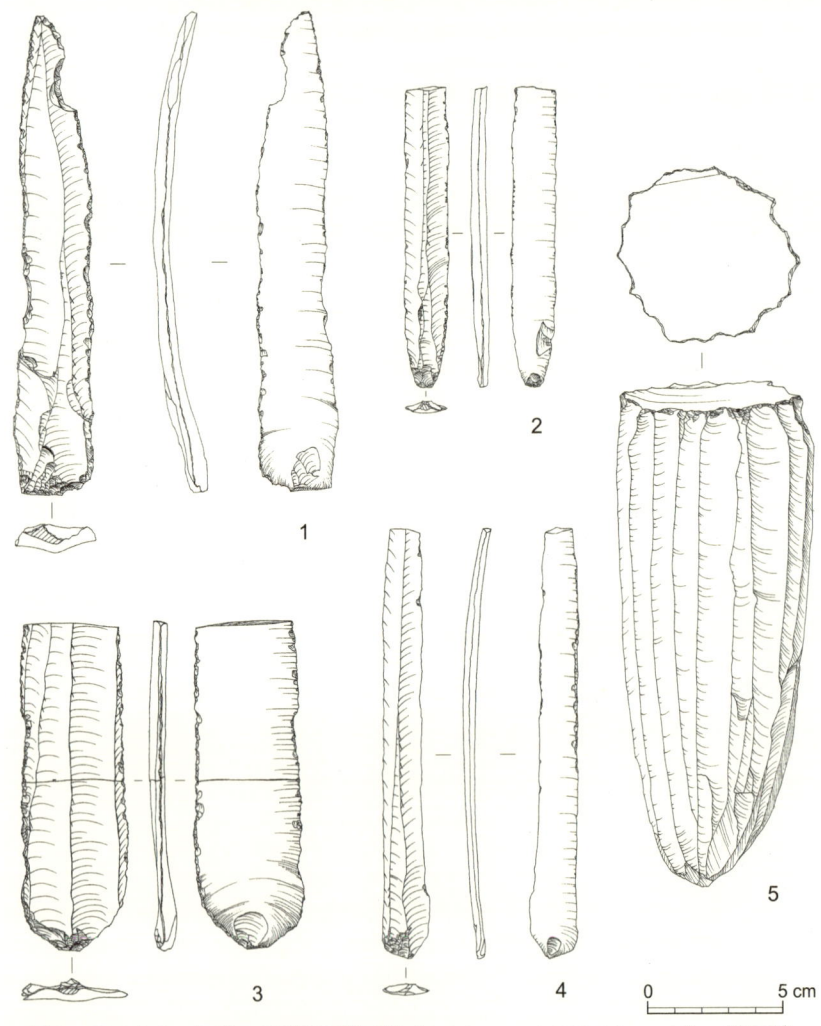

図8　アクナシェン出土の黒曜石製石器（Badalyan et al. 2007; Figure 4 を一部改変）

るものも含む）など、様々な剥離技法が用いられた。アラタシェン、アクナシェン遺跡の石器製作は、入念に準備された専門性が高いものであり、カムロ2遺跡の場当たり的なそれとは大きく異なる。細石器はほとんどみられないが、アクナシェンからは直剪鏃が数点発見されている。いずれの遺跡からもカムロ・トゥールの出土はない。

　磨製石器はバリエーションが豊富である。サドルカーンなどの製粉具、石斧、刻線の入った石などが出土した。

　豊富な骨角器の製作も、アララト盆地の新石器時代遺跡の特徴である。主要な骨角器は、ヤギ・ヒツジの骨で作った錐や針で、その他に鎌の柄、鍬などの農具、大小のスプーン、柄から鏃までが一体で作られた矢など、実に様々な道具が製作された。

　その他に特筆すべき遺物として、アラタシェンから銅製のビーズがまとまって出土した。

　以上のように、アララト盆地では、前6千年紀初頭から、農耕と牧畜を基盤とした「完全な」新石器文化の集落が営まれていたことが分かる。土で作られた円形建物、豊富な物質文化、栽培ムギと家畜の存在など、時期が先行すると考えられるカムロ2遺跡の文化と比較すると違いが顕著である。

2．展望：アルメニアにおける新石器化

　この10年あまりにアルメニアで得られた成果を周辺地域の遺跡と比較して、アルメニアの新石器化に対する見通しと問題点を指摘しておきたい。

　グルジアでは更新世末から完新世初頭の考古学研究が比較的進んでおり、多くの中石器時代、無土器新石器時代の遺跡が報告されてきた。グルジアの中石器時代の遺跡は、黒海沿岸コルヒダ低地の遺跡群、イメレティ高地の遺跡群、グルジア南部のトリアレティアン（Trialetian）など、伝統的にいくつかの地域文化に区分される（Kushnareva 1997, Meshveliani et al. 2007, Connor and Sagona 2007）。石器は、概して不等辺三角形を含む各種の幾何学形細石器や背つぶし細石刃を主体とする石器群である。残念ながら、グルジアの中石器時代遺跡の多くは、その年代や生業活動について不明である。しかし、最近調査さ

れたイメレティ高地のコティアス・クルデ遺跡（Kotias Klde）の中石器文化層からは、放射性炭素年代で前10500年～9500年頃という値が得られた（Meshveliani et al. 2007）。ここではイノシシやシカなどの森林性の動物が狩猟されていたようだ。

　この中石器文化に後続して、無土器新石器文化とされる洞窟、岩陰、開地遺跡が報告されている（Korobkova 1996, Kiguradze and Menabde 2004, Connor and Sagona 2007）。その年代は前7000～6000年頃に位置づけられているが、やはりその裏付けに乏しい。遺跡ごとに石器群の内容に差があるが、大きくみると、グルジア西部と東部の2つのグループに分かれるようである。

　西部グループは、アナセウリ遺跡（Anaseuli）などの黒海東岸のコルヒダ低地に立地する遺跡群である。石器は石刃石器を主体とし、砲弾型石核、規格的な石刃・細石刃などの存在から、押圧技法による石刃剥離が行われていたことが窺われる。一般に幾何学形細石器は少なく、台形石器（直剪鏃）が若干出土する。磨製石斧が出土する遺跡もあるが、通常、磨製石器は少ない。一方、東部グループは、ナグトニ遺跡（Nagutni）を代表とする南オセチアの山麓の遺跡群と、アルメニア国境に近いパラヴァニ（Paravani）湖周辺の遺跡群から成る。西部グループと異なり、打製石器は剥片石器主体で、細石器が比較的少ないという特徴がある。石斧、製粉具などの磨製石器の出土はない。

　東部グループは、カムロ2遺跡との比較において重要である。というのも、このグループの遺跡からは、側縁の一部に連続してリタッチが施された「鉤状突起のついた」石器が共通して出土しているからである（Kiguradze and Menabde 2004）。報告の中で、西アジアのチャヨヌ・トゥールと比較されていることから、カムロ・トゥールにも類似した石器と推測される。今後、これらグルジアの「カムロ・トゥール」について詳細な分析が待たれる。グルジアの無土器新石器時代の生業については、動植物遺存体の分析事例が極めて少ないために不明だが、ウシ、ブタ、ヤギなどの家畜種がみつかっている遺跡があるという（Korobkova 1996: 62）。

　こうしてみると、グルジアにおいては、1）前11000～前6000年頃までに、中石器文化と無土器新石器文化が存在していたと考えられていること、2）2つの文化を区分しているのは、細石器の多寡、押圧技法による石刃剥離の有無、

磨製石斧の有無といった主に石器インダストリー上の差違であること、3）両文化において動植物遺存体の分析による生業の実態についてはほとんど明らかになっていないこと、などが分かる。アルメニア同様、グルジアの完新世初頭の遺跡に関しても、編年の確立や個々の遺跡の詳細なデータを揃える調査・研究が必要である。

　一方で、カムロ2遺跡との比較では、グルジアの無土器新石器文化とされる遺跡の中で、上記の東部グループが注目される。このグループの遺跡からは共通して「カムロ・トゥール」に類似した石器が出土しており、カムロ2遺跡が無土器新石器時代の遺跡であることを類推させる。ただし、先述のように、グルジアの無土器新石器時代の遺跡は、生業や帰属年代の解明が課題として残されており、これらの遺跡の年代や新石器文化としての位置づけには、今のところ慎重でなければならない。

　前6千年紀になると、トランスコーカサスの各地で土器の使用がはじまる。小コーカサス山脈を越えたクラ川中流域では、前6千年紀にシュラベリ＝ショム・テペ文化があらわれる。この文化の特徴として、テル型遺跡、円形建物から成る集落、穀物栽培、家畜飼育、土器の使用、黒曜石製の石刃製作、豊富な骨角器などがあげられる。アラタシェン遺跡などのアララト盆地の新石器文化は、文化内容がシュラベリ＝ショム・テペ文化に極めて近く、土器型式などに違いはあるものの、アララト盆地の新石器時代遺跡も、広義のシュラベリ＝ショム・テペ文化に位置づけられる。

　シュラベリ＝ショム・テペ文化の起源は、まだ分かっていない。前述のように、グルジアでは先行する無土器新石器時代の遺跡がいくつかあげられているが、シュラベリ＝ショム・テペ文化と直接的なつながりを示すものはないようである。一方、農耕牧畜が起源した西アジアからの影響を考えてみても、現在知られている北メソポタミアや南東アナトリアの新石器文化との違いは大きく（Badalyan et al. 2007: 60）、関連性は薄いと思われる。限られた情報の中で未だ結論をだす段階にないが、前6千年紀にアララト盆地、クラ盆地に出現したシュラベリ＝ショム・テペ文化には、沖積地における恒久的な村落の形成、土器の使用[6]、規格的な石刃生産など、トランスコーカサスにそれまでにない文化要素が多く認められ、その出現は極めて唐突な感じがする。トランスコーカサス

の外から農耕民が移住してきた可能性があるかもしれない。もしそうだとすれば、8200年前（前6200年頃）に起きた地球規模での寒冷化現象（8.2ka cooling event）とシュラベリ＝ショム・テペ文化の出現との関係も考察しなければならないだろう。この寒冷化現象が、トランスコーカサスへの農耕民の移住を促した可能性があるのか。この問題を探るために、コーカサス調査団は、アルメニアでの古環境復元の研究と遺跡動態の関わりを明らかにするプロジェクトを計画している。

今後、アルメニアにおいて新石器化の過程を探るには、カムロ2遺跡の位置づけを含めて、まずはアララト盆地の前6千年紀の新石器文化（シュラベリ＝ショム・テペ文化）に先行する文化の解明が必要である。その後に、先行文化とアララト盆地の新石器文化がどのような関係にあるのか理解できるだろう。そして、得られた遺跡のデータを基に、在地の狩猟採集民が農耕牧畜を受容したのか（藤井 2001: 304-305）、または、外部から農耕民の移住があったのか、そうであるならば移民に対する在地の狩猟採集民の対応はどうであったのか（受容、交流、拒絶）など、農耕牧畜が拡散していく際の様々なモデルを検証することで（ベルウッド 2008）、トランスコーカサスにおける新石器化の過程を明らかにできるだろう。

註

1) 14060±70 BP（Poz-19665）、13800±60 BP（Poz-19664）、14070±60 BP（Ly-3537）、13750±60 BP（Ly-3538）の3つの放射性炭素年代が得られている。
2) 先行するグラベティアンのグラベット型尖頭器の小型のもので、エピ・グラベティアンの指標の1つとされる（Leroi-Gourhan 1997）。ミクログラベットは、通常細石刃を素材とし、一側縁全体に急角度の調整が施され、反対側の側縁は、先端か末端にあるいはその両方に限り調整がなされる。両端は尖り、鏃として用いられたものと推測される。
3) 13830±90 BP（RTA3278）、13250±70 BP（RTA3821）、11500±75 BP（RTA3282）の3つの放射性炭素年代の値が得られている（Meshveliani et al. 2007: Tab. 4）。
4) ゲガロットは丘陵部の開地遺跡、クチャックは丘陵部にある岩陰遺跡である。
5) アラタシェンは1999年から2004年にかけて発掘された。一方、アクナシェンの発掘は、2004年にはじまり、継続中である。

6) ただし、すでに述べたように、アラタシェンⅡ層は、無土器の層であった可能性があるので、シュラベリ＝ショム・テペ文化の最古段階は、無土器新石器文化であった可能性はある。

引用文献

Anderson, P. and F. Formenti 1996 Exploring the Use of Abraded Obsidian "Çayönü Tools" Using Experimentation, Optical and SEM Microscopy, and EDA Analysis. In Ş. Dmirci, A. M. Özer and G. D. Summers (eds.), *Archaeometry 94. The Proceedings of the 29th International Symposium on Archaeometry*, 553-566. Ankara, TÜBİTAK.

Arimura, M., C. Chataigner and B. Gasparyan 2006 "Kmlo Tools" from an Aceramic Neolithic Site in Armenia: Comparison with "Çayönü tools". Paper presented in the 5th ICAANE, Madrid 3-8 April 2006.

Astruc, L. 2006 Analyse Tracéologique d' 《Outils de Kmlo》. In C. Chataigner (ed.), *Mission Caucase. Rapport scientifique* 2006, 46-48.

Badalyan, R. 2005 Fouilles du site d'Aknashen I (Anciennement Khatunarkh). In C. Chataigner (ed.), *Mission Caucase. Rapport scientifique* 2005, 82-104.

Badalyan, R. 2006 Fouilles de l'établissement d'Aknashen en 2006. In C. Chataigner (ed.), *Mission Caucase. Rapport scientifique* 2006. 53-97.

Badalyan, R., P. Lombard, P. Avestisyan, C. Chataigner, J. Chabot, E. Vila, R. Hovsepyan, G. Willcox and H. Pessin 2007 New Data on the Late Prehistory of the Southern Caucasus. The Excavations at Aratashen (Armenia) : Preliminary Report. In B. Lyonnet (ed.), *Les cultures de Caucase (VIe-IIIe Millénaires Avant Notre Ère). Leur relations avec le Proche-Orient*, 37-61. Paris, CNRS Éditions.

Chataigner, C. 2007 *Mission Caucase. Rapport scientifique 2007*. Annual Report for Ministère des Affaires Etrangtères, France.

Chataigner, C. 2008 *Mission Caucase. Rapport scientifique 2008*. Annual Report for Ministtère des Affaires Etrangtères et Européennes, France.

Chataigner, C., M. Arimura et B. Gasparyan 2007 La Néolithisation de l'Arménie. *Les dossiers d'Archéologie* 2007 (321) : 30-35.

Colonge, D., S. Nahapetyan and H. Monchot 2007 Le gisement de Kalavan-2. In C. Chataigner (ed.), *Mission Caucase. Rapport scientifique* 2006, 15-29.

Connor, S. and A. Sagona 2007 Environment and Society in the Late Prehistory of Southern Georgia, Caucasus. In B. Lyonnet (ed.), *Les cultures de Caucase (VIe-IIIe Millénaires avant Notre Ère). Leur relations avec le Proche-Orient*, 21-36. Paris, CNRS Éditions.

Dolukhanov, P., S. Aslanian, E. Kolpakov and E. Belyaeva 2004 Prehistoric Sites in Armenia. *Antiquity* 78 (301), Project Gallery. Available online at:http://antiquity.ac.uk/projgall/dolukhanov/index.html.

Doronichev, V. B. 2008 The Lower Paleolithic in Eastern Europe and the Caucasus: A Reappraisal of the Data and New Approaches. *PaleoAnthropology* 2008: 107-157.

Fourloubey, C., C. Beauval, D. Colonge, J. Liagre, V. Ollivier and C. Chataigner 2003 Le Paléolithique en Arménie : État des connaissances acquises et données récentes. *Paléorient* 29/1 : 5-18.

Gabunia, L., A. Vekua, D. Lordkipanidze, C. C. Swisher, R. Ferring, A. Justus, M. Nioradze, M. Tvalchrelidze, S. C. Antón, G. Bosinski, O. Jöris, M.-A. de Lumley, G. Majsuradze and A. Mouskhelishvili 2000 Earliest Pleistocene Hominid Cranial Remains from Dmanisi. Republic of Gerogia: Taxonomy, Geological Setting, and Age. *Science* 288: 1019-1025.

Golovanova, L. V. and V. D. Doronichev 2003 The Middle Paleolithic of the Caucasus. *Journal of World Prehistory* 17/1: 71-139.

Hovsepyan, R. 2004 In C. Chataigner (ed.), *Mission Caucase. Rapport scientifique 2004*, 66.

Hovsepyan, R and G. Willcox 2008 The Earliest Finds of Cultivated Plants in Armenia: Evidence from Charred remains and Crop Processing Residues in Pisé from the Neolithic Settlements of Aratashen and Aknashen. *Vegetation History and Archaeobotany* 17/1: 63-71.

Kiguradze, T. and M. Menabde 2004 The Neolithic of Georgia. In A. Sagona (ed.), *A View from the Highlands. Archaeological Studies in Honour of Charles Burney*, 345-398. Belgium, Peeters.

Kolpakov, E. M. 2009 The Late Acheulian Site of Dashtadem-3 in Armenia. *PaleoAnthropology* 2009: 3-31.

Korobkova, G. F. 1996 The Neolithic Chipped Stone Industries of the Southern Caucasus. In S. K. Kozlowski and H. G. K. Gebel (eds.), *Neolithic Chipped Stone Industries of the Fertile Crescent, and Their Contemporaries in Adjacent Regions*, 57-89. Berlin, ex oriente.

Kushnareva, K. Kh. 1997 *The Southern Caucasus in Prehistory. Stages of Cultural and Socioeconomic Development from the Eight to the Second Millennium B.C.* Philadelphia, The University Museum, University of Pennsylvania (translated by H. N. Michael).

Leroi-Gourhan, A. 1997 *Dictionnaire de la Préhistoire*. Quadrige/PUF.

Liagre, J., B. Gasparyan, V. Ollivier and S. Nahapetyan 2006 Angeghakot 1 (Armenia) and the Identification of the Mousterian Cultural Facies of 《Yerevan Points》 type in the Southern Caucasus. *Paléorient* 32/1: 5-18.

de Lumley, H., M. Nioradzé, D. Barsky, D. Cauche, V. Celiberti, G. Nioradzé, O. Notter, D.

Zvania and D. Lordkipanidze   2005   Les industries lithiques préoldowayennes du début du Pléistocène Inférieur du site de Dmanissi en Géorgie. *L'anthropologie* 109: 1-182.

Meshveliani, T., O. Bar-Yosef and A. Belfer-Cohen   2004   The Upper Paleolithic in Western Georgia. In P. J. Brantingham, S. L. Kuhn and K. W. Kerry (eds.), *The Early Upper Paleolithic Beyond Western Europe*, 129-143. California, University of California Press.

Meshveliani, T., G. Bar-Oz, O. Bar-Yosef, A. Belfer-Cohen, E. Boaretto, N. Jakeli, I. Koridze and Z. Matskevich 2007 Mesolithic Hunters at Kotias Klde, Western Georgia: Preliminary Results. *Paléorient*: 47-58.

Otte, M., I. L. Bayón and P. Noiret   2003   Sedimentary Deposition Rates and Carbon-14: the Epi-paleolithic Sequence of Öküzini Cave (Southwest Turkey). *Journal of Archaeological Science* 30: 325-341.

Palumbi, G.   2007   A Preliminary Analysis on the Prehistoric Pottery from Aratashen (Armenia). In B. Lyonnet (ed.), *Les cultures de Caucase (VIe-IIIe millénaires avant notre ère). Leur relations avec le Proche-Orient*, 63-76. Paris, CNRS Éditions.

Pinhasi, R., B. Gasparian, K. Wilkinson, R. Bailey, G. Bar-Oz, A. Bruch, C. Chataigner, D. Hoffmann, R. Hovsepyan, S. Nahapetyan, A. W. G. Pike, D. Schreve and M. Stephens   2008   Hovk 1 and the Middle and Upper Paleolithic of Armenia : A Preliminary Framework. *Journal of Human Evolution* 55: 803-816.

Tomé, C.   2004   Faune de l'abri de Kmlo-2. In C. Chataigner (ed.), *Mission Caucase. Rapport scientifique* 2004, 55-65.

Tomé, C.   2005   Étude de la faune de Kmlo-2. In C. Chataigner (ed.), *Mission Caucase. Rapport scientifique* 2005, 55-65.

Tomé, C.   2006   Examen de la faune de Kmlo 2. In C. Chataigner (ed.), *Mission Caucase. Rapport scientifique* 2006, 49-52.

阪本寧男　1996　『ムギの民族植物誌　フィールド調査から』学会出版センター。

藤井純夫　2001　『ムギとヒツジの考古学』世界の考古学16　同成社。

ベルウッド・ピーター（長田俊樹、佐藤洋一郎監訳）　2008　『農耕起源の人類史』京都大学学術出版会。

第Ⅱ部　都市の発生期
──複雑社会のさまざまな痕跡──

紀元前3千年紀におけるユーフラテス河中流域の集落と墓域の関連性
―テル・ガーネム・アル・アリ出土人物形土製品の検討から―

長谷川敦章

　シリア・アラブ共和国の北東部に位置するビシュリ山系をフィールドに「セム系部族社会」が形成された経緯を明らかにする総合的研究プロジェクトが2005年度より発足した（文部科学省科学研究費補助金　平成17年度発足特定研究「セム系部族社会の形成：ユーフラテス河中流域ビシュリ山系の総合研究」領域代表者：大沼克彦）（Al-Maqdissi and Onuma eds. 2008, 2009）（図1）。本プロジェクトの考古学分野では、ユーフラテス河の氾濫原に位置する集落遺跡で

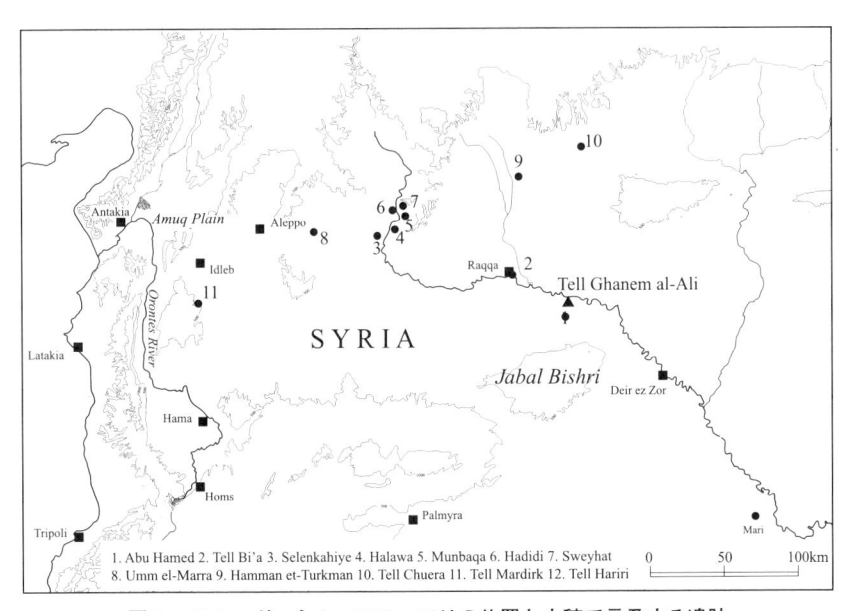

図1　テル・ガーネム・アル・アリの位置と本稿で言及する遺跡

あるテル・ガーネム・アル・アリ (Tell Ghanem al-Ali) の発掘調査（長谷川ほか 2008, 大沼・長谷川 2009）と当該遺跡近郊に分布する墓域の分布調査（久米・沼本 2009）、そして、テル・ガーネム・アル・アリから半径10km圏を調査範囲とした遺跡踏査（門脇ほか 2009）という三つの調査が進行中である。これらの調査が進展するなかで、紀元前 3 千年紀におけるテル・ガーネム・アル・アリを中心としたユーフラテス河中流域の様相が明らかになりつつある。

　本稿では、テル・ガーネム・アル・アリ出土の人物形土製品に焦点を当て、その位置づけをおこないつつ、集落遺跡と近郊の墓域との関係について予察を加えたい。

1．テル・ガーネム・アル・アリの立地とその周辺

　テル・ガーネム・アル・アリは、ユーフラテス河に沿った河川低地に位置している。この低地では複数のテル型遺跡が確認されている (Kohlmeyer 1984)[1]。特にテル・ガーネム・アル・アリの周辺では、西へ約 6 kmの地点にテル・ハマディーン (Tell Hamadin)、東へ約 5 kmの地点にテル・ムグラ・サギール (Tell Mugla as-Sagir) が位置している。どちらの遺跡にも青銅器時代の包含層があると報告されている（Kohlmeyer 1984, 木内 2007）。

　テル・ガーネム・アル・アリの南方には、ビシュリ山から河川低地に向けて台地が広がっている。この台地の縁辺部は崖状を呈しており、低地から台地を臨むと、あたかも東西に壁が広がっているように見える。当該遺跡から台地縁辺部までの距離は約1kmである。この台地縁辺部には、ワディ・ダバ (Wadi Daba) とワディ・シャッブート (Wadi Shabbout) がある。これらの周辺では、青銅器時代の墓域が確認されている（久米・沼本 2009）。また、ドイツ隊により発掘調査がなされたアブ・ハマド (Abu Hamad) も、同じ台地縁辺部に位置する青銅器時代の埋葬遺構群である（Falb et al. 2005）。

　さらに最近の調査によって、テル型遺跡ではない、ワディの段丘面を利用した長期居住地と目される遺跡が発見されている。また、小規模な短期逗留地と考えられる遺跡も幾つか報告されている（門脇ほか 2009）。

2. テル・ガーネム・アル・アリの規模と形状

　測量調査の結果、テル・ガーネム・アル・アリの規模は、南北約250m、東西約290m、周辺の地表面とテル頂上部との比高差が約10mであり、東西に長軸を持ついびつな卵形である。しかし遺跡の現況は、大規模な地形改変を受けており、旧状を反映していない。1960年代作成の地形図からは、地形改変以前の形状を推察できる。その場合の遺跡の平面規模は、最大長が南北約450m、東西約380mとなり、南に大きく張り出した逆三角形であったと考えられる。このことを考慮に入れると、テル・ガーネム・アル・アリの面積は、約12haとなる。ユーフラテス河中流域では、テル・ビーア（Tell Bi'a）、テル・ハディディ（Tell Hadidi）、テル・エッ・スエイハト（Tell es-Sweyhat）のように、40haを超える規模の遺跡が存在する。その一方で、セレンカヒエ（Selenkahiye）やハラワA（Halawa A）のように10-15ha規模の遺跡もある。テル・ガーネム・アル・アリは後者の規模に属し、小地域における拠点集落であると考えられる。

　またテル・ガーネム・アル・アリでは、テル北東部に第一発掘区を、テル北側斜面に第二発掘区を設定し、2009年現在までに4回の発掘調査を行った[2]（長谷川ほか2008, 大沼・長谷川2009）。これまでの調査で、ユーフラテス精製土器などが出土しており、これらの出土遺物は紀元前3千年紀後葉に位置付けられる（長谷川ほか2008）。

　なお当該遺跡は、現在も調査や整理作業が継続中であるため、上記の内容は2009年4月時点での見解である。

3. テル・ガーネム・アリ出土の人物形土製品（図2）

　テル・ガーネム・アル・アリからは、複数の人物形土製品が出土しているが、本稿では、胴部から上の部位が残存する例を扱うこととする。上記の条件を満たす人物形土製品は4個体確認できる。

資料1（図2-1）
　第二発掘区出土の土製品である。頭部と基部の一部が欠損している。胴部は

146　第Ⅱ部　都市の発生期

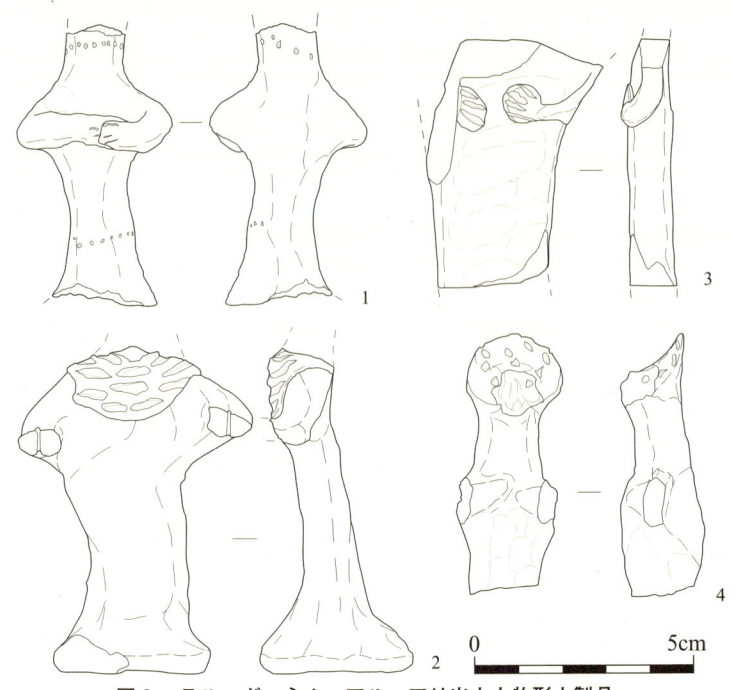

図2　テル・ガーネム・アル・アリ出土人物形土製品

円柱状で、基部に向かってスカート状に広がる。腕は胸の前で手を握る姿勢を取る。長さは6.1cm、胴部最大幅は3.5cmである。胎土は淡緑色で多くの砂粒が混じる。底面には直径2mm、深さ3.5mmの穴が穿たれる。胴部と頸部には、横位一列の連続刺突文による装飾がある。

資料2（図2-2）

　テル北西部で表採した土製品である。頭部と両腕を欠損している。胴部は板状だが、基部はドーム状に広がる。そのため自立できるが、胴部が前面へ傾きバランスが悪い。両腕は付け根から欠損している。両腕の破断面の中央には縦方向の孔の痕跡が確認できる。資料2の最大の特徴は襟巻きの表現である。頸の周りに粘土を貼付け、表面全体に長さ5mm程度の横位の沈線を施す。胎土は緑褐色で砂粒が混じる。長さは7.3cm、最大幅は5.4cmである。

資料3（図2-3）

　第2発掘区で出土した土製品である。右腕、頭部、基部を欠損しているが、

右手は胴部に張り付いて残る。胴部は厚さ1cm程の板状を呈し、側面は面取りがされ、胴部断面は長方形をなす。両腕を胸の前に置く姿勢は資料1と同じだが、両手を組まない。また、てのひらがしゃもじ状にひろがり、指は沈線で表現するという特徴がある。胴部正面には指圧による調整痕がある。残存長は5.5cm、幅3cmである。胎土は黄褐色で、少量の砂粒が混じる。

資料4（図2-4）

　テル北側斜面で表採した土製品である。胴部下半及び両腕が欠損している。胸部には両腕の痕跡を確認できる。おそらく、ヘラ状の両腕が胸を押さえる姿勢であろう。資料4の特徴は、顔から頭部にかけての表現である。顔面は鼻をつまみ出し、両眼は刺突で表現する。頭部は円形で顔面に比して薄く、スプーンの先端のようである。また、眼の表現に似た刺突が、頭部顔面側に複数みられる。さらに頭部に比して頸部が長いのも特徴である。胎土は赤褐色で砂粒が多く混じる。残存長は5.7cm、最大幅は2.4cm程である。

4．人物形土製品研究抄史

　西アジアでは、新石器時代から人物形土製品が作られる。紀元前3千年紀以降、いわゆる歴史時代の人物形土製品に関する考古学的研究は、E. ブレン（Buren）による研究が嚆矢となる。ブレンは各国の博物館に散逸していた1300点を超える人物形土製品を集成し、検討した（Buren 1930）。出土状況等が不明な遺物も多く、分析や解釈には限界があるが、西アジアの人物形土製品を体系的に扱った最初の研究として評価できる。

　1960年代には、G. デイルズ（Dales）が型式学的枠組みを整備した。デイルズはキプロスやエジプト、インダスなどの資料を併せて検討し、文化の接触と拡散に焦点をあてた研究を行った。考古学的データの分析は十分とは言えないが、民族誌の成果を援用し、人物形土製品の用途について論じた（Dales 1960）。M. バゥレー（Barrelet）はルーブル美術館収蔵資料を中心に、文献学の成果や美術史的な視点をふまえて分析した。西アジア全域の資料を扱い、図像的モチーフ、形状、素材、製作技法をもとに人物形土製品を分類して地域的な独自色の存在を指摘した（Barrelet 1968）。

1980年代に入ると、バゥレーの指導を受けた、L. バドル（Badre）がシリアの青銅器時代に帰属する人物形土製品の型式分類を確立した。バドルの精緻な研究により、人物形土製品の時期的及び地域的特徴が明らかとなり、人物形土製品を時代の指標として扱うことが可能になった。この成果が現在の人物形土製品研究の基礎となっており、バドルの分類基準は今なお多くの研究者に支持されている。

バドル以前は集成的検討というマクロな研究であったのに対し、バドル以降は、一つの遺跡から出土した人物形土製品群を分析対象とする、ミクロな研究が主流となった。N. マーケッティ（Marchetti）は、テル・マルディークの中期青銅器時代の資料を分析し、文献学の成果を加味して、人物形土製品とエリート層との関係を論じた（Marchetti 2000）。A. ペティ（Petty）は、ウンム・エル・マッラ（Umm el-Marra）出土の前期〜後期青銅器時代の人物形土製品を分析し、人物形土製品の編年をより精確にし、機能の変化について論じた（Petty 2006）。このほか、セレンカヒエ（Selenkahiye）の資料を扱ったH. リーボウィッツ（Liebowitz 1988）やスサの資料を扱ったA. スピッケ（Spycket 1992）の研究などがあげられる[3]。

本稿では、網羅的な集成に基づいたバドルの分類を基準とし、テル・ガーネム・アル・アリと同時期の資料を分析したペティの成果を参照しながら、テル・ガーネム・アル・アリ出土資料の位置づけを行いたい。

5．人物形土製品の類例と位置づけ（図3, 4）

まず、基準とするバドルの分類を確認しておこう。バドルは人物形土製品の製作技法を型押しと手捻りの2つに大別した。次に人物形土製品の形態を立像、座像、動物を伴うもの、戦車を伴うものの4つに分類した。さらにそれぞれのカテゴリーにおいて、その他の様々な特徴に基づいた細分を行った。バドルの研究により、シリアではユーフラテス河中流域、オロンテス川流域、地中海沿岸地域の三地域に、それぞれ独自色を持つ人物形土製品が分布することが明らかになった（Badre 1980）[4]。

本稿で扱う資料は、全て手捻り、いわゆる"Snow-man"技法で製作されて

いる。手捻りによる人物形立像はバドルが指摘した三地域では、地中海沿岸部を除き、多数出土している。バドルの分類におけるユーフラテス河流域グループ（Euph. MA）の特徴は、顔面及びその周辺の表現方法にある。一定間隔に刻みをいれた粘土紐を用いて、カールした髪や、スカーフのような首飾りを表現している。オロンテス川流域グループ（Or. MAI 1, 2, Or. MAII）とは、製作技法のほか、女性立像が多い点、くちばしのようにつまみ出された鼻や中央に孔を穿った小円盤を眼の表現に使用し、顔面を抽象的に表現する点などに類似がある。

　しかし、両地域の人物形土製品は、多くの相違点も有する。まず、オロンテス川流域グループの人物形土製品は、女性特有の乳房や下腹部の表現が強調され、また腰も大きく張り出すプロポーションをなす。それに対し、ユーフラテス河流域グループでは、女性特有の表現は強調されない。むしろ肩幅が広くプロポーションは逆三角形である。また、オロンテス川流域の人物形土製品のポーズは棒状の両腕がまっすぐに伸び、その先端にてのひらの表現はない。一方ユーフラテス河流域では、両腕を胸の前に置き、先端にてのひらと指を表現する。最後に脚部先端の形状の違いを指摘したい。オロンテス川流域の人物形土製品は脚部が先端へ向かうにしたがって細くなり、脚を二分する縦方向の沈線で両脚を表現する。これに対し、ユーフラテス河流域では、脚部先端にいたるまで胴部とほぼ同じ幅であり、脚の表現はない。さらに脚部の先端には、台座が付く。すなわち、オロンテス川流域の人物形土製品は、多くが自立できないのに対し、ユーフラテス河流域の例は、自立できるのである。これらの相違点は用途の違いに起因する可能性がある。

　さて、上述した特徴を考慮に入れると、本稿で扱う資料はすべてユーフラテス河流域グループに分類できる。次に個々の類例を確認しながら、帰属時期と分布域を検討したい。

　資料1は円柱状の胴部を有し、頸部と脚部に刺突が施される。これはEuph MAII 1に分類でき、テル・フエラ（Tell Chuera）を中心に、セレンカヒエなどに類例がある（図3-1～3）。ただし円柱状の基部のみであれば、ユーフラテス河流域全域で確認されている。ペティの分類では、28、33類型にあたり、帰属時期は前期青銅器時代である（Petty 2006: 120, fig.102）。

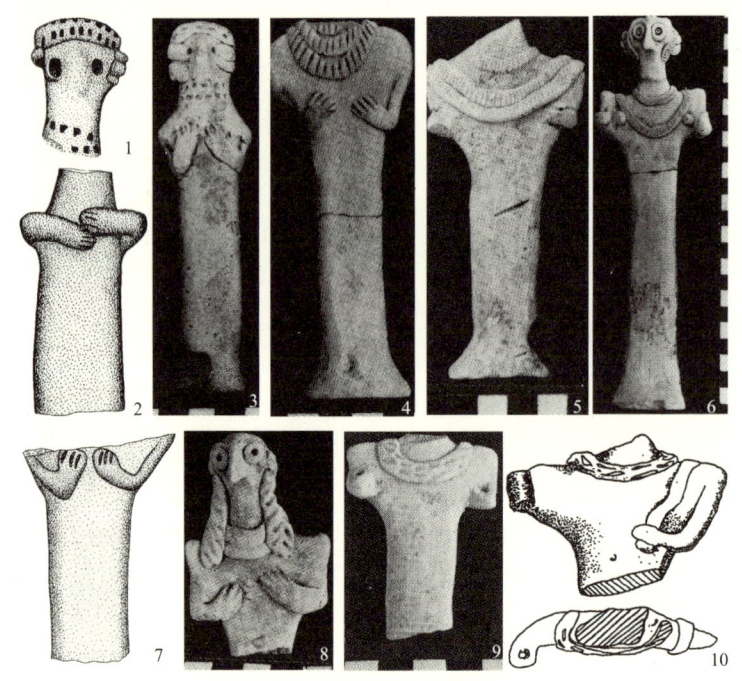

図3　資料1～3の類例

　資料2は横位の沈線が入った粘土紐による頸飾りと脚先端部の台座、両腕の刺突が特徴である。この特徴を有する土製品は、ユーフラテス河流域グループでは最も類例の多いEuph MAI 2に分類でき、テル・ビーア、ムンバカ（Munbaqa）、テル・フエラ、セレンカヒエなどユーフラテス河流域の多くの遺跡から出土している。特にセレンカヒエでは、両腕に縦方向の刺突がなされた例を確認できる（図3-5, 6, 9, 10）[5]。これらの土製品の腕は胸の前で組まれず、正面方向に短く突出していたと考えられる。ペティの分類では、19類型（Petty 2006: 111, figs.45-47）にあたり、帰属時期は前期青銅器時代である。

　資料3は、しゃもじ状のてのひらが胸に貼付けられる。資料3も資料2同様、最も類例の多いEuph MAIに分類できる。多くの遺跡から類例が報告されているが、なかでもテル・ビーア、ムンバカ、テル・フエラ、セレンカヒエから出土している（図3-4, 7, 8, Badre 1980: 68-96）。ペティの分類では、17類型（Petty 2006: 110, fig.38-41）にあたり、帰属時期は前期青銅器時代である。

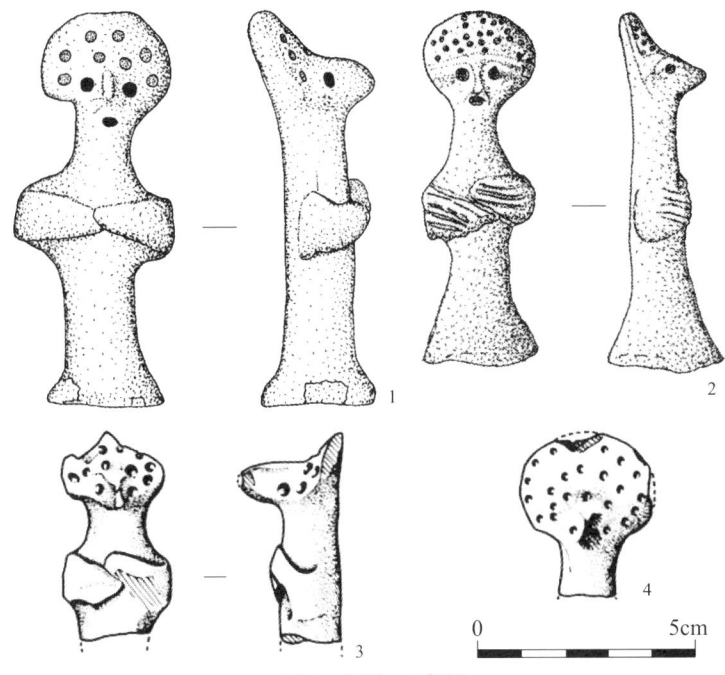

図4　資料4の類例

最後に資料4である。この資料の特徴は、薄く扇型にひらいた頭部とそこに施された複数の刺突文である。極めて類例が少なく、ハマム・エ・トゥルクマン（Hammam et-Turkman）（Rossmeisl and Venema 1988: 566, Pl. 176 fig. 34, 45）とアブ・ハマド（Abu Hamed）（Falb et al.2005: 79, Abb.29-4, Abb.41-8）の出土品が知られている（図4）[6]。頭部の表現や、両腕を胸の前に置く姿勢などに類似点がある。特にアブ・ハマドから出土した2点はほぼ完形であり、この例から、高くつまみ出した鼻の下には、眼と同様に刺突で口を表現していることがわかる。またユーフラテス河流域グループの特徴である脚部先端の台座が付き、自立できるようになっている。基本的にはユーフラテス河流域グループと類似しているが、分布範囲が限定されている。アブ・ハマド出土資料は、共伴遺物の分析から前期青銅器時代後葉に帰属すると報告されている（Falb et al. 2005）

本稿で扱った資料は、すべて前期青銅器時代に収まることが明らかとなった。また、資料1〜3までは、ユーフラテス河流域に広く面的に分布し、類例も多

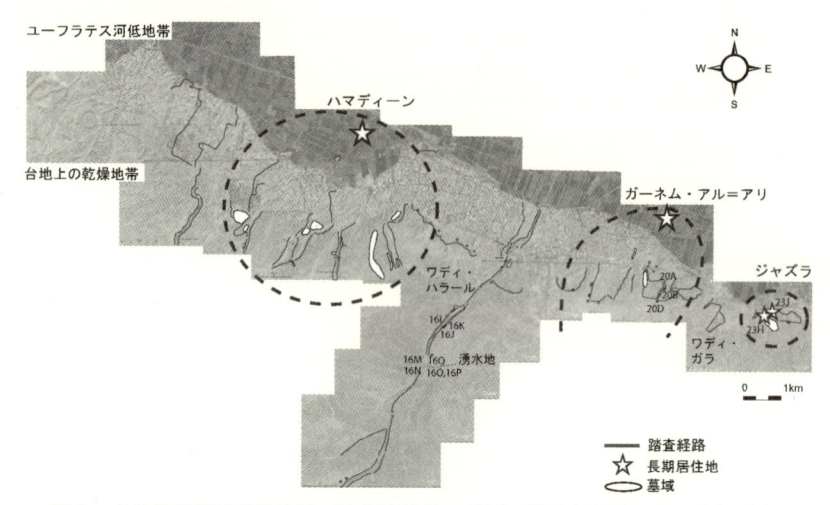

図5　台地縁辺部の遺跡踏査（青銅器時代の長期居住地と墓地のセットを成す空間単位が破線で示される。門脇ほか2009より転載）

い。一方、資料4は資料1～3と同時期に帰属するが、点的な分布を示し、類例も限られる。

　この資料4の類例が出土したアブ・ハマドは、テル・ガーネム・アル・アリ南方の台地縁辺部に位置する墓地遺跡の一つである。人物形土製品は、ユーフラテス精製土器をはじめとする前期青銅器時代の遺物と共に、副葬品として発見された（Falb et al. 2005）。

　テル・ガーネム・アル・アリとアブ・ハマドは近接し、ほぼ同じ時代に帰属することからみて、同一集団により形成された遺跡群である可能性が高い[7]。このような両遺跡から、極めて類似し、しかも他に類例が少ない人物形土製品が出土した。このことは、従来から考えられてきた、テル・ガーネム・アル・アリとアブ・ハマドの関係性を補強する材料として、重要な資料的価値を有すると評価できる。

6．おわりに

　本稿では、テル・ガーネム・アル・アリ出土の人物形土製品に、前期青銅器時代に広く使用されたタイプと類例の少ない特殊なタイプがあることを明らか

にした。さらに後者のタイプは、テル・ガーネム・アル・アリ直近の墓地遺跡アブ・ハマドで副葬品として使われた可能性が高く、被葬者の性格を考えるうえで重要な資料であることを指摘した。

テル・ガーネム・アル・アリ南方の台地縁辺部では、アブ・ハマド以外に、ワディ・ダバ墓域やワディ・シャッブート墓域の存在が明らかになっている（久米・沼本 2009）。また台地縁辺部の精緻な遺跡踏査により、テル・ガーネム・アル・アリの西方にあるテル・ハマディーン南方の台地縁辺部にも同様な墓域が確認されている（門脇ほか 2009）。さらに、テル・ガーネム・アル・アリとテル・ハマディーンとの間の台地縁辺部には青銅器時代の活動痕跡がみられないことから、それぞれの地域集団がそれぞれの集落南方の台地縁辺部に墓域や短期逗留地を設けるような、空間単位が存在する可能性が指摘されている（図 5，門脇ほか 2009）。本稿で扱った人物形土製品のあり方は、テル・ガーネム・アル・アリにおける上記の可能性を支持する傍証ともいえよう。

資料の使用を許可していただいた大沼克彦先生、常木晃先生、そして本稿を執筆する機会をくださった西秋良宏先生、門脇誠二氏に末筆ですが記して感謝申し上げます。

木内氏への謝辞

筆者と故木内智康氏とは、ともにテル・ガーネム・アル・アリの調査に参加し、親交を深めておりました。彼は先史時代の研究者が多い日本西アジア考古学会において、歴史時代の考古学を志した研究者でした。同じく歴史時代を学んでいる筆者は同世代ということもあって、彼から大変刺激を受け、多くのことを学びました。それだけに、テル・ガーネム・アル・アリ第 3 次発掘調査直前の逝去はあまりに衝撃で、残念でなりません。深くご冥福をお祈り申し上げます。

註

1) K. コールマイヤー（Kohlmeyer）は、テル・ガーネム・アル・アリを含む 8 遺跡を青銅器時代の遺跡として報告している（当該遺跡は、Tall Ram al-Ali として報告されている）。一方、テル・ハマディーンは未報告である。
2) 第 2 次調査では第一、二発掘区以外に、遺跡北西部、南西部、及び南側斜面の 3 カ

3) この他、M. ヴォイト（Voigt）はイラン新石器時代の資料を扱い、民族考古学的手法により機能・用途について論じた（Voigt 1983）。またJ. アサンテ（Assante）は後期青銅器時代の型押し成形による人物形土製品を扱い、機能について解釈を加えた（Assante 2002）。さらに、セレンカヒエ（van Loon 2001）やムンバカ（Czichon and Werner 1998）、テル・フエラ（Klein and Hempelmann 1995）などの報告書では新たな資料が報告されている。
4) バドルの分類は以下の通りである。製作技法に基づいて2つのクラス（Classe）に分類し、手捻り（Figurines modelée）をM、型押し（Relief estampé）をPで表す。手捻りの人物形土製品を、立像（MA）、座像（MB）、動物を伴う例（MC）、乗りものに乗る例（MD）の4カテゴリー（Catégorie）に分類した。更なる細分については、タイプ／グループ（Type ou Groupes）をローマ数字（I, II, III, IV…）、サブタイプ／サブグループ（Sous-types ou Sous-groupes）を算用数字（1, 2, 3, 4…）、それ以上の詳細分類（Variantes）を小文字アルファベット（a, b, c, d…）で示した。以上の分類をユーフラテス河中流域（Euphrate）、オロンテス川流域（Oronte）、地中海沿岸地域（Littoral méditerranéen）において行い、それぞれの地域をEuph.、Or.そしてLitと表している。
5) 特に腕に刺突が確認できるのは、セレンカヒエ（Badre 1980: Pl. XLIV figs.97, 100, 102, 106, 107）で出土している。
6) テル・フエラにも類例があると報告されているが今回は未見のため、取り上げることができなかった（Falb et al 2005: 79）。
7) アブ・ハマドの発掘者であるJ. マイヤー（Meyer）は、副葬品から被葬者は都市民である可能性が高いと考えた。墓域に対する集落をどの遺跡に想定したかは、明確にしていないが、直近のテル・ガーネム・アル・アリを念頭に置いたと思われる。また一方で、アブ・ハマドの周辺も含めて、墓域の規模に対して集落遺跡が小規模であるとも指摘している。（Al-Khalaf and Meyer 1993/1994）。

図版出典
図1・図2　筆者作成。
図3　Tell Bi'a出土資料: 1, 2（Miglus and Strommenger 2002: taf 48, 20, taf 92, 22より転載）、7（Strommenger and Kohlmeyer 2000: taf 69, 24より転載）、Tell Chuera出土資料: 3（Badre 1980より転載）、Umm el-Marra出土資料: 10（Petty 2006: 111, fig. 46より転載）Selenkahiye出土資料: 4, 5, 6, 8, 9（Badre 1980より転載）スケール不同。
図4　Abu Hamad出土資料: 1, 2（Falb et al. 2005: 79, Abb. 29, 4, Abb. 41, 8より転載）、Hammam et-Turkman出土資料: 3, 4（van Loon 1988: 566, Pl. 176 fig.34, 45より転載）。

図5　門脇ほか 2009: 59 図 2 より転載。

引用文献

Al-Maqdissi, M. and K. Ohnuma   2008   Preliminary Reports of the Syria-Japan Archaeological joint research in the region of ar-Raqqa, Syria, 2007. *al-Rāfidān* 29: 117-193.

Al-Maqdissi, M. and K. Ohnuma   2009   Preliminary Reports of the Syria-Japan Archaeological joint research in the region of ar-Raqqa, Syria, 2008. *al-Rāfidān* 30: 135-225.

Al-Khalaf, M. and J.-W., Meyer   1993/1994   *Abu Hamad, Archiv Für Orientforschung* 40/41 :196-200.

Assante, J.   2002   Style and Replication in Old Babylonian Terracotta Plaques: Strategies for Entrapping the Power of Image. In O. Loretz, K. Metzler and H. Schaudig (eds.), *Ex Mesopotamia et Syria Lux, Festschrift fur Manfried Dietrich*,1-29. Munster, Ugarit-Verlag.

Badre, L.   1980   *Les figurines anthropomorphes en terre cuite a l'âge du bronze en syrie*. Paris, Geuthner.

Barrelet, M.-Th.   1968   *Figurines et reliefs en terre cuite de la Mésopotamie antique I. Potiers, termes de métier; procédés de fabrication et production*. Paris, Geuthner.

van Buren, E. D.   1930   *Clay Figurines of Babylonia and Assyria*. New Haven,Yale University Press.

Cooper, L.   2006   *Early Urbanism on the Syrian Euphrates*. Routledge, New York and London.

Czichon, R. and P., Werner   1998   *Tall Munbaqa-Ekalte I: Die Bronzezeitlichen Kleinfunde*. Saarbrucken, Saarbrucker Drukerei und Verlag.

Dales, G. F.   1960   *Mesopotamian and Related Female Figurines. Their Chronology, Diffission, and Cultural Function*. Ph. D. dissertation, University of Pennsyvania, University Microfilms.

Dales, G. F.   1963   Necklaces, Beads, and Belts on Mesopotamia Figurines. *Revue d'assyriologie et d'archéologie orientale* 57: 21-40.

Falb, C., Krasnik, K., Meyer, J.-W. and E. Vila   2005   *Gräbber des 3. Jahrtausends v. Chr. im syrischen Euphrattal: 4. Der Friedhof von Abu Hamed*. Saarländische Druckerei & Verlag, Saarwellingen.

Klein, H. and R. Hempelemann   1995   Zur Typologie der Anthropomorphen Terrakotten aus Tell Chuera. In W. Orthmann (ed.), *Ausgrabungen in Tell Chuera in Nordost-Syrien*, 227-258. Saarbrücken, Saarbrücker Druckerei und Verlag.

Kohlmeyer, K.   1984   Euphrat-Survey: Die mit Mitteln der Gerda Henkel Stiftung durchgeführte archäologische Geländebegehung im syrischen Euphrattal. *Mitteilungen der Deutschen Orient-Gesellschaft zu Berlin* 116: 95-118.

Liebowitz, H. 1988　*Terra-Cotta Figurines and Model Vehicles.* California, Undena Publications.

Marchetti, N. 2000　Clay Figurines of the Middle Bronze Age from Northern Inner Syria: Chronology, Symbolic Meaning and Historical Relations. In P. Matthiae, A. Enea, L. Peyronel and F. Pinnock (eds.), *Proceedings of the First International Congress on the Archaeology of the Ancient Near East, Rome, May 18th-23rd 1998*, 839-858. Roma, La Sapienza.

Marchetti, N. and L. Nigro　1997　Cultic Activities in the Sacred Area of Ishtar at Ebla during the Old Syrian Period : The Favissae F. 5327 and F. 5238. *Journal of Cuneiform Studies* 49: 1-44.

Miglus, P. A. and E. Strommenger　2002　*Tall Bi'a-Tuttul-VIII: Stadtbefestigungen, Häuser und Tempel.* Saarbrücken, Saarbrücker Druckerei und Verlag.

Nigro, L. 1998　Ahuman Sacrifice Associated with Sheep Slaughter in the Sacred Area of Ishtar at MBI Ebla. *Journal of Prehistoric Religion* 11-12: 22-36.

Petty, A. 2006　*Bronze Age Anthropomorphic Figurines from Umm el-Marra, Syria: Chronology, Visual Analysis and Function.* BAR 1575. Oxford, British Archaeological Reports.

Rossmeisl, I. and P. Venema　1988　The Other Clay Finds. In van Loon, M., N. (ed.), *Hammam et-Turkman I: Report on the University of Amsterdam's 1981-84 Excavations in Syria II*, 563-580. Istanbul, Nederlands Historisch-Archeologisch Instituut te Istanbul.

Spycket, A. 1992　*Les figurines de Suse 1, Les figurines humaines: Mémoires de la Délégation archéologique en Iran 52.* Paris, Guethner.

Strommenger, E. and K. Kohlmeyer　1998　*Tall Bi'a-Tuttul-1: Die Altorientalischen Bestattungen.* Saarbrücken, Saarbrücker Druckerei und Verlag.

Strommenger, E. and K. Kohlmeyer　2000　*Tall Bi'a-Tuttul-III: Die Schichten des 3. Jahrtausends v. chr. im Zentralhügel E.* Saarbrücken, Saarbrücker Druckerei und Verlag.

Van Loon, M. 2001　*Selenkahiye: Final Report on the University of Chicago and University of Amsterdam Excavations in the Tabqa resevoir, Northern Syria, 1967-1975.* Leiden, Nederlands Instituut voor het Nabije Oosten.

Voigt, M. 1983　*Hajji Firuz Tepe, Iran:the Neolithic Settlement.* Philadelphia, The University Museum, University of Pennsylvania.

大沼克彦・長谷川敦章　2009　「農耕と牧畜のはざまに　ユーフラテス河中流域の青銅器時代拠点集落—シリア，ビシュリ山系テル・ガーネム・アル・アリ遺跡の2008年度発掘調査—」『平成20年度考古学が語る古代オリエント』76-79頁　日本西アジア考古学会。

門脇誠二・久米正吾・西秋良宏　2009　「ユーフラテス中流域の先史時代—第1次調査(2008)—」『平成20年度考古学が語る古代オリエント』57-62頁　日本西アジア考古学

会。

木内智康　2007　「表採遺物から見た各遺跡の時代」大沼克彦編『特定領域研究「セム系部族社会の形成」ニューズレター』1号　18-23頁。

久米正吾・沼本宏俊　2009　「ユーフラテス川流域の古代墓を探る―シリア，ビシュリ山系ワディ・シャッブート墓域の第1次・第2次調査(2008)―」『平成20年度考古学が語る古代オリエント』80-62頁　日本西アジア考古学会。

長谷川敦章・木内智康・根岸洋・大沼克彦　2008　「農耕と牧畜のはざまに　ユーフラテス河中流域の青銅器時代拠点集落―シリア，ビシュリ山系テル・ガーネム・アル・アリ遺跡の2007年度発掘調査―」『平成19年度考古学が語る古代オリエント』64-71頁　日本西アジア考古学会。

長谷川敦章　2008　「テル・ガーネム・アル・アリ遺跡の測量調査」大沼克彦編『特定領域研究「セム系部族社会の形成」ニューズレター』10号　5-9頁。

ユーフラテス中流域における
青銅器時代の植物利用
―― テル・ガーネム・アル・アリ遺跡の事例 ――

赤司千恵

　シリアの前期青銅器時代（EB）は、ほぼ前3千年紀に相当する都市国家の時代である。そのEB末期のシリアでは、多くの都市や集落が廃絶・縮小されるという現象が見られ、それは"崩壊（collapse）"と称されてきた。ユーフラテス中流域でも、EB末から中期青銅器時代（MB）初めに廃絶する遺跡や、MBまで存続するものの規模が大幅に縮小する遺跡が多い。しかしその一方で、3千年紀末にも明確な断絶が確認されない遺跡も存在する（Schwartz 2007）。
　本当に"崩壊"と呼べるものがEB末に起きたのか、という問題はまだ議論の最中だが、集落が栄えたり廃絶されたりする背景には、環境変化、社会変容、戦争など、さまざまな要因が考えられる。生業活動は、自然環境とも人間社会とも深く関わっている。遺跡の消長に伴う生業の在り方を明らかにすることは、3千年紀末の地域社会の様相を知ることにつながると言える。
　本稿で資料とするのは、現在のラッカ市の東50kmに位置するEBの遺跡、テル・ガーネム・アル・アリ（Tell Ghanem al-Ali）から出土した植物遺存体である（図1）。アサド（Assad）湖より下流の地域では、まだ発掘件数が少なく植物データにも乏しい。そこで、まず前3千年紀ユーフラテス中流域の出土植物を概観した上で、テル・ガーネム・アル・アリの植物遺存体分析の中間結果を示し、この遺跡のEBにおける生業について考察することを本稿の目的とする。

1．前3千年紀におけるユーフラテス中流域の出土植物

　ダム建設に伴う緊急調査のおかげで、ユーフラテス中流域の遺跡発掘件数は

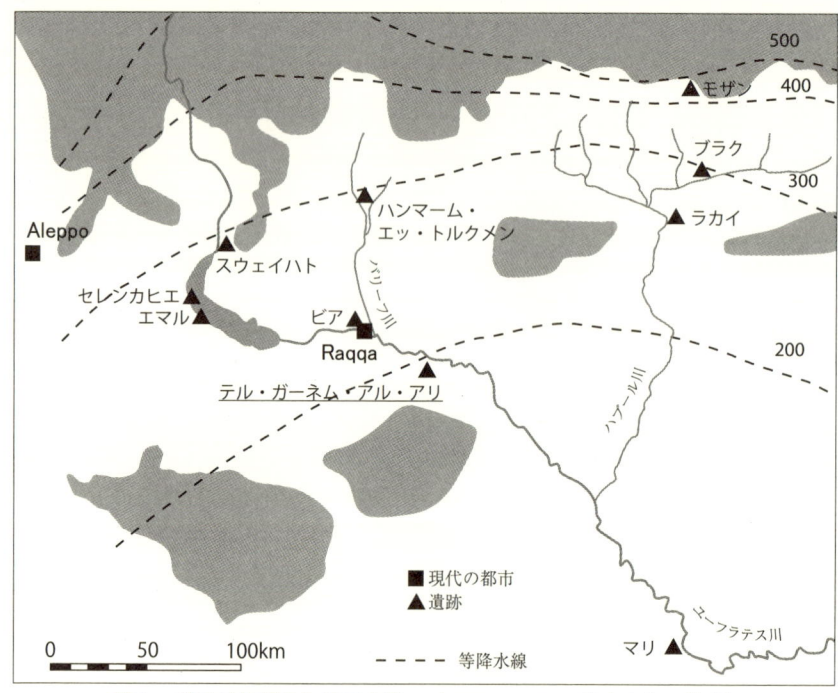

図1 前3千年紀のシリア北部 （Wilkinson 2004等をもとに作成）

表1 EBの出土作物一覧（引用文献の＊参照）

		オオムギ	エンマー	裸性コムギ	レンズマメ	ガラスマメ	エンドウ	ブドウ	ベニバナ
トルコ	コルジュテペ	**	*	***	*			+	
バリーフ	ハンマーム・エッ・トルクメン	***		+			+		*
ハブール	モザン	***	*	**	*			+	*
	ブラク	***	**	*	+	*	**	+	**
ユーフラテス中流	スウェイハト	***		*	+	**	+		
	セレンカヒエ	***	**	**	**	*	*		*
	エマル	***							*
	ガーネム・アル・アリ	***		+	+	+			

貯蔵　***最多　**多　*少　+稀

　比較的多い。それらの遺跡でこれまでに報告されている植物データによると、EBで最も顕著に出土する穀類は二条オオムギ（*Hordeum vulgare*）で、裸性コムギ、エンマーコムギが続く（表1）。現在オオムギは飼料作物で、食用にはコムギの方が好まれる。しかし当時のシリアでは、オオムギが重要な食物であったことは間違いないだろう。ただし収穫の一部は、飼料としても用いられてい

たかもしれない。オオムギの貯蔵遺構も、ブラク（Tell Brak）、ラカイ（Tell al Raqa'i）、セレンカヒエ（Tell Selenkahiye）などで検出されている（Hald and Charles 2008, Schwartz and Curvers 1992, van Zeist and Bakker-Heeres 1985/86）。裸性コムギ（パンコムギ／デュラムコムギ Triticum aestivum/durum）もこの時期には栽培化されていたが、オオムギに比べると乾燥に弱いため、コルジュテペ（Korucutepe）（van Zeist and Bakker-Heeres 1974）、モザン（Tell Mozan）（Deckers and Riehl 2007）、ブラクなど、トルコおよびハブール上流の遺跡で多いがユーフラテス中流域では少ない。新石器時代には最も重要な穀物だった皮性コムギ（エンマーコムギ T.dicoccum、アインコーンコムギ T.monococcum）は、この頃になるとほとんど出土しなくなる。特にユーフラテス中流域の一部の遺跡では、コムギが独立した作物であったかどうかは疑わしい。

　オオムギがコムギに取って代わった理由については、乾燥した気候、塩害といった環境変化や人口増から、乾燥や塩に強いオオムギの需要が増したという説が一般的である。シリアのユーフラテス中流域は、天水農耕が可能な地域の縁辺部に当たる。比較的降水量の多い北部ほどコムギの占める割合が高くなる傾向があるため、環境的制限がオオムギ重視の一つの大きな要因であるのは事実だろう。

　マメ類は、レンズマメ（Lens sp.）、エンドウ（Pisum sp.）、ガラスマメ（Lathyrus sp.）が複数の遺跡で見つかっているが、新石器時代に比べ出土数は散発的である。ただし、マメ類がこの時期に希薄なのは、炭化の機会に恵まれなかったからだという可能性も指摘されている（Miller 1997）[1]。スウェイハト（Tell es-Sweyhat）で貯蔵ガラスマメが出土した例もあり（van Zeist and Bakker-Heeres 1985/86）、必ずしもマメの重要性が低かったとは言い切れない。ただマメ栽培でも、ガラスマメという乾燥に強い種がしばしば選択されていることは、乾燥化に対する適応とも取れる。

　果樹栽培が本格化したのも青銅器時代のことで、特に地中海沿岸でブドウ（Vitis vinifera）やオリーブ（Olea europaea）栽培が盛んに行われた（Zohary and Spiegel-Roy 1975）。ユーフラテス中流域でもブドウが幾つかの遺跡から出土しているが、輸入品であった可能性もある。そのほかハンマーム・エッ・トルクメン（Tell Hammam et-Turkman）では、マハリブ（Prunus mahaleb）というバラ

科の実が採集されていた（van Zeist and Waterbolk-van Rooijen 1992）。スウェイハトではケイパー（*Capparis* sp.）が土器内から見つかっており、採集して利用していたと思われる（van Zeist and Bakker-Heeres 1985/86）。アーモンドやピスタチオのような堅果類が非常に少ないのは、新石器時代と大きく異なる点である。

油脂植物としてはベニバナ（*Carthamus tinctorius*）が挙げられる。青銅器時代前期にシリアでの出土例が増え、油脂植物兼染料として栽培されていた可能性が高い（Marinova and Riehl in press）。オオムギやガラスマメと同じく乾燥や塩害に強いため、ユーフラテス中流域では同じ油脂植物であるアマ（*Linum ustatissimum*）やオリーブより栽培しやすかったと考えられる。

詳述は避けるが、このほかの野生植物も多種多様な種が出土しており、ほとんどは畑の雑草もしくはステップによく見られる種である。これらの野生植物は、古環境の復元、畑や放牧地の立地などを推定する研究に用いられている。

ここまでEBのユーフラテス中流域の代表的な出土植物を概観した。次章ではテル・ガーネム・アル・アリ遺跡の植物遺存体の一次的な分析結果を示し、同時期の遺跡と比較しながら生業の復元を試みる。

2．テル・ガーネム・アル・アリ遺跡の農耕

テル・ガーネム・アル・アリ遺跡は、現在のラッカ市からユーフラテス川を約50km下った河川低地に立地する、推定450×380mのテル型遺跡である（長谷川稿参照）。2007年から日本・シリア合同発掘調査が行われており、まだ最下層の様相は不明だが、少なくとも表土下ではEB期に相当する住居址などが見つかっている。

本稿で扱うのは、2007年に第一発掘区（5点）と第二発掘区（2点）から採取された、EB期に属する土壌サンプル全7点である。土壌量は1サンプル4.5〜13.2ℓ（合計63.7ℓ）で、主に灰層と土器内から採取し、フローテーション処理によって計364mℓの炭化物を回収した。

テル・ガーネム・アル・アリ遺跡の出土植物（図2）

最も高い割合で出土したのはオオムギの種子で、同定できた種実の55％を占

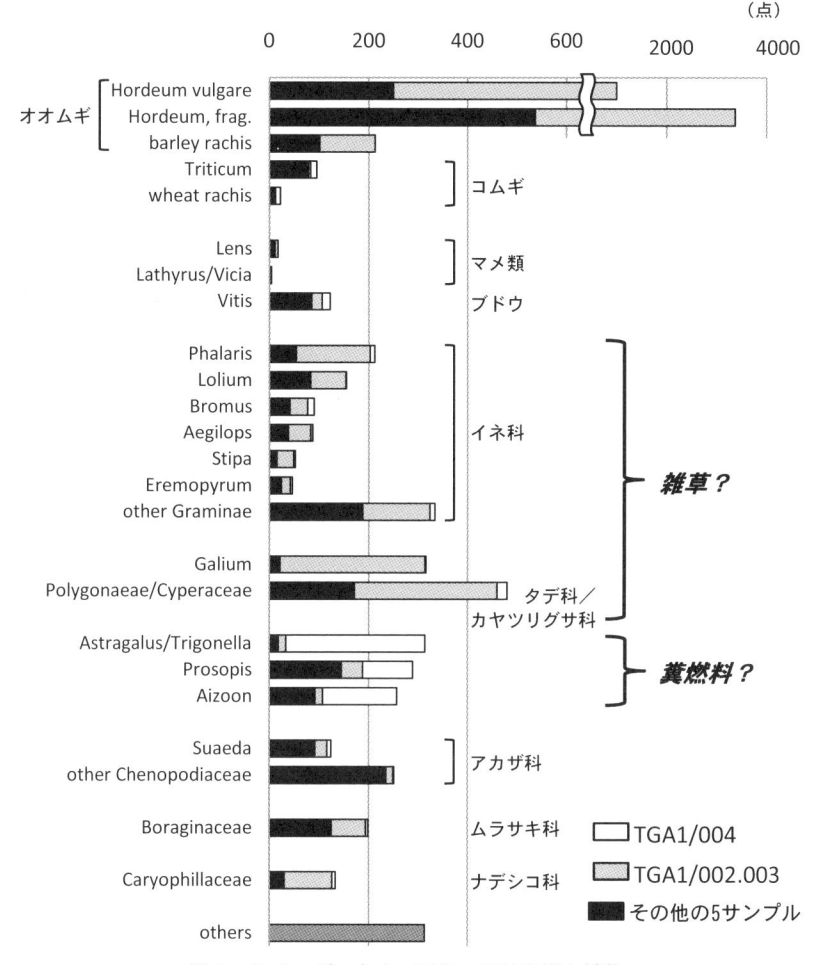

図2 テル・ガーネム・アル・アリの出土植物

めた。オオムギの穂軸も多数見られた。それに対して、コムギは1％と圧倒的に少ない。そのほかの食料としては、レンズマメ、ガラスマメ／ベッチ類、ブドウが出土した。また20科40種類以上の野草／雑草種も見つかっている。

　オオムギの種子は、大半が左右対称の二条オオムギである。中には左右非対称の六条オオムギや、丸みが強くて腹溝が微かな裸性オオムギを思わせる種子も少数含まれたが、はっきりと断定はできなかった。穂軸も多数見つかってい

るが、六条オオムギの特徴を持つ穂軸は見つかっていない。貯蔵した二条オオムギと思われるサンプルも存在することからも、テル・ガーネム・アル・アリでも二条オオムギが主要な作物だったことが伺える。一方コムギの種子は、オオムギに比べて圧倒的に少ない。現時点ではコムギは独立した作物ではなく、オオムギ畑に紛れ込んで生えていた雑草と考えている。

　マメ類が食性のなかで、どのような位置を占めていたのかはまだ不明である。スウェイハトでは4種、セレンカヒエでは5種のマメ類が出土しているが、テル・ガーネム・アル・アリではマメ類は2種しか出土しなかった。栽培されていたのかどうかは、サンプル数を増やした上で検討していく必要がある。

　ブドウはテル・ガーネム・アル・アリで唯一の果樹類である。ラッカ周辺には野生ブドウは分布していない。他の土地から輸入されていたとも考えられるが、当地でもブドウ栽培が小規模に行われていた可能性はある。

　今のところテル・ガーネム・アル・アリで確実に栽培作物と言えるのは、二条オオムギのみであり、スウェイハトやセレンカヒエなどと比べると多様性に乏しい。これは降水量の差を反映しているのか、あるいはサンプル数の少なさが起因している可能性もある。

　このほかにイネ科、マメ科、アカザ科、ツルナ科、アカネ科、ナデシコ科、タデ／カヤツリグサ科など、多種多様な野生植物の種子が見つかっている。それらの野生植物には、収穫物に混ざって持ち込まれた雑草や、糞燃料に含まれて炭化した飼料など、いろいろな起源を持つ種子が含まれている。次では特徴的な構成を示したサンプル2点を取り上げ、野生植物が遺跡に持ち込まれたルートについて考察する。

貯蔵オオムギ？と雑草（TGA 1/002、003）

　第1発掘区の建物の一室から採取されたサンプル（TGA1/002、003）は、オオムギが71％を占めており、貯蔵されていた穀物の可能性がある。オオムギ種子のサイズは長さ4.3mm、幅2.1mm（10点の平均）に達し、選別時に除けられたムギではなく、良く熟した種子であることが分かる。図2中にグレーで示した部分が、このサンプルに含まれていた点数を表す。

　同サンプルにはオオムギに混じって、*Phalaris*属、*Lolium*属、*Aegilops*属など

のイネ科草本とアカネ科*Galium*属、タデ／カヤツリグサ科、ナデシコ科の種子などが多数発見された。イネ科植物はムギ畑の雑草として一般的であるし、*Galium*属やタデ科／カヤツリグサ科も、出土した半数以上が同サンプルから出ていることから、畑の雑草であった可能性が指摘できる。

　*Phalaris*属種子は銅石器時代以降に増えてくることから、この種を灌漑の証拠と見なそうとする提案もあるが（van Zeist 1999）、EBのシリアでは積極的に灌漑を示す証拠は見つかっていない。ラッカの現在の年間降水量は平均218mmで、少なくともブアラ（Buara）湖での花粉分析によれば、過去6000年の間ジャジーラの気候は大きく変わっていないとされている（Gremmen and Bottema 1991）。このような天水農耕地域の南限では、灌漑をしなければ農業生産量は非常に不安定となる。

　T. ウィルキンソンがスウェイハト遺跡（年間降水量250mm）で土器分布調査、植物考古学、地形学的手法等を組み合わせて行った研究では、スウェイハトでは灌漑がなくとも施肥や休耕によって安定した収量を得られたと結論付けられている（Wilkinson 2004）。テル・ガーネム・アル・アリはスウェイハトよりさらに天水農耕の限界に近いが、*Phalaris*属の割合が高いことを除けば、灌漑を示唆する証拠は今のところ出ていない。オオムギ種子の平均サイズも、スウェイハトに比べ長さにして1mm、幅は0.5mmほど小さかった。

糞燃料？（TGA 1/004）

　次に、糞燃料の残滓の可能性があるサンプルについて述べる（グラフの白で示した部分が、このサンプルから出土した数である）。

　中東の木材の乏しい地域では、しばしば乾燥させた家畜の糞が燃料として用いられる。N. ミラーは、この糞燃料に含まれる未消化の種子が、出土植物に多く混ざっていることを指摘した（Miller 1984）。テル・ガーネム・アル・アリでも、河岸以外に木が乏しく、種実の数に対して炭化材の量が比較的少ないことから、糞燃料を利用していた可能性が高い。

　このサンプルには、マメ科*Astragalus/Trigonella*属とツルナ科*Aizoon*属の種子が高い割合で含まれる（各33％と18％）。マメ科*Prosopis*属も、破片を含めて100点以上が出土している（12％）。雑草ならばオオムギに混じって集落に持ち

込まれることもあり得るが、Prosopis属はオオムギと一緒に収穫されるような植物ではない。そのサヤを動物がよく食べることからも、このサンプルの100点を超えるProsopis属は糞燃料から来ているという推測が成り立つ。以上から、Prosopis属に共伴する大量のAizoon属やAstragalus/Trigonella属を含め、このサンプルの植物は家畜の糞経由で遺跡へ持ち込まれた可能性がある。

　燃料資源の選択は周辺環境をよく反映するので、糞燃料への依存度が高いほど木材資源が乏しいと考えられる。また糞燃料由来の植物を判別することは、家畜の放牧地の推定にもつながる。テル・ガーネム・アル・アリの燃料資源については、古環境と土地利用復元に向けての今後の課題として、引き続きサンプル数を増やして検討していくこととしたい。

3．結論

　テル・ガーネム・アル・アリ遺跡では、オオムギを主作物とする農耕が行われていた。コムギは独立した作物ではなく、畑の雑草だったと推定される。その他の栽培植物の候補には、レンズマメとガラスマメ／ベッチ類が挙げられる。また、ブドウも栽培されていた可能性がある。

　また、貯蔵作物と糞燃料残滓と推定されるサンプルより、Phalaris属、Lolium属等イネ科草本類、Galium属、タデ科／カヤツリグサ科がオオムギ畑の随伴雑草、Prosopis属、Aizoon属、Astragalus／Trigonella属の3種は糞燃料由来である可能性を指摘した。

　本稿の中間報告はわずか7点のサンプルに基づいており、今後さらにサンプル数を増やして分析をすすめ、上の説を検証していく必要がある。そして、テル・ガーネム・アル・アリの居住が始まってから廃絶されるにいたる背景を、生業との関係から明らかにしていきたい。

　発掘においてサンプリングに協力してくださった国士舘大学の大沼克彦先生、筑波大学の長谷川敦章氏、植物遺存体同定を監修してくださった山口大学の丹野研一氏、本稿をまとめるにあたってご教示いただいた早稲田大学の寺崎秀一郎先生、そしてこの追悼論文集に拙稿を寄せる機会を与えてくださった東

京大学の西秋良宏先生をはじめ編集委員の方々にも感謝を捧げたい。
　なお本研究は、文部科学省科学研究費・特定領域研究「セム系部族社会の形成—ユーフラテス河中流域ビシュリ山系の総合研究」と、特別研究員奨励費を受けて実施した。

木内氏への謝辞
　故木内智康氏には、考古学専修に進んで以来大学は異なるが後輩のように遇していただき、現地調査でも大変お世話になった。2007年のテル・ガーネム・アル・アリ遺跡の調査で初めて一緒に働く機会を得て、翌年同じ現場で再会するはずだったその直前の訃報だった。本稿で使用したサンプルには、木内氏の協力によって採取されたものが含まれている。心より感謝するとともに、ご冥福をお祈りする。

註
1）　ミラーは出土植物のほとんどを燃料残滓（薪や糞燃料）と仮定しており、マメ類は飼料用ではなかったため家畜の糞には含まれず、糞燃料として燃やされる機会が少なかった可能性があると指摘した。

引用文献
Deckers, K. and S. Riehl　2007　An Evaluation of Botanical Assemblages from the Third to Second Millennium B.C. in Northern Syria. In C. Kuzucuoğlu and C. Marro (ed.), *Sociétés humaines et changement climatique à la fin du troisième millénaire : une crise a-t-elle eulieuen Haute Mésopotamie?*, 481-502. Paris, Du Boccard.*

Gremmen, W. H. E. and S. Bottema　1991　Palynological Investigations in the Syrian Gazira. In H. Kühne (ed.), *Die rezente Umwelt von Tall Sec Hamad und Daten zur Umweltrekonstruktion der Assyrischen Stadt Dur-Katlimmu*, 105-116. Berlin, Dietrich Reimer Verlag.

Hald, M. M. and M. Charles　2008　Storage of Crops during the Fourth and Third Millennia B.C. at the Settlement Mound of Tell Brak, Northeast Syria. *Vegetation History and Archaeobotany* 17: 35-41.*

Marinova, E. and S. Riehl　in press　Carthamus Species in the Ancient Near East and South-Eastern Europe: Archaeobotanical Evidence for Their Distribution and Use as a Source of Oil. *Vegetation History and Archaeobotany* online first.

Miller, N. F. 1984 The Use of Dung as Fuel: An Ethnographic Example and an Archaeological Application. *Paléorient* 10: 71-79.

Miller, N. F. 1997 Sweyhat and Hajji Ibrahim: Some Archaeobotanical Samples from the 1991 and 1993 Seasons. In R. L. Zettler (ed.), *Subsistence and Settlement in a Marginal Environment: Tell es-Sweyhat, 1989-1995 Preliminary Report MASCA Research Papers in Science and Archaeology*, 95-122. Philadelphia.

Schwartz, G. M. 2007 Taking the Long View of Collapse: a Syrian Perspective. In C. Kuzucuoğlu and C. Marro (ed.), *Sociétés humaines et changement climatique à la fin du troisième millénaire une crise A-T-Elle eu Lieu en Haute Mésopotamie?* , 45-67. Istanbul, Institute Français d'Etudes Anatoliennes.

Schwartz, G. M. and H. Curvers 1992 Tell al-Raqa'i 1989 and 1990: Further Investigations at a Small Rural Site of Early Urban Northern Mesopotamia. *American Journal of Archaeology* 96: 397-419.

van Zeist, W. 1999 Evidence for Agricultural Change in the Balikh Basin, Northern Syria. In C. Gosden and J. Hather (ed.), *The Prehistory of Food: Appetites for Change*, 350-373. London and New York, Routledge.

van Zeist, W. and J. A. H. Bakker-Heeres 1974 The Excavations at Korucutepe, Turkey 1968-1970. Preliminary Report, Part X: The Plant Remains. *Journal of Near Eastern Studies* 33: 113-115.*

van Zeist, W. and J. A. H. Bakker-Heeres 1985/86 Archaeobotanical Studies in the Levant 4. Bronze Age Sites on the North Syrian Euphrates. *Palaeohistoria* 27: 247-316.*

van Zeist, W. and W. Waterbolk-van Rooijen 1992 Two Interesting Floral Finds from Third Millenium B.C. Tell Hammam et-Turkman, Northern Syria. *Vegetation History and Archaeobotany* 1: 157-161.*

Wilkinson, T. 2004 *On the Margin of the Euphrates: Settlement and Land Use at the Tell es-Sweyhat and in the Upper Assad Area, Syria. Excavations at Tell es-Sweyhat, Syria*. Chicago, Oriental Institute of the University of Chicago.

Zohary, D. and P. Spiegel-Roy 1975 Beginnings of Fruit Growing in the Old World: Olive, Grape, Date and Fig Emerge as Important Bronze Age Additions to Grain Agriculture in the Near East. *Science* 31: 319-327.

南レヴァントにおける広域分布土器の生産体制
——硬質土器（Metallic Ware）の分析から——

山藤正敏

1. 研究の背景

　本研究の目的は、南レヴァントにおいて「都市化」以後に出現した広域分布土器である硬質土器を検討することにより、「都市化」前後における土器生産体制の変化を明らかにし、ひいてはその文化‐社会的意義について考察することである。

　前期青銅器時代IB期（以下EBIB期、前3300-3000年）から前期青銅器時代II期（以下EBII期、前3000-2700年）にかけて、南レヴァントでは城壁や公共建造物を有する相対的に大規模な居住地が数多く出現し、「都市化」という文化的・社会的変化が生じたと説明されてきた。この地域の「都市化」研究は、20世紀後半から本格的に始まった。当初、近隣のエジプトやメソポタミアという都市文化の先行地域を直接的に意識した進化主義的・伝播主義的な見解が主流を占めた（Kenyon 1960, Anati 1963, Lapp 1970, Vaux 1971）。しかし、次第に域内発達に着目する新進化主義的な仮説が唱えられ始めた（Richard 1987, Ben-Tor 1992, Mazar 1990）。これとほぼ時期を同じくして、主に鉄器時代の研究に基づいて、南レヴァントにおける都市文化‐社会が周期的に盛衰を繰り返していたと考える、周期的変動仮説がI. フィンケルシュタインにより提唱された（Finkelstein 1994）。これを受けて、前期青銅器時代の「都市」文化‐社会についても同様の文脈で解釈する傾向が強まった（Miroschedji 1989, Portugali and Gophna 1993, Joffe 1993）。なお、近年では、前期青銅器時代の南レヴァントにおける「都市」の出現そのものを見直す新しい見地から研究が行われている（Falconer 1994, Philip 2001）。

上記の「都市化」に関する諸仮説は、概して総括的であって、主として各種の顕著な遺構の存在やセトルメント・パターンの研究から見出された諸変化といった巨視的なレヴェルの証拠に基づいている。しかし、同時に、人類の生活文化‐社会により密接した微視的なレヴェルでの研究が行われる必要がある。この問題意識から、本研究では「都市化」とほぼ同時に出現する硬質土器を対象として考察を行い、遺物レヴェルから「都市化」前後における文化‐社会的な変動を理解することを試みる。

2. 研究史

硬質土器（Metallic Ware）の研究は、その広範な存在にも関わらず蓄積が浅いと言わざるを得ない。

硬質土器の存在自体については、1940年代より示唆的な指摘があり（Albright 1949: 74）、1960年代にはR. アミランにより、器壁の薄い金属質（"metallic quality"）にまで十分焼成された土器として紹介されている（Amiran 1969: 59）。しかし、記述レヴェルを超えた具体的な研究は、1989年にN. ポラート（Porat）により（Porat 1989）、そして1996年にR. グリーンバーグ（Greenberg）とポラートにより初めて行われ（Greenberg and Porat 1996）、これ以後、硬質土器に関する知見を体系的に得ることができるようになったのである。以下、上記の論考を少し詳しく紹介したい。

まず、ポラートの論考では、ナイル河下流域から出土するパレスティナ地域系土器（アビュドス土器 Abydos Ware）の生産地を同定するために、パレスティナ地域から出土した土器との胎土比較が行われた箇所で硬質土器への言及がある（Porat 1989: 72-73）。ここでは、ハティラ累層（Hatira formation）上の下部白亜質層上部に起源する、鉄含有率が高い魚卵石と化石を包含する石灰岩が硬質土器に含まれていることから、パレスティナ地域北部から出土する硬質土器及びアビュドス土器の起源がより北方のレバノンにあることが明らかにされた（Porat 1989: 72-73）。

ポラートによる上記の議論の後、グリーンバーグとポラートによりさらに踏み込んだ議論が展開された（Greenberg and Porat 1996）。グリーンバーグは、

1980年代よりイスラエル最北部のフレー渓谷において前期青銅器時代から中期青銅器時代を研究対象とした発掘・分布調査を実施しており、当該地域における政治‐社会的様態について研究を続けている（Greenberg 2002）。したがって、グリーンバーグの調査成果とポラートによる胎土分析の結果を統合して、硬質土器の文化-社会的意義に迫ろうとしたのがこの論考である。ポラートは1989年の論考においてすでに硬質土器の胎土がレバノン産であることに言及していたが、本論考では、いずれも硬質土器がかなりの割合を占める北部の7遺跡から出土した計146点のサンプル（硬質土器83点・非硬質土器63点）が新たに分析された結果、その生産地がゴラン高原北部のヘルモン山南斜面に絞り込まれた（Greenberg and Porat 1996: 16-18）。

　上記の研究は、北部出土の硬質土器の胎土分析を主体としながらも、分布と型式の分析をも行っており総合的な性格を有していた。それ故に、これ以後硬質土器に関する研究は、各遺跡の報告書に記載される胎土分析の結果を除いて、新たに行われていない。しかし、大きな問題点として、1）硬質土器の製作技法の検討が行われておらず、また、2）共時的な視点のみから分析が行われており、時系列上の比較を視野に入れた通時的視点に欠いていること、以上の2点を指摘できる。このため、本稿では、特にこの2点に留意して分析を行う。

3．硬質土器の定義

1．知覚的定義

　1989年以前は、硬質土器の同定には専ら知覚的基準が用いられており、おおよそ「薄い器壁を有し、よく水簸され肌理が細かく、轆轤により成形された、硬質で焼成良好な赤色・濃褐色を呈する土器」として認識されてきた（Amiran 1969: 59，Miroschedji 1988: 71，Gophna 1996: 122）。しかしながら、硬質土器はいくつかの点で多種多様であるということが現在では認識されている。

　筆者の所見によれば、特にその色調にヴァリエイションが認められる。色調の差異は焼成状況の差異を表していると考えられるので、技術論的にも非常に重要である。一般的には、器面・断面共に赤褐色（2.5-7.5YR4/4-5/6）を呈している事例が最も多いが、なかには灰・黒等の褐色（5YR4/2, 7.5YR3/2-3/4,

7.5YR5/4) や橙色（2.5-7.5YR6/4-7/6）を呈するものも少なからず存在する。

　上記に加えて、その「硬質」（"metallic quality"）についても実際にはばらつきがある。硬質土器というと、金属音がするほどに胎土のガラス化が進んでいるという印象が強いが、混和物の精粗によるためか、芯部まで非常によく焼成されていたとしても金属音に似た高音が生じない、すなわち「硬質」ではないものも多いように思われる。

　以上から、現段階では、硬質土器は正確に規定できない遺物であることが理解できた。しかしながら、硬質土器に関する基本的な認識は全ての報告者に関してほぼ共通していることから、本稿では分析に際して暫定的に報告書の記述に依り、硬質土器の定義付け問題については議論を一時保留したいと思う。

2. 胎土分析による定義

　上述の知覚的定義は、考古学的調査により採集した全ての資料を分類する際に役に立つ。しかしながら、その生産地・胎土の原産地について正確な議論を行う際には、より客観的な同定基準が必要とされる。今日最も客観的な同定基準は、胎土組成による同定方法であろう。

　先述のように、ポラートによる胎土分析は、硬質土器の胎土組成を明らかにした（Porat 1989, Greenberg and Porat 1996）。それに依れば、硬質土器の胎土に共通する特徴として以下の3点が挙げられている。すなわち、1) 混和物として、頁岩片、石英、そして炭酸塩が比較的低い割合で含まれること、2) 基質は粘土に富み、時折高温焼成によるガラス化が認められること、3) 焼成はほとんどの場合酸化焔焼成であるが、中には還元焔焼成のものも見られること、以上である。ただし、これらはあくまでも一般的な特徴であり、全てのサンプルが均質な特徴を示しているわけではない。例えば、混和物としてシルト石、玄武岩または他の火成岩片などが含まれる場合があり、基質に関しては、シルト質の酸化鉄が大量に含まれる資料も認められるようである。

　したがって、胎土分析によっても、全く均質に硬質土器を定義づけることは不可能であるということになる。また、胎土分析では、資料の断面を切断して観察対象を作成するため、手間がかかる上に資料の損壊につながり、全ての出土資料を対象として分析を行うことはできないという大きな欠点がある。結局

のところ、胎土分析は、硬質土器の素材の原産地（≒生産地）を明らかにするための分析方法であり、土器自体の正確な定義付けを行うための方法ではないのである。

4．硬質土器の基礎分析

1．分布状況（図1）

　現在、計58遺跡において硬質土器の出土が認められ、その分布は北部に集中する傾向がある。

　以下、分布傾向を詳細に検討する。まず、最も出土遺跡が集中して認められるのは、ヘルモン山の南西に位置するフレー渓谷である。この地域では21遺跡から硬質土器の出土が報告されており（Greenberg 2002）、先のポラートによる生産地に関する言及とも整合する濃密な分布を示している。また、硬質土器の分布は、フレー渓谷から南・西方向へ拡散しているかのような状況を看取できる。すなわち、主としてヨルダン渓谷北部及び上下ガリラヤ・イズレエル平野において比較的多くの遺跡から硬質土器の出土が確認されており、これより遠方の地域においては分布が希薄化する。ただし例外として、南西部のシェフェラー地方から南部の大規模遺跡アラド（Arad）にかけて、生産地と考えられるフレー渓谷からの距離がかなり離れているにもかかわらず、少なからぬ硬質土器の出土が確認できるということは特筆に値する。

2．数量・器種の出現状況（図2～4、表1）

　硬質土器の出土傾向は、その分布している地域によって大きく異なる傾向がある。図3は、6遺跡7地点について、硬質土器がEBⅡ期の全出土土器に占める割合を示している。グラフの左端は最も北のヘルモン山南麓（フレー渓谷北部）に位置するテル・ダン（Tel Dan）を示しており、右端に行くほどより西・南に位置する遺跡の数値を示している。これによると、硬質土器が全体に占める割合は、フレー渓谷のテル・ダンの85%をピークに、西及び南に離れるにつれて低くなることを理解できる。すなわち、硬質土器は推定生産地であるフレー渓谷北部から概して離心減少的に出土する傾向を示すといえる。ただし、

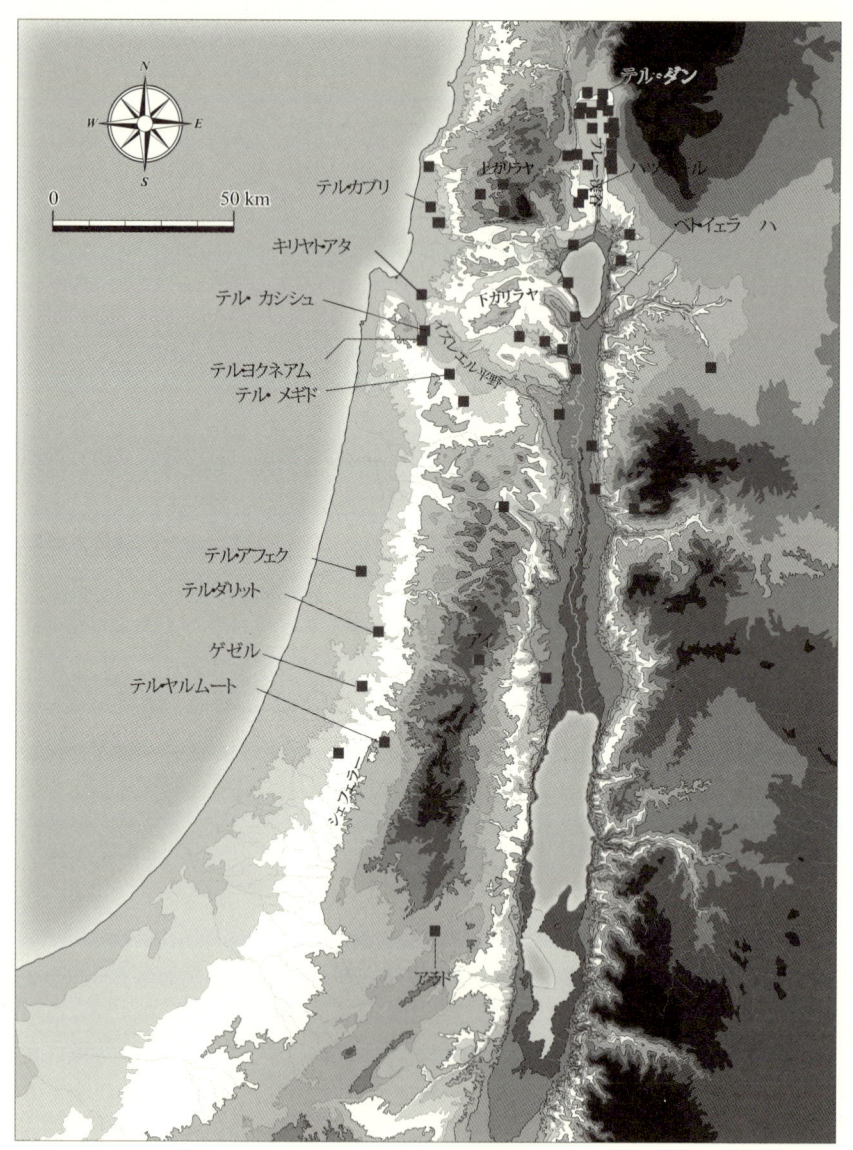

図1 硬質土器の分布状況

Bowl / Jug/Juglet / Platter / Jar / Krater

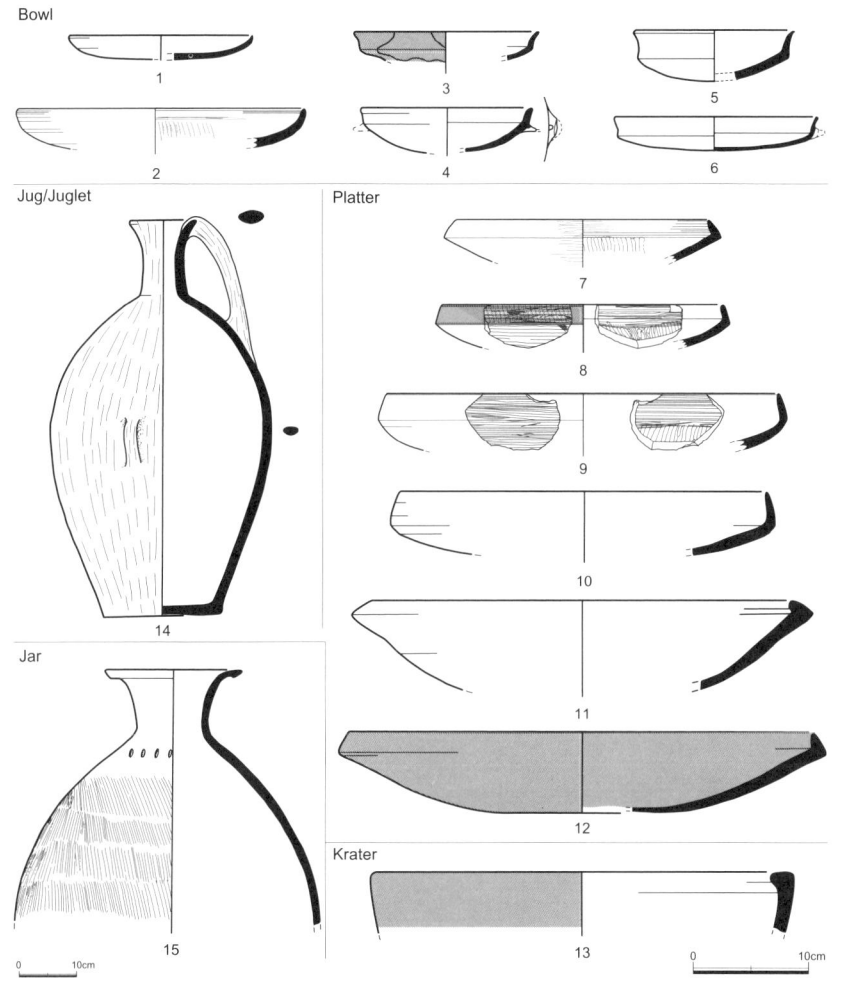

(1, 2, 7, 10～15：キリヤト・アタ　3, 4：テル・ダリット　5, 6：テル・エル・ファラ
8：テル・レヘシュ　9：テル・カブリ)

図2　**硬質土器の種類**（左傾斜型磨研：2, 7, 8，右傾斜型磨研：9（これらは筆者実測））

やや異なる傾向を示しているのは西部海岸近くのキリヤト・アタ（Qiryat Ata）であり、この遺跡ではEB II 期全体の50％近くが硬質土器と認識されている。この数値は、東のヨルダン渓谷北部に位置するベト・イェラハ（Beth Yerah）における数値に近似しており、上記の傾向に対して例外的な存在となっている。

176 第Ⅱ部 都市の発生期

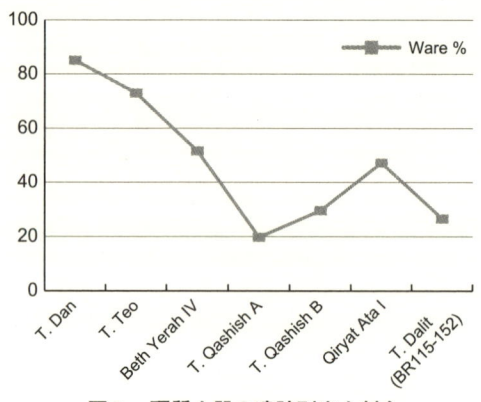

図3 硬質土器の遺跡別出土割合

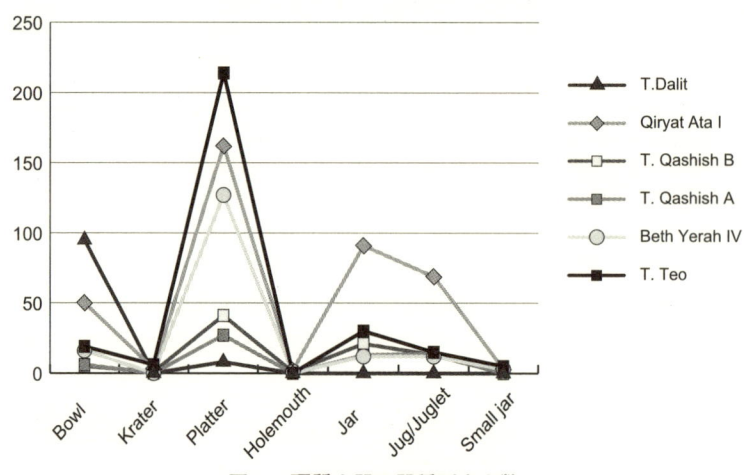

図4 硬質土器の器種別出土数

　次に、硬質土器の出土数量を器種別・遺跡別に検討する。図4は、硬質土器の数量が報告されている5遺跡6地点について、主な器種別に出土数量をグラフ化したものである。これを散見すると、全遺跡において皿形土器（Platter）が極めて顕著であることがわかる。特に、フレー渓谷に位置するテル・テオ（Tel Teo）、ヨルダン渓谷北部のベト・イェラハ（Beth Yerah、N. ゲツォヴGetzovによる調査区）、そして、西側海岸部のキリヤト・アタにおいて、皿形土器（Platter）の存在が顕著である。これら3遺跡では、いずれも150点以上の硬質土器が出土しており、他の遺跡に比べて出土数量が多い。このうち、テ

表1　EB II期器形別出土点数（数字は全出土数、括弧内は硬質土器）

EB II	T. Teo	Beth Yerah IV	T. Qashish A	T. Qashish B	Qiryat Ata I	Tel Dalit (L115-152)
Bowl	20 (19)	52 (16)	33 (6)	24 (5)	80 (50)	22 (21)
Krater	6 (6)	0	10 (0)	9 (1)	3 (3)	0
Platter	214 (214)	148 (127)	61 (27)	67 (41)	187 (162)	0
Holemouth	103 (0)	77 (0)	70 (0)	64 (1)	112 (2)	33 (0)
Jar	32 (30)	30 (12)	104 (13)	97 (21)	329 (91)	14 (0)
Jug/Juglet	15 (15)	12 (12)	24 (14)	16 (13)	89 (69)	12 (0)
Small jar	6 (5)	10 (3)	2 (0)	0	5 (3)	0
Total	396 (289)	329 (170)	304 (60)	277 (82)	805 (380)	81 (21)

ル・テオとベト・イェラハについては、硬質土器の生産地と想定されるヘルモン山南麓やフレー渓谷北部に近接しているため、硬質土器の出土数量が顕著であることは自明といいうる。しかしながら、キリヤト・アタについては、推定生産地からやや離れているにもかかわらず硬質土器の出土数量が多く、特異な傾向を示している[1]。

さらに、キリヤト・アタでは、テル・テオとベト・イェラハ両遺跡において数量が少ない有頸壺（Jar）、水差し（Jug/Juglet）、そして鉢形土器（Bowl）もまた一定数量が出土している点を指摘できる。ただし、各器種における出土数量に占める硬質土器の割合を比較した場合、テル・テオにおいて有頸壺の93.75％、水差しでは100％、そしてベト・イェラハにおいて有頸壺の40％、水差しの100％を占めており、キリヤト・アタにおける数値（有頸壺＝27.66％、水差し＝77.53％）をいずれも上回っていることを理解できる。なお、鉢形土器については、テル・テオでは95％が硬質土器であるのに対して、ベト・イェラハでは30.77％と低く、一方で、キリヤト・アタでは62.5％と比較的高率を示しており上記の傾向とは異なる。これは、ベト・イェラハのデータが極めて限定された地区に由来することと、キリヤト・アタにおける硬質土器の認定に問題があることに起因している可能性が高く、今後再検討が必要である。

また、イズレエル平野以南の遺跡からも多少の硬質土器の出土が認められる。出土数量の情報を取得できたテル・ダリットでは、出土する103点の硬質土器

のうち皿形土器が僅か8点のみであったのに対して、鉢形土器が残りの95点を占めるという、イズレエル平野以北の遺跡には見られない特異な傾向を示している。さらに、当遺跡において出土する鉢形の硬質土器の数量は、図4において示したとおり北部の遺跡に比べてかなり多いということが理解できる。この鉢形土器の器形について詳しく説明すると、テル・ダリットにおいて出土する鉢形の硬質土器は、胴下半部に屈曲を有し口縁部が外反する形態を呈するもの（図2: 3）が顕著であり、南部における他の遺跡（テル・アフェクTel Aphek、テル・ヤルムトTel Yarmouth、テル・エル・ファラ（北）Tell el-Far'ah North、アイAi）においても同様の状況を看取できる。したがって、屈曲を有する鉢形の硬質土器が顕著に出現する状況を、南部地域の地域性とみなしうるのである。

　上記の分析から、硬質土器は想定生産地であるフレー渓谷北部から離れるほどに、その全体に占める数量・割合を減らす傾向にあるということが理解できた。器種別に見ると、皿形土器が数量上最も多く出土しており、北部の遺跡では極めて顕著に出土する傾向を見出せた。一方で、南部シェフェラーのテル・ダリットでは、鉢形土器が極めて優勢である一方、8点のみが皿形土器という、北部の諸遺跡に比べて特異な傾向を示した。以上から、器形と数量に基づいて遺跡間比較を行った場合、特に北部と南部の間で傾向の顕著な差異を認めることができた。

5．器面調整の分析——イスラエル北部出土の鉢・皿形磨研土器の検討

　イズレエル平野から北部海岸部にかけて所在する3遺跡（テル・カブリTel Kabri、キリヤト・アタ、及びテル・カシシュTel Qashish）を対象として、鉢・皿形の硬質土器の器面に施される調整（磨研）の分析を行った。以下では、特に磨研の方向及び密度について検討する。

1．磨研の方向（表2）

　鉢・皿形土器に磨研が施される方向は、横方向と縦方向の2種類がある。このうち縦方向の磨研は、EBII期に入り初めて顕著化する技法である。EBII期に施される縦方向磨研には、少なくとも3つの種類が存在する。すなわち、1）

右傾斜型、2）左傾斜型、そして3）垂直型という3種類である。鉢・皿形の硬質土器に施される3種類の縦方向磨研を遺跡別に数量で示すと図5のとおりである。サンプル数に格差があるものの、キリヤト・アタにおいてはサンプル数全48点中29点が左傾斜型、15点が右傾斜型と、左傾斜型磨研が顕著である一方、テル・カシシュにおいてはサンプル数全28点中10点が右傾斜型、6点が左傾斜型、そして7点が垂直型というように、右傾斜型磨研が僅かに多いということがわかる。テル・カブリについては、サンプル数が全5点と極めて限られていたため傾向を見出すことができなかった。この結果は、各遺跡で傾向がばらつくという結果を示しているように捉えられる。しかしながら、後述する非硬質土器である磨研を施された鉢・皿形土器を含めたとき、傾向は均一化する。すなわち、サンプル数が比較的十分であるキリヤト・アタとテル・カシシュにおいて、左傾斜型磨研と右傾斜型磨研の数量比がほぼ3:2であることを把握できる。非硬質土器系の鉢・皿形磨研土器は、器形・調整技法共に硬質土器系の鉢・皿形磨研土器と同様であるため、後者の影響の下に製作されていた蓋然性が高い。このことから、3:2の傾向は鉢・皿形の硬質土器にも実際には認められうるのである。

表2　鉢・皿形土器のサンプル総数と磨研方向別の個体数
（括弧内は硬質土器）

EB II	Total nos.	Vertical	Right	Left
T.Kabri	11 (5)	2 (1)	2 (2)	2 (1)
T.Qashish	66 (28)	13 (7)	13 (10)	20 (6)
Qiryat Ata	108 (48)	6 (4)	33 (15)	55 (29)

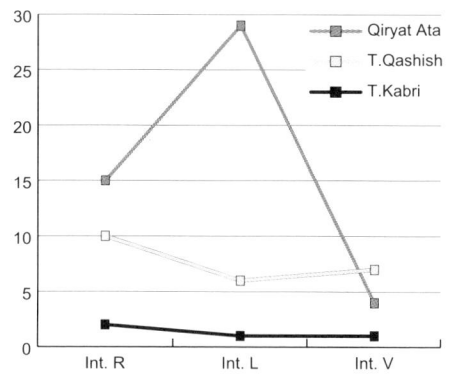

図5　鉢・皿形硬質土器の縦方向磨研（個体数）
（R=右傾斜型、L=左傾斜型、V=垂直型）

2．磨研の密度

　この場合の磨研の密度というのは、器面に施されている磨研の幅の広狭により示される。本分析では、全75点の鉢・皿形土器の口縁部及び胴部（計測箇所

は内面垂直磨研）の計測値から時期別・遺跡別の傾向を見出す。

　まず、口縁部の磨研について、3遺跡全てにおいて1.6-3.5mm幅が最も多く認められる（図6）。この傾向がはっきり認められるのは、サンプル数が最も多いキリヤト・アタ出土の硬質土器であり、特に2.1-3.0mm幅には全47点中32点が集中している。また、テル・カシシュについても、サンプル数は全23点と少ないが、このうち11点が2.1-3.0mm幅に集中する傾向を示し、ピークを成している。なお、テル・カブリについては、サンプル数が少なすぎるため傾向をつかむことが難しい。

　次に、胴部内面の磨研については、おおよそ2.1-4.5mm幅が最も多い傾向がある（図7）。やはり最もはっきりとした傾向が認められるのは、サンプル数が多いキリヤト・アタである。すなわち、キリヤト・アタについては、特に3.6-4.5mm幅において全47点中35点が集中している。これと同様に、テル・カシシュについても3.6-4.5mm幅に23点中17点が集中している。なお、テル・カブリについてはサンプル数の僅少さのため傾向が掴めない。

　結果として、遺跡間の差異についてはほとんど認められないが、口縁部・胴部内面共に磨研の幅がそれぞれ集中する傾向を見出せた。すなわち、口縁部の磨研は2.1-3.0mm幅に、そして胴部内面の磨研は3.6-4.5mm幅に集中する傾向が認められ、したがって、前者に比べ後者の磨研のほうが粗い傾向が見出せた。

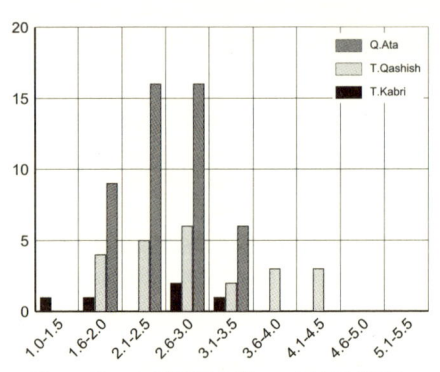

図6　鉢・皿形硬質土器の口縁部磨研幅
（X軸単位：mm）

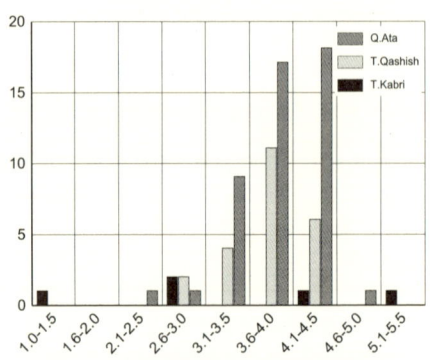

図7　鉢・皿形硬質土器の胴部磨研幅
（X軸単位：mm）

3．EBⅠB期（灰色磨研土器）との比較

EBⅡ期の硬質土器は、比較的広域に分布する精製土器である。しかし、南レヴァントの文化史上、このような精製土器は硬質土器が初めてではない。EBⅠA/B期においても、比較的広域に分布した精製土器として灰色磨研土器（Gray Burnished Ware）が存在した。この種の土器は主にイズレエル平野に集中する傾向が見られるものの、今日のレバノン沿岸部周辺やフレー渓谷にまで分布は広がっていた。なお、灰色磨研土器の器形はほぼ全て胴部下半部に屈曲を有する鉢形であり、壺形のものはこれまでのところ知られていない。この灰色磨研土器には、その名の通り磨研が施されているが、先述の硬質土器に施された磨研とはやや異なる傾向を示している。本分析における対象はキリヤト・アタとテル・カシシュの２遺跡のみからであり、サンプル数も全16点とかなり少ないが、以下では硬質土器と同様に傾向を見ていきたい。

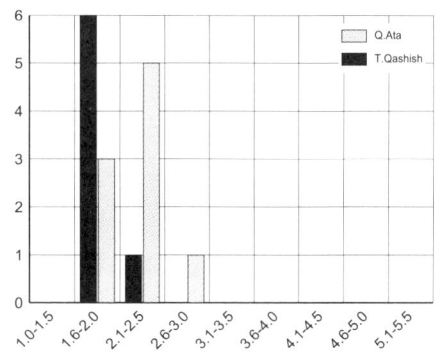

図8　灰色磨研土器の口縁部磨研幅
（X軸単位：mm）

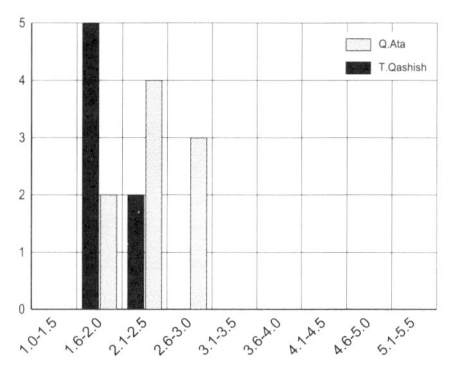

図9　灰色磨研土器の胴部磨研幅
（X軸単位：mm）

まず、磨研の方向については、16点全てにおいて内外面に水平方向の磨研のみが施されていた。したがって、硬質土器に認められるようなヴァリエイションを認めることはできなかった。

また、磨研の幅については、口縁部の磨研が1.6-2.5mm幅に、また、胴部の磨研も1.6-2.5mm幅に集中する傾向を見出せ、硬質土器に比べて全体的に肌理が細かいということを看取できる（図8, 9）。特に胴部の磨研に関しては、灰

色磨研土器に比べ硬質土器ではかなり幅広になっていることが顕著である。

4．EB Ⅱ 期非硬質土器との比較—鉢・皿形土器の磨研—

ここまで、硬質土器とEB IB期の灰色磨研土器の分析を行ってきた。同様にEB Ⅱ期における非硬質土器の状況も以下で検討してみたい。これにより、在地の非硬質土器の生産に硬質土器が与えた影響がどのようなものであったのかについて示唆できる可能性がある。ここでも、上の分析と同様の3遺跡からの出土資料を対象に分析を行った。

まず、磨研の方向について、サンプル数が比較的十分なキリヤト・アタとテル・カシシュにおいて、左傾斜型が顕著である（図10）。キリヤト・アタについては、この傾向は硬質土器の場合とほぼ同様であるが、左傾斜型と右傾斜型の数量比が約4:3となり、右傾斜型がやや顕著になっている。テル・カシシュについては、硬質土器の場合とは反対に左傾斜型が多く現れており、サンプル数は全23点と少ないものの、左傾斜型と右傾斜型の数量比が約5:1にまで広がる傾向を看取できた。

次に、磨研の密度について検討する。口縁部の磨研については、硬質土器の場合と同様に、3遺跡全てにおいて1.6-3.0mm幅に集中が認められる（図11）。特に、サンプル数が比較的多いキリヤト・アタとテル・カシシュについては2.1-3.0mm幅に集中のピークが認

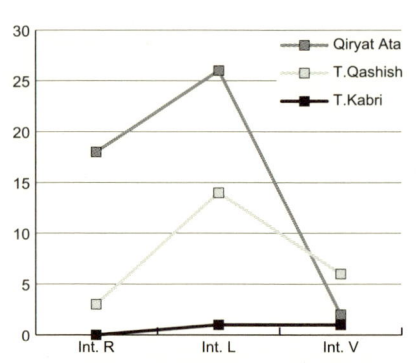

図10　鉢・皿形非硬質土器の縦方向磨研
（個体数）（R=右傾斜型、L=左傾斜型、V=垂直型）

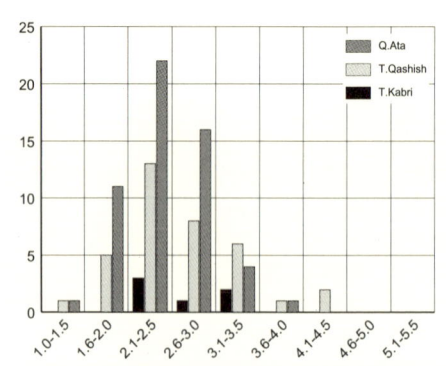

図11　鉢・皿形非硬質土器の口縁部磨研幅
（X軸単位：mm）

められ、前者では全55点中38点、後者では全36点中21点に関してこの幅の磨研が認められた。

胴部内面の磨研については、硬質土器よりはばらつきを見せるものの、おおよそ3.1-4.5mm幅に集中を見出せた（図12）。遺跡別に見てみると、キリヤト・アタでは、全56点中45点が2.6-4.5mm幅において認められた。特に顕著であったのは3.6-4.0mm幅であり、16点が集中している。また、テル・カシシュでは、3.1-4.5mm幅が最も多く、全38点中25点が認められた。しかし、テル・カシシュはキリヤト・アタに比べてピークが曖昧であり、比較的分散傾向にあるといえる。全6点と最もサンプル数が少ないテル・カブリについては、サンプルが全て2.1-3.5mm幅に分布し、先の2遺跡に比べて磨研の幅が狭い傾向が認められた。とはいえ、サンプル数が他2遺跡よりはるかに少ないことから、この傾向を無条件に受け入れることはできないだろう。

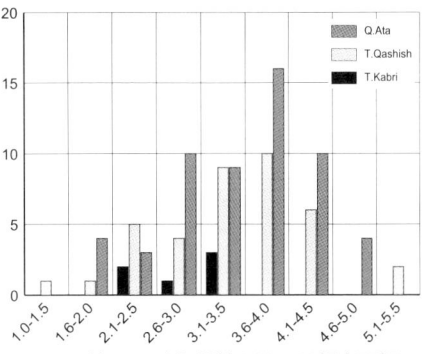

図12　鉢・皿形非硬質土器の胴部磨研幅
（X軸単位：mm）

以上から、硬質土器と比べた場合、非硬質土器に施される磨研は、その方向については硬質土器の場合と同様に左傾斜型が顕著であるが、磨研の密度については、特に胴部内面の磨研にややばらつきが認められるということが明らかとなった。

6．硬質土器の文化 - 社会的意義

1．専業体制の変容

土器生産の変化の背後には、社会組織の変化をも認められる場合がある。特に注目されることが多いのは、土器生産の専業化である。いわゆる土器の専業的生産体制は、南レヴァントにおいてはすでに後期銅石器時代〜EBIA初期において認められるようである。J.P.デッセル（Dessel）は、南部のテル・ハリフ（Tel Halif）（テラス部）出土の無頸壺（Holemouth jar）と鉢（V-shaped bowl）

を分析対象として口縁部径の計測を行い、鉢が比較的均一な数値を示すことを明らかにした。これにより、EBIA初期において、無頸壺の分析で示された家内生産と併存して在地的な専業的生産が行われていたことが示唆された（Dessel 2001）。

一方、北部における専業化については、先述した灰色磨研土器の存在から推察することができる。灰色磨研土器はイズレエル平野において集中的な出土が認められており、胎土分析からこの地域周辺が「原産地」であることが示唆される（Goren and Zuckermann 2000: 174-175）。また、この土器は、概して灰色の断面を有し、器形についても遺跡・地域毎に多少のヴァリエイションがあるものの均一的な特徴を有している。このことから、成形から還元焔による焼成まで一連の工程が規格的に、すなわち専業的に行われていた可能性が高いと考えられるのである。

上記のような専業体制は、硬質土器が拡散したEBⅡ期にはいり変容したと考えられる。硬質土器もまた、ヘルモン山南麓やフレー渓谷北部周辺において専業的に生産されていたと考えられ、EBI期の灰色磨研土器に後続する専業的生産物品として理解される必要がある。しかしながら、灰色磨研土器と硬質土器の間には、見逃すことのできない決定的な相違が認められるのである。

まず、先の分析において確認したように、硬質土器に施される磨研は灰色磨研土器に施されていた磨研に比べて粗い傾向が見られる。また、硬質土器はその分布域・出土数量に関して灰色磨研土器を大きく上回っている。さらに、灰色磨研土器は鉢形のみが出土するのに対して、硬質土器は当該時期に出土する多くの器種において認められ、器種のヴァリエイションもより豊富である。したがって、同じ専業的生産体制の下での生産物と考えるよりは、異なる専業体制の下に生産されたと考えるほうが理に適っている。では、これらの土器の生産体制はどのように捉えられうるだろうか。

灰色磨研土器は、同時期の他の土器に比べて極めて精製であることが特徴である。それは、胎土の選択や器面調整において特に顕著に認められる（Goren and Zuckermann 2000: 175）。また、EBI期の北部においては、土器器面に磨研が施されている割合が極めて低かったことからも、全面に緻密な磨研が施された灰色磨研土器が特別な存在であったことが窺える。以上から、灰色磨研土器

は、Y. ゴレンらが指摘したように、日常での使用を目的とした土器ではなく、何らかの特別な意味を有した土器であったと推測することができる（Goren and Zuckermann 2000: 176）。このような種類の専業的土器生産体制を、「精巧・希少生産型専業体制」と呼びたい。この土器生産体制は、おそらく独立（Independent）専業であり、散発的（Dispersed）で規模が小さい非常勤（Part-time）の職人によるものであったと考えられる（Costin 1991: 8-11）。

一方で、硬質土器は、多様な器種とその出土数量の多さから考えて、日常での使用を目的とした土器であったと考えられる。灰色磨研土器よりも広域に流通し、各遺跡において比較的多量に出土することから、硬質土器は「大量生産型専業体制」の下に生産されたと推測できる。この生産体制はおそらく独立専業であり、C. L.コスティンの言うところの集中的（Nucleated）で相対的に規模が大きい（Larger workshop?）、常勤（Full-time）の職人による生産体制に相当しうる（Costin 1991: 8-11）。これを裏付ける証拠として、磨研の肌理が粗くなっていることを挙げることができる。本稿で分析対象とした鉢・皿形土器は、型作り（Molding）により成形されたと考えられることから（Beck 1985, London 1988）、短時間で比較的大量に成形することができたと思われる。また、焼成に関しても、窯跡が検出されていないため定かではないが、複数の窯で一度に多量に生産したであろうから、それほど手間のかかる作業であったとは思われない。おそらく、最も時間を割いた作業は器面調整（磨研）であっただろう。鉢・皿形の硬質土器は内外面共に磨研が施されるが、各磨研の幅を広くとることで一個体あたりの作業量を減らせたに違いない。土器自体の質を落とさずに大量生産するために、このような工夫がなされていたと推測できる。

2．硬質土器生産技術の影響

本稿の分析対象である鉢・皿形土器について、硬質土器と非硬質土器はほぼ同じ器形を呈しており、器形からは区別がつかない。また、鉢・皿形の硬質土器に施される種類の磨研は、同時期の非硬質土器にも同様に認められることは上述の分析のとおりである。これは、硬質土器と共にその技術が、原産地であるヘルモン山南麓周辺から搬出先の諸地域に拡散・伝播した証左と捉えることができる。

技術レヴェルでの伝播を検証する目的で鉢・皿形土器の胴部内面の磨研を比較すると、その技術伝播が比較的精確に行われたことが窺える。すなわち、磨研の方向については、最もサンプル数が多いキリヤト・アタにおいて特に明白であるが、硬質土器の場合と同様に左傾斜型が卓越していた。また、磨研の幅については、硬質土器とほぼ同じく3.6-4.5mm幅付近に集中する傾向が見出せた。しかしながら、磨研の方向については、キリヤト・アタの左傾斜型と右傾斜型の比率において、硬質土器と非硬質土器の間にはやや違いが認められた。すなわち、キリヤト・アタの硬質土器では左傾斜型：右傾斜型の比率が約2：1であるのに対して、非硬質土器では約4：3というように、後者では右傾斜型の比率が増加する傾向が認められる。なお、このような傾向は、本稿で対象としたテル・カブリとテル・カシシュでは認められておらず、サンプル数の少なさが影響していると思われる。また、非硬質土器に施された磨研の幅には、硬質土器に比べてばらつきが認められる。これらの僅かな差異は、EBⅡ期に硬質土器が普及し、その技術体系が在地の土器製作に導入された時に、磨研を施す動作にある種の「コピーミス」が生じたためと推測できる。

　硬質土器が出現する以前のEBⅠB期においては磨研を施された土器が僅少であり、これらに施された磨研は概して精緻なものであったことを念頭に置くと、EBⅡ期の「都市化」後の北部における磨研が施された土器の急増と磨研技術に見られる変化から、硬質土器の導入に伴う技術的刷新、さらには土器生産体制自体の変容をも想定しうるのである[2]。換言すれば、硬質土器の「大量生産型専業体制」は原産地から離れた地域にも強い影響を及ぼし、南レヴァント北部では「都市化」と同時に出現した硬質土器の濃密な流通により、在地の土器生産体制の一部が「大量生産型専業体制」に置き換わっていったと考えられる。EBⅠB期からEBⅡ期にかけての均一な土器生産体制への置換により、R.グリーンバーグが想定するような大きな政治-経済圏が北部一帯に形成されて（Greenberg 2002: 94-95）、「都市」文化-社会の発展が促進されたのではないだろうか。

7．おわりに

　本稿では、「都市」が数多く出現したEBⅡ期の広域分布土器である硬質土器

を対象として、その分布や器種構成の基礎的分析、さらにはEB IB期の資料等をも含めた鉢・皿形土器に施された磨研の方向と肌理（幅）の分析を行った。この分析結果から、EB IB期からEB II期にかけての通時的変化として、「精巧・希少生産型専業体制」から「大量生産型専業体制」への移行を想定した。また、EB II期の「都市」出現期において、硬質土器の流通が在地の土器生産体制に急激な変化をもたらし、「都市」文化 - 社会の発展を推し進めた可能性を指摘した。

なお、本稿では、南レヴァント北部の中でも西寄りの地域に位置する3遺跡から出土した鉢・皿形土器に対象を絞って分析を行った。このため、議論自体に多少の偏りがあることは否めない。しかしながら、従来行われてこなかった器面調整技術の分析を行ったことによって、今後同様の研究を行う上での指針を提示できたのではないかと思う。

本研究は、平成20年度笹川科学研究助成基金、並びに、平成20年度東京財団ヤングリーダー奨励奨学金による研究成果の一部である。分析にあたり、資料の実見を許可してくださったイスラエル考古局（Israel Antiquities Authority）のガリット・リタニ（Galit Litani）氏には非常に感謝している。また、立教大学教授であられる月本昭男先生をはじめとするテル・レヘシュ（Tel Rekhesh）発掘調査団の諸氏、そして、イスラエル側の調査責任者であるイツィク・パズ博士（Dr. Iztik Paz）のご協力がなければ、本稿の執筆には至らなかった。この場をお借りして深く感謝を申し上げる。

木内氏への謝辞

本稿は、昨年夏に急逝された木内智康氏へ献呈差し上げるものである。西アジア考古学の先輩であった木内氏にはいろいろとお世話になり、様々な出来事があたかも昨日のことであるかのように想い出される。急逝されたとの報に触れたのは、イスラエル、テル・レヘシュ遺跡の夏季調査から帰国した当日であった。突然の訃報に衝撃を受けた記憶がある。同じ道を志す者として、これほど早く逝かれてしまったことが残念でならない。心よりご冥福をお祈り申し上げる次第である。

註

1) キリヤト・アタにおいて硬質土器が高い比率を占める背景には、硬質土器の認定基準の問題があるように思われる。筆者は、イスラエル考古局にて資料調査を実施した際にキリヤト・アタ出土の鉢・皿形土器を実見しているが、ほぼ確実に硬質土器と考えられる資料は実見した半数以下にとどまった（表2参照）。この結果は、キリヤト・アタの報告において示されている出土数と矛盾する。また、キリヤト・アタにほど近いテル・カシシュの資料についても、実見した限りで硬質土器の比率は鉢・皿形土器の半数以下という結果を得ているが、報告されている数値と矛盾しない。以上から、キリヤト・アタにおける硬質土器は、報告されたよりも実際には低い率でしか出土していない可能性を指摘できるだろう。
2) ここで議論している技術伝播は、単なる模倣とは区別して考えられなければならない。硬質土器原産地以外での土器生産の精確な再現は、当時の技術拡散が模倣レヴェルではなかったことを証明している。

引用文献

Albright, W. F. 1949 *The Archaeology of Palestine.* Gloucester, MA. Peter Smith.

Amiran, R. 1969 *Ancient Pottery of the Holy Land.* Jerusalem, Massada.

Anati, E. 1963 *Palestine Before the Hebrews. A History from the Earliest Arrival of Man to the Conquest of Canaan.* New York, Knopf.

Beck, P. 1985 An Early Bronze Age Family of Bowls from Tel Aphek. *Tel Aviv* 12: 17-28.

Ben-Tor, A. 1992 The Early Bronze Age. In A. Ben-Tor (ed.), *The Archaeology of Ancient Israel,* 81-125. New Haven, Yale University Press.

Ben-Tor, A., Bonfil, R. and S. Zuckerman 2003 *Tel Qashish: A Village in the Jezreel Valley. Final Report of the Archaeological Excavations (1978-1987).* Qedem Reports 5. Jerusalem: The Institute of Archaeology, the Hebrew University of Jerusalem.

Costin, C. L. 1991 Craft Specialization: Issues in Defining, Documenting, and Explaining the Organization of Production. *Archaeological Method and Theory* 3: 1-56.

Dessel, J. P. 2001 The Relationship between Ceramic Production and Sociopolitical Reconfiguration in Fourth Millennium Canaan. In S.R. Wolff (ed.), *Studies in the Archaeology of Israel and Neighboring Lands in Memory of Douglas L. Esse,* 99-118. Chicago and Atlanta: Studies in Ancient Oriental Civilization/ASOR Book Series.

Eisenberg, E., Gopher, A. and R. Greenberg 2001 *Tel Te'o: A Neolithic, Chalcolithic, and Early Bronze Age Site in the Hula Valley.* IAA Reports, No. 13. Jerusalem: The Israel Antiquities Authority.

Falconer, S. E. 1994 The development and decline of Bronze Age civilization in the Levant: a reassessment of urbanism and ruralism. In C. Mathers and S. Stoddart (eds.), *Development and Decline in the Mediterranean Bronze Age*, 305-33. Sheffield Archaeological Monographs 8. Sheffield, John Collis Publications.

Finkelstein, I. 1994 The Emergence of Israel: A Phase in the Cyclic History of Canaan in the Third and Second Millennia BCE. I. Finkelstein and N. Na'aman (eds.), *From Nomadism to Monarchy: Archaeological and Historical Aspects of Early Israel*, 150-178. Jerusalem, Yad Izhak Ben-Zvi, Israel Exploration Society.

Getzov, N (ed.) 2006 *The Tel Bet Yerah Excavations 1994-1995*. IAA Report No.28. Jerusalem, The Israel Antiquities Authority.

Golani, A. 2003 *Salvage Excavations at the Early Bronze Age Site of Qiryat Ata*. IAA Reports, No. 18. Jerusalem, The Israel Antiquities Authority.

Gophna, R. 1996 *Excavations in Tel Dalit*. Tel Aviv: Ramot, Tel Aviv University.

Goren, Y. and S. Zuckermann 2000 An Overview the Typology, Provenance and Technology of the Early Bronze Age I 'Gray Burnishing Ware'. In G. Philip and D. Baird (eds.), *Ceramic and Change in the Early Bronze Age of the Southern Levant*, 165-182. Sheffield, Sheffield Academic Press.

Greenberg, R. 2002 *Early Urbanizations in the Levant: A Regional Narrative*. New Approaches to Anthropological Archaeology. New York and London, Continuum.

Greenberg, R. and N. Porat 1996 A Third Millennium Levantine Pottery Production Center: Typology, Petrography, and Provenance of the Metallic Ware of Northern Israel and Adjacent Regions. *Bulletin of the American Schools of Oriental Research* 310: 5-24.

Joffe, A. H. 1993 *Settlement and Society in the Early Bronze Age I and II, Southern Levant: Complementarity and Contradiction in a Small-scale Complex Society*. Oxford, Sheffield Academic Press. Monographs in Mediterranean Archaeology 4.

Kempinski, A., Na'ama, S. and Ronit, O (eds.) 2002 *Tel Kabri: The 1986-1993 Excavations*. Tel Aviv, Tel Aviv University-Institute of Archaeology.

Kenyon, K. M. 1960 *Archaeology in the Holy Land*. London, Ernest Benn Limited (1979, 4th ed.).

Lapp, P.W. 1970 Palestine in the Early Bronze Age. In J.A.Sanders (ed.), *Near Eastern Archaeology in the Twentieth Century: Essays in Honor of Nelson Glueck*, 101-131. Garden City, New York, Doubleday.

London, G. 1989 The Organization of the Early Bronze II and III Ceramics Industry at Tel Yarmuth: A Preliminary Report. In P. de Miroschedji, *Yarmouth 1: rapport sur les trois* premières campagnes de fouilles à Tel Yarmouth (Israël) (1980-1982), 117-124. Paris, Editions Recherche sur les Civilisations.

Mazar, A. 1990 *Archaeology of the Land of the Bible: 10,000-586 B.C.E.* Doubleday, New York.

Miroschedji, P. de. 1988 *Yarmouth 1: rapport sur les trois premières campagnes de fouilles à Tel Yarmouth (Israël) (1980-1982)*. Paris: Editions Recherche sur les Civilisations.

Miroschedji, P. de. 1989 Le processus d'urbanisation en Palestine au Bronze ancien: chronologie et rythmes. In P. de. Miroschedji (ed.), *L'urbanisation de la Palestine à l'âge de Bronze ancien*. British Archaeological Reports, International Series 527 (i), 63-79. Oxford, British Archaeological Reports.

Philip, G. 2001 The Early Bronze I-III Age. In B. MacDonald, R. Adams and P. Bienkowski (eds.), *The Archaeology of Jordan*, 163-232. Levantine Archaeology 1. Sheffield, Sheffield Academic Press.

Porat, N. 1989 *Composition of Pottery: Application to the Study of the Interactions between Canaan and Egypt during the 3rd Millennium BC*. Unpublished Ph.D. thesis. Submitted to the Senate of the Hebrew University of Jerusalem.

Portugali, Y. and R. Gophna 1993 Crisis, Progress and Urbanization: The Transition from Early Bronze I to Early Bronze II in Palestine. *Tel Aviv* 20: 164-186.

Richard, S. 1987 The Early Bronze Age: The Rise and Collapse of Urbanism. *Biblical Archaeologist* 50: 22-44.

Vaux, R. de. 1955 La cinquième campagne de fouilles a Tell el-Far'ah, près Naplouse. Rapport préliminaire. *Revue Biblique* 62: 541-589.

Vaux, R. de. 1971 Palestine in the Early Bronze Age. In E.S. Edwards, C. J. Gadd and N. G. L. Hammond (eds.), *The Cambridge Ancient History* Vol.1, Part. 2, 3rd edition, 208-237. Cambridge, Cambridge University.

西秋良宏 2000 「工芸の専業化と複雑化―西アジア古代都市出現期の土器生産―」『西アジア考古学』第1号 1-9頁 西アジア考古学会。

ハブール土器編年に関する諸問題

木内智康

1. ハブール土器とは

　ハブール土器とは、前2千年紀前葉を中心に現在の北イラクからシリア北東部にかけて分布する土器である（図1）。水平帯状文や三角斜格子文など幾何学文や写実的なモチーフの彩文を特徴とし、器形としては鉢や壺が中心となる。この土器名称は、1930年代にハブール川流域でサーヴェイと発掘調査を行った、M. マロワン（Mallowan）によるものである。特に重要であったのは、彼によるチャガル・バザル（Chagar Bazar）の発掘であった。この遺跡において、ハブール土器は第一層より検出された。上述のようにハブール土器は彩文が大きな特徴となっているが、チャガル・バザル第二層からは彩文土器が検出されなかった。こうした土器の差異と検出された建物などを総合し、マロワンは第二層と第一層の間に文化的断絶を認めた。そこで彼はハブール土器は外部からもたらされたと考えた。もう一点、この遺跡の発掘を重要なものとした要因は、第一層からシャムシ・アダド（Shamshi-Adad）治世の粘土板文書が検出されたという事実である。この事実とBD区の建物の変遷を元に、当初 4 期（Mallowan 1937）、後に 5 期（Mallowan 1947）に細分されたハブール土器の編年が示された。それによれば、A期：1800～1750年前、B期：1750～1700年前、C期：1700～1650年前、D期：1650～1550年前、E期：1550年前以降、となっている。

　さて、上述のようにマロワンはハブール土器の外部起源を示唆したわけであるが、彼の念頭にあったのはフリ人によって北西イランよりもたらされたという説である（Mallowan 1937: 145, 1947: 23）。北西イラン起源説はそのほかにもE. スパイザー（Speiser 1933）、M. ウェルカー（Welker 1948）、B. ルーダ（Hrouda

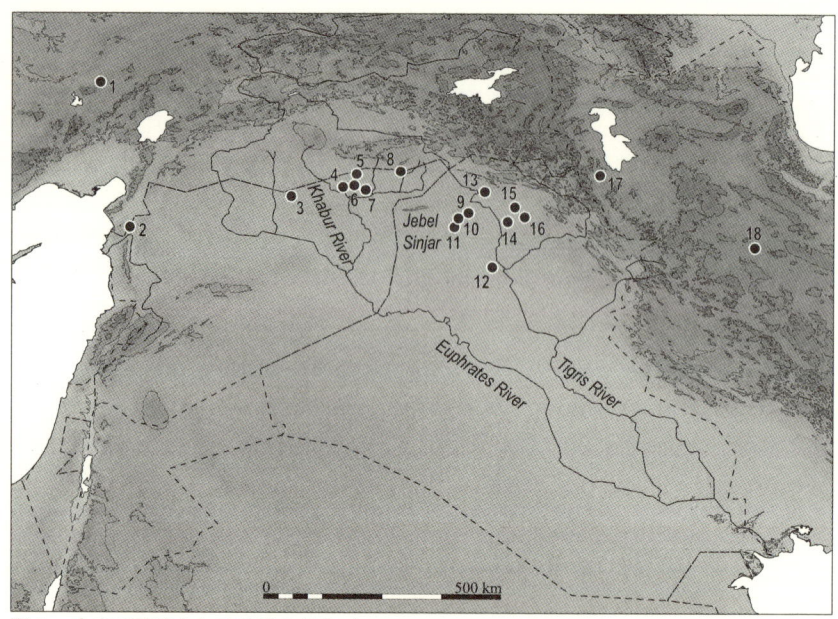

図1 本文で言及される遺跡の分布（1：Kül Tepe，2：Alalakh，3：Tell Chuera，4：Tell Beydar，5：Tell Mozan，6：Chagar Bazar，7：Tell Brak，8：Tell Leilan，9：Telul eth-Thalathat，10：Tell Taya，11：Tell al-Rimah，12：Assur，13：Tell Jigan，14：Nineveh，15：Tepe Gawra，16：Tell Billa，17：Dinkha Tepe，18：Tepe Giyan）

1957）らによっても論じられている。また、北西シリア起源説を支持する学者もいる（Perkins 1954, Porada 1965など）。こうした外部起源説に対して、在地起源説も主張されている（Hamlin 1971, Stein 1984, Hrouda 1989, Oguchi 2001）。在地起源か外部起源かという問題は単に土器だけの問題にとどまらず、この地域の中期青銅器時代の社会がどのようにして成立したのかという問題とも絡むため非常に重要である。しかしながら、現在に至るまで結論は出ていない。

　もう一点、マロワンによる5期の編年には問題もあった。建物の変遷を元に分期しているにもかかわらず、その建物の変遷がきちんと報告されていないのである。加えて、土器自体の報告も現在から見れば不十分であった。とはいえ、当初厚手で大型の土器が多く、後に薄手の土器が増えるという点は正しく指摘されていた。その後、ルーダはアッシュール（Ashur）出土土器を元に前期・後期の分類を試みた（Hrouda 1957）。後に、D. スタインによる批判（Stein

1984）を受け一部変更したものの、ルーダは前期後期の枠組みを維持している（Hrouda 1989）。近年刊行されたテル・アル・リマー（Tell al-Rimah）（Postgate et al. 1997）とテル・ブラク（Tell Brak）（Oates et al. 1997）の報告書によって、ハブール土器の研究は大きく前進した。その中でC. ポストゲイト（Postgate）は、基本的にルーダによる前期・後期の分類は基本的には有効であると述べている（Postgate et al. 1997: 54）。しかしながら、彼らの報告によって、何が後期であるのか極めて不明瞭になった。問題は何を後期とするのか、という単純なことなのだが、後述するようにこの問題はいくつかの問題に派生し極めて不明瞭な問題となってしまっている。加えて、この時期はハブール土器の分布との関係でも重要な時期であり、より精密な編年が必要になっている。

　ハブール土器の研究は70年余りの歴史を持ち、議論は多岐に及ぶ。しかし、中でも編年と分布の問題は常に議論の中心となってきた。本稿では、特に編年に関して起源と「後期」ハブール土器に関する諸問題を中心に議論を進める。それはこれらの問題の解明が、当時の社会の理解に寄与するところがあると考えられるからである。以下、ハブール土器の起源、後期ハブール土器問題の順に論じる。

2．起源問題

　冒頭で触れたように、ハブール土器の起源に関しては、外部起源、在地起源説などさまざまな説が述べられてきたものの未だ決着は付いていない。これにはもちろん理由があり、中でもデータ不足というのが最も大きな原因といえる。ハブール土器が出現する前2千年紀前半は都市社会が再生する時代として知られる。このため、ハブール土器が外部起源か在地起源かという問題は、復興が自律的に生じたのか否かという問題と絡んで非常に重要な意味を持っているのだが、これまでのところ明確な解答は得られていない。ここではまず1）現在までに知られている最古のハブール土器を概観し、2）次いで、従来の説を提示し、3）ハブール土器以前の土器について触れた上で、4）検討を加える。

1．最古のハブール土器

　ここでは現在までに知られている最古のハブール土器について述べる。これ

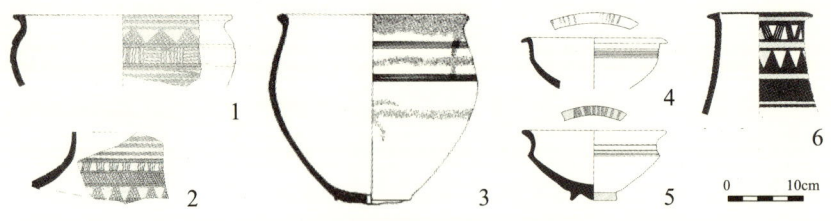

図2 テル・アル・リマーにおける最初期のハブール土器（1：Postgate et al. 1997: No. 559, 2：同No. 558, 3：同No. 621, 4：同No. 520, 5：同No. 521, 6：同No. 875）

までの発掘や研究の成果からすると、ハブール土器が出現したのはおよそ前19世紀のことと考えられている。その根拠となっているのが、アナトリアのキュルテペ（Kültepe）においてII層（前1900～1830年ごろ）からはハブール土器が検出されず、Ib層（前1820～1750年ごろ）からは検出されたことによる。Ib層はアッシリア王、シャムシ・アダドの治世（前1813年～1781年）と重なり、この時期のジャジラの各地からハブール土器が検出されている。そこで、最古のハブール土器に関して問題となるのはシャムシ・アダド治世以前ということになる。この時期に関してはそもそも検出例自体が極めて少ないのだが、テル・アル・リマーから確実にシャムシ・アダド以前だとされる土器が報告されている（Postgate et al. 1997: 53, 図2）。その特徴としては、1）櫛描文ないし刻文と彩文の組み合わせ、2）暗赤色・暗赤褐色の彩文、3）壺頸部の深い水平沈線文（groove）の上に彩色された彩文と、4）斜格子三角文と点列文の組み合わせなどが挙げられている。テル・アル・リマー以外の遺跡に関しては、それ以前にスタインがいくつか挙げている。彼女が挙げた遺跡はチャガル・バザル、テル・ビラ（Tell Billa）、テル・タヤ（Tell Taya）であり、特徴としてはやはり刻文と彩文の組み合わせを重視してそれら「移行期の土器」としている（Stein 1984: 22, 図3）。ハブール土器編年を検討してシャムシ・アダド治世以前をハブール土器1期とした小口は上記遺跡に加えてテル・ジガーン（Tell Jigan）を挙げている（Oguchi 1997: fig. 1）。また、確実な遺跡としてはテル・タヤ、テル・アル・リマー、テル・ジガーンの3遺跡で、上記の他の遺跡（およびテル・モザーン（Tell Mozan））に関してはこの時期に属する可能性がある遺跡として扱っている（Oguchi 2001: fig. 7）。これら上記の土器を最古のハブール土器ないし移行期の土器と認定することの妥当性に関しては若干の問題がある

と筆者は考えるが、この点については後述することとする。

2．従来の説

従来の説については、既に小口によってまとめられているが（Oguchi 2001）、本稿でも簡単に触れておく。

上述したようにハブール土器の命名者であるマロワンは東方起源を主張していた（Mallowan 1937: 104, 1947: 23）。彼がその起源と考えた

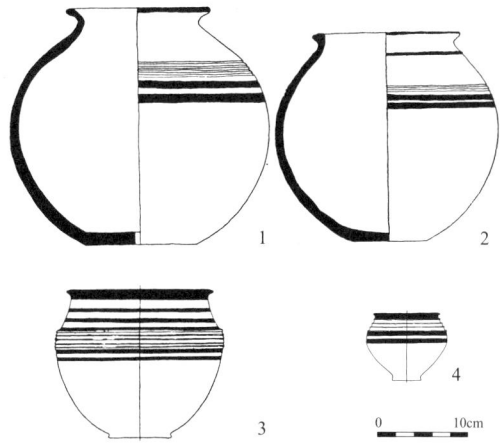

図3　スタインの「移行期の土器」（いずれもチャガル・バザル出土品）（1：Mallowan 1936: fig. 16-2, 2：Mallowan 1936: fig. 16-3, 3：Mallowan 1937: fig. 22-11, 4：Mallowan 1937: fig. 24-6）

のはテペ・ギヤーン（Tepe Giyan）III期の土器である。ギヤーンII期の時期が前1800から前1400年とハブール土器に併行することから、それに先立つIII期の彩文土器を起源とみなしたのである。こうした東方起源説は、マロワンの命名に先立ちテル・ビラを発掘したスパイザーによっても既に示唆されていた（Speiser 1933: 273）ほか、後にはM. ウェルカー（Welker 1948: 191）やB. ルーダ（Hrouda 1957: 41）らによっても支持されていた（ただしルーダは後に在地起源説に転向する：後述参照）。これを否定したのがイランのディンカ・テペ（Dinka Tepe）の土器を研究したC. ハムリン（Hamlin）であった。彼女はギヤーンII、III期の彩文土器は文様モチーフや器形がハブール土器とは異なることを示した（Hamlin 1971: 142-145）。現在のところ東方起源を支持する要素は乏しい。

次いで登場した説は西方起源説である。A. パーキンス（Perkins 1954: 50）とE. ポラダ（Porada1965: 172）によって論じられたもので、シロ・キリキア彩文土器をハブール土器の起源とする説である。これはアララフ（Alalakh）とキュルテペの発掘成果が元になっている。アララフではシロ・キリキア（Syro-Cilician）彩文土器はXVII層からVIII層まで出土する一方で、VIII層以降ハブー

ル土器が検出されることが根拠とされる。また、同じくキュルテペではカールムⅣ層からⅡ層でシロ・キリキア彩文土器が検出されるが、一方でハブール土器は次のIb層において初出する。しかし、シロ・キリキア彩文土器の器形や文様構成がハブール土器とは異なることからスタインは否定している（Stein 1984）。

　西方起源説にはもうひとつ候補がある[1]。それはMBIIA期のパレスチナ彩文土器（あるいはレヴァント彩文土器）である。これをハブール土器の起源として挙げたのはP.ガーステンブリスである（Gerstenblith 1983, Oguchi 2001: 75）が、その一方で、両者の類似は単なる偶然とする意見もある（Tubb 1983: 55）。可能性はある、という以上のことは言えないというのが実情である。

　外部起源説としてはもうひとつ、北方起源説がある。これは小口によって提示された候補地で、初期トランス・コーカサス土器をハブール土器の起源と考える説である（Oguchi 2001: 79-81）。年代的にはほぼ前2200年から2000年にあたり、斜格子三角文などいくつかハブール土器と共通する文様もある。ただし、可能性として提示されたのみで、小口自身は在地起源を想定しているようだ。

　最後に在地起源説について述べる。在地起源の可能性について初めて言及したのはハムリンであった（Hamlin 1971: 313）。その後、上述のようにスタインは刻文と彩文の両方を持つ土器を「移行期の土器」として在地での発展を想定した（Stein 1984）。その後小口も最初期の土器として不規則な帯状彩文を施された土器を提示している（図4）。その上で、ハブール土器に特徴的な三角文や斜格子三角文はそれ以前の土器に見られる刻文の同様のモチーフを模倣したも

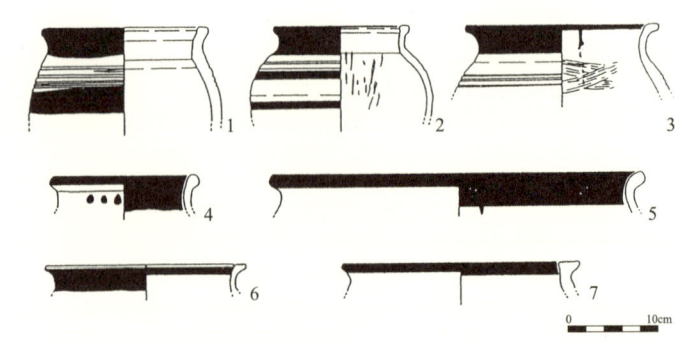

図4　テル・ジガーン出土の最初期のハブール土器（Oguchi 2001: fig. 8）

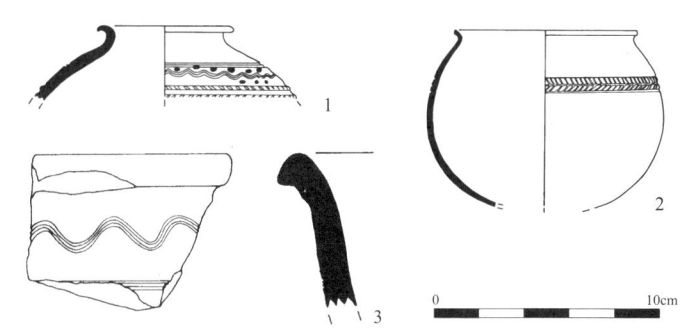

図5 テル・ブラク出土の前3千年紀末の土器の一例（1：Oates et al. 2001: fig. 295、2：同fig. 293、3：同fig. 319）

のか、西方からもたらされたものであろうとしている（Oguchi 2001: 84）。

3．前3千年紀末からハブール土器以前

そもそも外部起源が提唱されたのは、前3千年紀の土器と前2千年紀の土器が異質のものであるという判断によるものだった。しかしその一方で在地起源を提唱する研究者は当然連続性を重視する。そこでここではまず、最古のハブール土器とそれ以前の土器との連続性について検討するために、ハブール土器以前の土器について概観しておきたい。

前3千年紀末のこの地域の土器の特徴としては 1）ストーン・ウェア、2）タヤ土器とも呼ばれるパターン・バーニッシュを持つ土器、3）櫛描文・刻文土器が挙げられる（Oates et al. 2001: 170）。中でも着目すべきは櫛描文・刻文土器であろう。なぜならば、上述のように最初期（移行期）のハブール土器に櫛描文や刻文が含まれるからである。これらは図5に挙げるように、短頸壺と深鉢を主体とする。ここではテル・ブラク出土土器を挙げたが、ほかではニネヴェ（Nineveh）、テペ・ガウラ（Tepe Gawra）、テル・アル・リマー、テル・タヤ、テル・モザーン、テル・ベイダール（Tell Beydar）、テル・フエラ（Tell Chuera）など後にハブール土器を出土するようになる遺跡の範囲と重なる点は注目してもよいかもしれない。ただし、これまでのところ、これらの遺跡のほとんどで最初期のハブール土器は検出されていない。

上記の前3千年紀の土器の伝統は続く前2千年紀の初頭にも継続することが

知られる。テル・ブラクのSS地区、DH地区出土土器の一部が前 2 千年紀初頭（イシン・ラルサ期）の土器として報告されている（Oates et al. 2001: 173-174）。これらの中には南メソポタミアの前 2 千年紀初頭の土器が含まれていたため、前 2 千年紀初頭と同定することが可能だった。しかし、このようなハブール土器を検出せず、その一方でイシン・ラルサ=タイプの土器を検出するコンテキストはテル・ブラク以外では知られておらず、テル・ブラクの結果を北メソポタミア全体に敷衍してよいものかという問題が残る。

こうした中で、小口はテル・ジガーンG-4区の出土資料に着目し、前20世紀に前 3 千年紀的な櫛描文・刻文土器と最初期のハブール土器が並存していた可能性を指摘した（Oguchi 2003）。ただし問題があり、出土した土器が明らかに廃棄物のコンテキストに由来するのである（同: 87）。そのため並存していたかどうかについては別遺跡での報告件数が増加するのを待つよりほかないが、少なくとも最初期のハブール土器を検出していることは疑いの余地がない。

4．検討

ここで検討することはハブール土器がそれ以前の在地の土器から発展したという観点で捉えることが可能かどうかという点である。しかし、その前にいわゆる最初期のハブール土器とされている土器を一括して扱うことの可否について論じたい。

そもそも、上述したポストゲイトらによる最初期のハブール土器の特徴は確実な層位から出土した土器片に基づくものとは考えられない。なぜなら、実際に提示されている資料は覆土であったり、最初期のハブール土器が検出される層位よりも明らかに新しい層位から出土する資料が含まれる。こうして考えると、テル・アル・リマー出土資料で確実なものは、AS地区 3 期の層位から出土したことが明示されている深鉢（図2-3）と浅鉢（図2-5）に限られる。また、このことは別の観点からも裏付けられる。それはテル・ジガーン出土資料との明らかな齟齬である。ジガーン資料が幅広の彩文と平行沈線文を基本とするのに対して、テル・アル・リマー出土資料の上記 2 点以外は明らかに彩文が異なっている。もちろん、シャムシ・アダド治世以前という大枠でくくれば同じ範疇に含まれるのかもしれない。しかし、厳密な意味での最初期という場合は彩

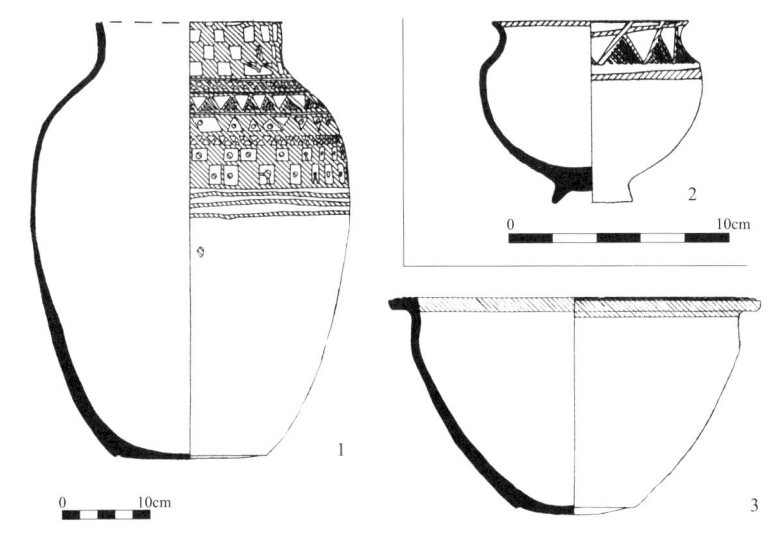

図6　テル・タヤⅣ層出土土器（1：Reade 1968: Plate LXXXVII, No.27，
　　2：同26，3：同28）

文プラス沈線文という点を重視すべきだというのが筆者の考えである。その観点からすると、テル・タヤの資料も除外すべきである。確かに、テル・タヤではⅢ層からシャムシ・アダド治世の粘土板が検出されているため、Ⅳ層がそれ以前にさかのぼる可能性はある。しかし、報告されている土器（図6参照）はポストゲイトらが挙げている最初期のハブール土器の諸特徴からも明らかに外れている。また、例えばⅣ層出土とされる市松文様の土器（図6-2）はテル・アル・リマーのシャムシ・アダド治世の土器に類例が見られる（Postgate et al. 1997: Plate 91-108）[3]。また、同様にチャガル・バザル（図3参照）も年代的にシャムシ・アダド以前にさかのぼる可能性は否定しきれないが、最初期という枠組みからは除外されるべきである。

　さて、こうして見てみると、最初期のハブール土器は極めて限定的にしか検出されていないことが明らかである。現在のところほぼ確実なのはテル・ジガーンとテル・アル・リマーのみである。その上で、これら2遺跡で検出されている最初期のハブール土器が先行する時期の土器から発展したものといえるのかどうか検討してみたい。ここでは、器形、胎土、装飾に関して比較を行う。対象の資料は最初期のハブール土器に関しては上記2遺跡出土の数点の土器、

先行する時期の土器としては、テル・ジガーンとテル・ブラク出土の櫛描文・刻文土器を用いる。まず、器形に関して言えば、短頸壺と深鉢を主体とする点で先行する時期の土器と連続性が見られる。また、浅鉢に関しても、先行する時期から強い屈曲部を持つ浅鉢が存在することから連続性が見られる。次いで、胎土はどうであろうか。最初期のハブール土器の胎土はバフを基本とした色調を持ち、混和材には植物質混和材と砂粒の両方が用いられることが多いようである。先行する時期の土器も同じく植物質混和材と砂粒の両方を持つものが多く、色調もやや緑がかったバフを呈する土器片が多い。最後に、装飾についても比較しよう。一見して明らかなように、もっとも大きな差異は彩文の有無であろう。もちろん、点列文に関しては、先行する時期から存在する。しかし、先行する時期の点列文が黒色彩文であったのに対して、最初期のハブール土器は暗赤色を主体とする。やはりハブール土器の彩文は現在の資料から判断する限り、突然出現したように見える。そのほかの点としては櫛描文が減少して単純な沈線文が残る傾向を挙げることができる。

以上のことから判断すると、ハブール土器の出現は在地の土器伝統の上に成立したといえるが、彩文自体に関しては、在地起源なのか、外来のものなのか判断はできない。やはり、発掘件数が増加するのを待たざるを得ないというのが現状である。

3．後期ハブール土器問題

冒頭で触れたように、最大の問題は何が後期ハブール土器なのかという点である。この問題は、どの器形を後期ハブールと認定するのかという問題とともに、時期区分の問題をも内包している。研究史は小口によって既に詳細にまとめられている（Oguchi 2000）が、ここでも簡単にまとめる。その上で何が問題として残されているのか述べたい。

1．研究史

ハブール土器と命名したマロワンはチャガル・バザルで構築した5期編年のうちD期になると小型で器壁が薄い土器が多くなることを指摘している

(Mallowan 1947: 84)。また、マロワンはテル・ブラクでも発掘を行っているが、ここで検出された「穀物計量器」と呼ばれる土器（図7）をヌジ土器と並存する後期の資料として提示している（同: 78）。

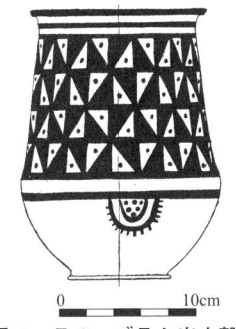

しかし、前期・後期という枠組みを初めて導入したのはルーダであった（Hrouda 1957）。彼が後期ハブール土器としたのはヌジ土器と共通の器形を持ち、器壁が薄く、彩文は専ら帯状文が用いられる土器であった。彼の考える後期の土器の器形は主に以下の2種からなっていた。それらは 1) Zitzenbecher（乳首状の底部を持つビーカー、以下の議論ではニップルベースと称すことにする：図8-1, 2）と 2) Schulterbecher（肩部を持つビーカー、以下有頸小壺とする：図8-3〜6）からなる。なお、ニップルベースに関しては底部形態以外が共通する器形も含めて小口は「開いた器形を持つゴブレット」という読み替えを行っている（Oguchi 2000: 107）。また、有頸小壺も長頸壺と頸部が外反する2種に細分している（同上）。このルーダの後期ハブール土器は後にルーダ自身によって改定されることになるが、そこにはスタインの影響があった。

スタインは、後期ハブール土器は前期ハブール土器から継続して発展した土器のみを含むべきだとした（Stein 1984: 23）。彼女の考えでは有頸小壺は南メ

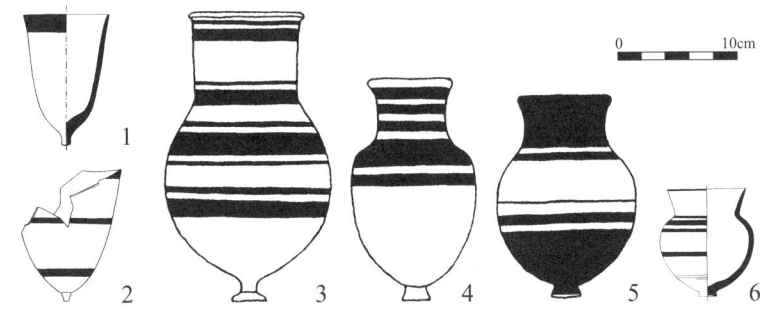

図7 テル・ブラク出土穀物計量器(Grainmeasure) (Mallowan 1947: Plate LXVII-19)

図8 アッシュール出土のルーダの後期ハブール土器（1：Hrouda 1957: Tafel 7-4, 2：同7-5, 3：同8-4, 4：同8-5, 5：同8-6, 6：同7-6)

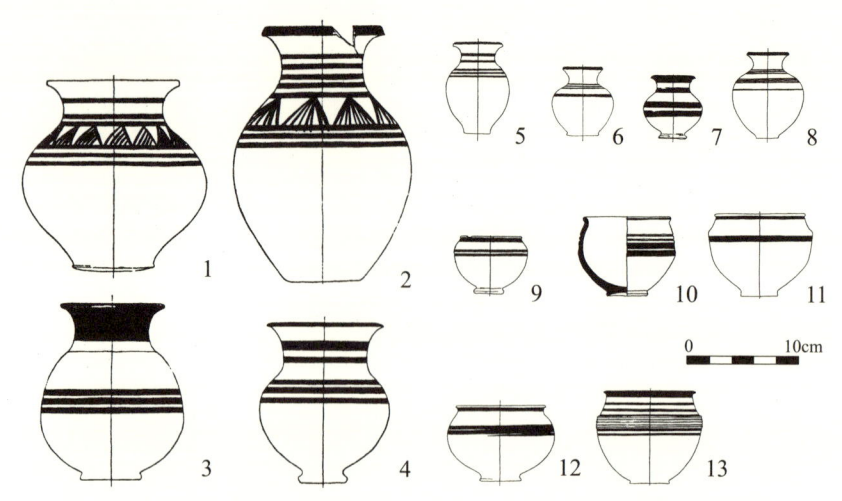

図9　スタインが示した後期ハブール土器（Stein 1984: PlateⅡとⅢを元に作成）
（1：Mallowan 1937: fig. 21-2，2：同fig. 21-3，3：同fig. 22-4，4：同fig. 22-5，5：同fig. 24-1，6：Mallowan 1947: Pl. LXXXII 7，7：Mallowan 1937: fig. 23-2，8：同fig. 24-2，9：同fig. 23-3，10：Mallowan 1936: fig. 17-3，11：Mallowan 1937: fig. 24-8，12：同fig. 24-7，13：同fig. 22-11）

ソポタミア起源であるため後期ハブール土器からは除外される。また、ヌジ土器の定義を見直している。従来、ヌジ土器は黒地の彩文の上に白色の彩文を持つ土器を指していた。しかしスタインはルーダの後期ハブール土器は従来のヌジ土器の器形や文様モチーフに共通する点が多いことを根拠にルーダの後期ハブール土器をヌジ土器と認定した。そして、彼女はチャガル・バザル1層C期とD期の帯状文を持つ小型の土器を後期ハブール土器とした（図9）。

このスタインの指摘を受けて、ルーダはニップルベースを後期ハブール土器ではなく、ヌジ土器とした（Hrouda 1989: 209）。その一方で、長頸タイプの有頸小壺は後期ハブール土器として考えている。

こうしたスタインとルーダによるヌジ土器と後期ハブール土器の新定義を認めると編年上の矛盾が生じることが指摘されている（Oguchi 2001: 110-112）。また、ポストゲイトらは混乱を招いたとして、ヌジ土器に関しては従来の定義を踏襲すべきだともしている（Postgate 1997: 54）。編年に関しても、彼らは新たな枠組みを導入している。それが、古バビロニア期ハブール土器、後期古バ

B.C.	Mallowan 1947		Hrouda 1957	Stein 1984	Oguchi 1997	Postgate et al. 1997 Oates et al. 1997		Oguchi 2006
	Chagar Bazar	Brak H.H. 3-1				Rimah	Brak HH	
1900	1							1
1800	A		Altere Khabur	Older Khabur	1	Early Khabur		2
1700	B				2	Old Babylonian Khabur		
	C			Younger Khabur				3
1600	D	L. Kh			3	Late Old Babylonian Khabur	8 Late Old Babylonian Khabur	
	E		Jungere Khabur	Nuzi			7	
1500		Nuzi		Nuzi	4	Mitannian Khabur + Nuzi	6 Mitannian Khabur	4a
							5 Nuzi	
1400							4	
1300						Middle Assyria	3	4b
							2	
1200							1 Middle Assyria	

図10　各研究者の編年（Oguchi 2000: fig. 6, Oguchi 2006: fig. 2を元に作成）

ビロニア期ハブール土器、ミタンニ期ハブール土器という区分である。ミタンニ期ハブール土器はヌジ土器と並存して現れるハブール土器のことであり、後期古バビロニア期ハブール土器はそれに先立ちヌジ土器と並存しない時期のハブール土器のことである。特徴としてはスプラッシュと呼ばれる土器内面の彩文と動物モチーフが挙げられる。

　以上のような経過を経てきた後期ハブール土器に関して、小口が改めて検討を加えている（Oguchi 2000）。まず、マロワンによって提示された「穀物計量器」はシャムシ・アダド治世以前から存在しているので除外される（Oguchi 2000: 120）。次いで、頸部が外反し、帯状彩文を持つ有頸小壺もシャムシ・アダド治世かその直後には登場するとしている（同: 121）。一方、長頸タイプの有頸小壺は後期古バビロニア期に現れる（同上）。最後に開いた器形を持つゴブレットもまた後期古バビロニア期に現れる。

2．問題点の指摘

　何よりも最大の問題は、各研究者が独自の時期区分を提示しているため、非常に混乱が生じている点である。少し整理してみたい（図10参照）。
　前期後期の枠組みはルーダによって提示されたが、その基準となっていた土

器は上述のように、一部は後期古バビロニア期に出現することが明らかになってきている。これらは近年のテル・ブラクとテル・アル・リマーの報告書が刊行されたことによるところが大きい。では、これら後期古バビロニア期に出現した土器（長頸タイプの有頸小壺と開いた器形を持つゴブレット）を改めて後期と認定すればいいかというと、ことはそう単純ではない。なぜなら、ポストゲイトやオーツ夫妻（D. and J. Oates）、そして小口らの考えではハブール土器の存続期間は前1900年ごろから前1300年ごろと幅広い。したがって、後期古バビロニア期を後期と呼称することには違和感がある。あえてそうした区分をするのであれば、中期ということになろう[4]。しかし、名称を変更すればすむ問題なのであろうか。この問題の背景にはハブール土器をどう定義するのかという問題が横たわっているのである。

　繰り返しになるが、ポストゲイト、オーツ夫妻、小口らの考えでは古バビロニア時代のハブール土器の伝統（つまり一部の器形、単色彩文による帯状文など）がおよそ前1300年ごろまで継続する点を重視し、これらを全てハブール土器と呼称することにしている。一方でスタインとルーダはヌジ土器出現以前と以降のハブール土器を区別しているわけである。彼らはマロワン（あるいはハムリン）以来の伝統的な枠組みである前1900年ごろから前1600年ごろをハブール土器の枠組みとして捉えている。確かに、スタインによる、ヌジ土器の定義の変更は混乱をもたらすものではあった。しかし、ヌジ土器出現以降のハブール土器を別の範疇でくくろうとする考え方自体は決して誤ったものではない。従来、ヌジ土器出現以前をハブール土器の時代と考えられてきたわけであるから、ハブール土器の時代を拡張する新たな編年枠の提示は新たな混乱を招きかねない。実際、混乱は生じていると思われる。例えば、近年H. ワイス（Weiss）とL. リストヴェット（Ristvet）はテル・レイラーン（Tell Leilan）周辺のサーヴェイに関して、後期ハブール土器という名称を用いている（Ristvet and Weiss 2005: 9）が、前後の文脈から彼らが指示する後期は明らかにヌジ以前の土器である。もちろん、ポストゲイトらの編年枠を用いるのであれば、後期はヌジ土器出現以降のハブール土器を指すことになるはずである。実際、引用文献にもポストゲイトやオーツらの報告が提示されている。テル・アル・リマーとテル・ブラクの報告書は近年刊行された影響力のある報告であるから、今後

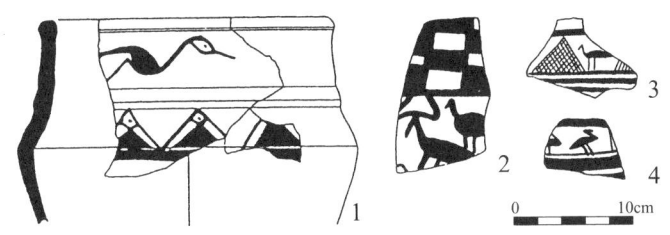

図11　特徴的な鳥モチーフ（1）とそれ以前の鳥モチーフ（2-4）（1：Oguchi 2006: fig. 1-8, 2：同fig. 1-15, 3：同fig. 1-16, 4：同fig. 1-17）

研究者間に浸透していくことで混乱は解消されるかもしれない。しかし、そのためにはもちろん、ほかの遺跡での検証が欠かせない。ミタンニ期のハブール土器をハブール土器の範疇に入れる根拠は、古バビロニアのハブール土器からの明らかな継続性が見られることにある。これをほかの遺跡で検証できれば良いのだが、この時期の遺跡が乏しいという問題が存在する（この点については後述する）。

さて、一方で、ポストゲイトらの後期古バビロニア期は古バビロニア期に限れば後期である。上述のようにルーダによって設定された後期の器形の一部がこの時期に出現することをもって、これをスタインとルーダによる後期に代えられる可能性があるのだが、問題もある。小口がハブール土器について4期編年を組んだことは先に述べたが、この3期が後期古バビロニア期に相当していた（Oguchi 2000: fig. 6, 図10）。この3期の設定に大きくかかわっているのが、「特徴的な鳥モチーフ」である（図11参照）。従来、このモチーフの出現を前1700年ごろに設定していたが、最近小口はこれを前1750年前後に引き上げた（Oguchi 2006）。これはテル・レイラーン出土の同モチーフを検討した結果であるが、たとえばテル・アル・リマーでも同モチーフは前1750年以前にはさかのぼらないことが検証されている（同: 53）。そして、同モチーフはミタンニ期まで継続して出現する（同: 54）。そこで問題となるのは、小口の3期開始の前1750年に合わせて後期古バビロニア期の開始時期を引き上げるべきなのか否かである。仮に引き上げるのであるとすれば、その開始期はもはや年代的に後期とは呼べないであろう（ただし註4参照）。その一方で引き上げないのであるとすれば、ポストゲイトらによって示されている、後期古バビロニア期の土器

のひとつの特徴であるスプラッシュの有無がその判断基準になるだろう。なぜならば、小口が3期開始時期を改定するにあたって利用したテル・レイラーンではスプラッシュは検出されていない。しかし仮にそれによって、前1750年と前1700年を細分できたとしても、スプラッシュだけ（あるいは鳥モチーフだけ）を根拠に後期の開始とするには説得力に欠ける。いずれにしても今後のこの時期の編年の精査は欠かせない。

　以上、後期に関する問題点を羅列してきた。後期という用語は一方で混乱をもたらしたことは確かだが、その一方でこの問題が編年の精化への原動力となってきたことも否めない。しかし、前期・後期の問題については研究者によって指示するものが違う以上、混乱を招くので使用しないほうが望ましいと考えている。その点、小口による数字による時期区分が優れているが、本稿で述べた起源と後期に関する部分では更なる精査が必要になる。次の議論の項ではこうした問題について触れる。

4．議論

　ここまでは主に土器編年に的を絞って論じてきたが、ここからはそれ以外の点、特に分布域の問題にも言及したい。というのは、編年上問題となってきた最初期と後期は分布域の点でも重要な画期となっているからである。冒頭でも述べたように、ハブール土器の分布域も長年議論の的となってきた経緯をもつ。本稿で述べた順にここでもまた起源、後期の問題の順に述べた上で、両者に共通した背景の問題に触れる。

1．起源

　ハブール土器起源の問題が重要なのは、それがこの地域の社会がどのように復興を遂げたのかという問題と関係するからである。前3千年紀末、都市がハブール地域で一斉に崩壊したとされる。その背景には、気候の乾燥化とそれに伴う農業生産の衰退があったとされる（Weiss et al. 1993）。そしてその原因には前2200年ごろに生じた、火山噴火か隕石の衝突かは不明だが、爆風を生じる出来事があったとされる（Courty 2001）。しかし、ハブールやシンジャール地

域で本格的な都市崩壊が生じたのは、前20世紀のことである。これまでもテル・ブラクやテル・モザーンのように交易の要衝に位置する遺跡は崩壊の時代を乗り切ったとされている（Akkermans and Schwartz 2003: 283-284）。しかし、既に述べたように土器から見て、ポスト・アッカド期に居住が続いたと考えられる都市はブラクとモザーンに限らない。こうした居住が前20世紀まで継続したのかは現在のところ定かではない。しかし、本稿で論じた最初期のハブール土器の検出例が僅少であることを考えれば、いずれにせよ前20世紀末までにはほとんどの遺跡が廃絶されたと考えるのが妥当であろう。

さて、その最初期のハブール土器を検出する遺跡であるが、筆者の考えではテル・ジガーンとテル・アル・リマーの2遺跡しかない。もちろん、今後の発掘の進展によって検出例は増加する可能性はある。既に述べたように、ハブール土器は在地の土器伝統の上に成立したと見ておそらく間違いない（ただし、彩文に関しては保留が付くが）。ハブール土器の発祥地が上記2遺跡の存在するシンジャール周辺の限られた地域であったとすれば、今後ハブール地域での発掘が進展しようとも最初期のハブール土器の検出例は増加しない可能性も十分ありうる。例えば、テル・ブラクでは前3千年紀末までの土器に見られた糸底がハブール土器の時代以降ほとんど見られなくなることが指摘されている（McDonald and Jackson 2003: 290）。このことはハブール川流域では土器製作の伝統が継続しなかった可能性を示しているのかもしれない。

なお、筆者は最初期の遺跡を2遺跡としたが、シャムシ・アダド治世以前という範囲では遺跡数は増える可能性がある。本稿で最初期からは除外したチャガル・バザルやテル・タヤも含まれる。小口編年ではこの時代全体を1期としているが、やはり最初期とそれ以降は区別すべきだと考えている。

2. 後期

既に筆者は後期という語を用いるべきではないと述べたが、ここでは議論の都合上用いる。というのは、この「後期」と呼称される時期にハブール土器の分布に大きな異変が起こっているからである。

第一に、小口が提示した、ハブール土器分布域の拡大が挙げられる。小口の3期の上限を早めた現在でもこの3期を後期と考えているのかは定かではない

が、従来この3期、4期を「後期」と考えていたことは既に述べた。そして、この3期は小口によると「主要分布域」を越えていわゆる「後期」ハブール土器のみが拡散する（つまり、前期以来の伝統的なハブール土器は拡散しない）時期なのである（Oguchi 2000: 122-3）。このことが何を意味しているのか不明だが、ほぼ同じころ、もうひとつ遺跡分布に大きな変化が起こっている。ハブール地域では再び集落が崩壊することが指摘されているのである（Ristvet and Weiss 2005）。これはテル・レイラーン周辺で行われたサーヴェイとテル・レイラーン自体の発掘成果の基づくものである。彼らがサーヴェイで何を「後期」の土器の基準としたのかは不明であるが、年代的には前1728年のサムスイルナ（Samsuiluna）によるレイラーンの破壊以後前1500年ごろまでのことを指していることは明示されている（同: 9）。その原因として、彼らはミタンニの登場を示唆している（同: 11）。

　上記二つの分布の変化が同時期であったとすれば、リストヴェットらが示唆するような、ミタンニによる圧迫を受けた人々が周辺の集落へと拡散したという解釈も成り立つだろう。しかし小口編年3期の開始時期とレイラーンの破壊の間にはギャップがあると考えられるので、厳密に言えば同時期の出来事とは言えない。また、果たして崩壊がハブール地域やシンジャール地域のほかの遺跡でも生じていたのかどうか、検討を加える必要がある。ただし、後期古バビロニア期ハブール土器の基準となっているスプラッシュに着目すると、確かに出土する遺跡が限られており、確かに集落の崩壊が起きたと言えそうである。しかし、いずれにしても今後編年の精査を行うことは欠かせない。

3．穀倉地帯としてのハブール流域

　伝統的な枠組み（前1900年から前1600年）で考えれば、ハブール土器の時代は2つの集落崩壊に挟まれた時代と言えそうである。筆者はこの2つの集落崩壊の存在がこの時代の社会の性質を考える上で重要であると考えている。最初の崩壊では、前3千年紀末以降、フリ人の王国がかろうじて持ちこたえていたが、その王国がなんらかの事情で消滅すると、集落が廃絶されたようである（ただし、フリ人王国の終末と集落の廃絶との前後関係や因果関係に関してはさらなる検討が必要）。そしてその後この地域に安定した集落が形成されるの

は（＝ハブール土器が広く見られるようになるのは）、シャムシ・アダド治世以後のことのようである（この点もハブール土器編年の精査が必要）。一方、次の崩壊はアッシリア交易の終了（キュルテペのカールムIb層の終了、前1750年ごろ）やレイラーンの破壊（前1728年）の後に生じた。

　ハブール川流域は前3千年紀以来、穀倉地帯としてよく知られる。そして穀物の管理と再分配には政治権力を必要とした。前2千年紀においても、南メソポタミアでは配給が廃れつつあったのに対して、この地域では王宮による配給が続けられていたという（Weiss 1986: 97）。つまり、この地域の集落の安定にはそれなりに大きな政治権力が必要だということであって、逆にそうした政治権力が消失すると、集落も廃絶に向かうのではないだろうか。上記の2つの崩壊はこのことを示しているように思われる。ただし、最初の都市の復興に関しては、遊牧民の存在も示唆されており（例えばRistvet and Weiss 2005: 11）、実際はそう単純なことではなかったかもしれない。しかし、穀倉地帯であったということは重要な要因であっただろう。

5．おわりに

　本稿ではハブール土器編年に関してこれまで常に問題とされてきた起源の問題と「後期」問題を扱い、それぞれが集落崩壊という出来事が起こった時期に関わることに言及した。本稿では専ら土器のみを扱ったが、集落崩壊から都市再生に至る出来事は、社会全般にわたることであり、土器のみにて論じるのには無理がある。当然、土器以外の物質文化についても検討を必要とする。しかしながら、本稿でも論じたように、土器編年が不十分であるために議論を深められていないこともあり、今後も土器編年の精化にむけた研究が必要である。筆者が実見できる資料にテル・サラサート（Telul eth-Thalathat）とチャガル・バザル出土資料がある。幸いにして起源に関わる時期の資料は両遺跡から、「後期」に関わる資料は前者から出土している（チャガル・バザルからも「後期」直前の可能性がある資料が得られている）。これらの資料を用いて、該期の社会の実態と、なぜ短い期間に崩壊と再生を繰り返したか検討していきたい。[5]

註

1) 小口によって提示されているユーフラテス川中流域の前期青銅器時代の土器を起源とする説（Oguchi 2001: 76-79）は年代的に古すぎるため、本稿では割愛する。
2) この点に関しては、小口はPeriod 2の開始時期を繰り上げて、Period 1の土器を沈線文プラス不規則な彩文に限るように変更する可能性を示唆している（Oguchi 2006: 56）。
3) この土器を小口はPeriod 1の土器として提示している（Oguchi 1997: fig. 1-2）が、リマーA3層出土であり、最初期のハブール土器ばかりでなく、シャムシ・アダド治世以前の土器とも認めがたい。
4) ただし、小口はハブール土器3期も後期として捉えているようである（例えばOguchi 2000: 122）。
5) 本稿は2007年1月に著者が西秋に提出した年度末レポートの一部である。（編者）

引用文献

Akkermans, P. M. M. G. and G. M. Schwartz 2003 *The Archaeology of Syria: From Complex Hunter-Gatherers to Early Urban Societies (ca. 16,000-300 BC)*. Cambridge, Cambridge University Press.

Courty, M. A. 2001 Evidence at Tell Brak for the Late EDIII/Early Akkadian Air Blast Event (4 kyr BP). In D. Oates, J. Oates and H. McDonald (eds.), *Excavations at Tell Brak, Vol. 2: Nagar in the third millennium BC*, 367-372. Oxford, Oxbow Books.

Gerstenblith, P. 1983 *The Levant at the Beginning of the Middle Bronze Age*. American Schools of Oriental Research Dissertation Series No. 5. American Schools of Oriental Research.

Hamlin, C. 1971 *The Habur Ware Ceramic Assemblage of Northern Mesopotamia: An Analysis of Its Distribution*, Unpublished Ph. D dissertation, University of Pennsylvania.

Hrouda, B. 1957 *Die bemalte Keramik des zweiten Jahrtausends in Nordmesopotamien und Nordsyrien*. Istanbuler Forschungen 19. Berlin, Verlag Gerb. Mann.

Hrouda, B. 1989 Die Habur-Ware in Neuerer Sichit. In K. Emre, B. Hrouda, M. Mellink, and N. Özgüç (eds.) *Anatolia and the Ancient Near East, Studies in Honor of Tahsin Özgüç*, 205-214. Ankara.

Mallowan, M. E. L. 1936 The Excavations at Tall Chagar Bazar and an Archaeological Survey of the Habur Region, 1934-5. *Iraq* 3: 1-86.

Mallowan, M. E. L. 1937 The Excavations at Tall Chagar Bazar and an Archaeological Survey of the Habur Region, Second Campaign, 1936. *Iraq* 4: 91-177.

Mallowan, M. E. L. 1947 Excavations at Brak and Chagar Bazar. *Iraq* 9: 1-259.

McDonald and Jackson 2003 A House on the Hill. In R. Matthews (ed.), *Excavations of Tell*

Brak, Vol.4: Exploring on Upper Mesopotamian regional centre, 1994-1996. Cambrige, McDonald Insstitute for Archaeological Research.

Oates, D., J. Oates, and H. McDonald (eds.)　1997　Excavations at Tell Brak, Vol.1: The Mitanni and Old Babylonian periods. Oxford, Oxbow Books.

Oates, D., J. Oates, and H. McDonald (eds.)　2001　Excavations at Tell Brak, Vol. 2: Nagar in the third millennium BC. Oxford, Oxbow Books.

Oguchi, H.　1997　A Reassessment of the Distribution of Khabur Ware: An Approach from an Aspect of its Main Phase. Al-Rāfidān XVIII: 195-224.

Oguchi, H.　2000　The "Late" Khabur Ware Problem Once Again. Al-Rāfidān XXI: 103-126.

Oguchi, H.　2001　The Origins of Khabur Ware: A Tentative Note. Al-Rāfidān XXII: 71-87.

Oguchi, H.　2003　20th Century B.C. North Mesopotamia: An Archaeological Dilemma. Al-Rāfidān XXIV: 83-100.

Oguchi, H.　2006　The Date of the Beginning of Khabur Ware Period 3: Evidence from the Palace of Qarni-lim at Tell Leilan. Al-Rāfidān XXVII: 45-58.

Perkins, A. L.　1954　The Relative Chronology of Mesopotamia. In R. W. Ehrich (ed.), Relative Chronologies in the Old World Archaeology, 42-45. Chicago, The University of Chicago Press.

Porada, E.　1965　The Relative Chronology of Mesopotamia Part I: Seals and Trade (6000-1600 B. C.). In R. W. Ehrich (ed.), Chronologies in Old World Archaeology, 133-200. Chicago, The University of Chicago Press.

Postgate, C., D. Oates and J. Oates　1997　The Excavations at Tell al-Rimah: The Pottery. Iraq Archaeological Repors -4. British Archaeology in Iraq, Wiltshire, Aris and Phillips Ltd.

Reade, J. E.　1968　Tell Taya (1967): Summary Report. Iraq XXX: 234-264.

Ristvet, L. and H. Weiss　2005　The Habur Region in the Late Third and Early Second Millennium B.C. In W. Orthman (ed.), The History and Archaeology of Syria, vol. 1. Saabrucken, Saarbrucken Verlag.

Speiser, E. A.　1933　The Pottery of Tell Billa. The Museum Journal 23: 249-283.

Stein, D. L.　1984　Khabur Ware and Nuzi Ware: Their Origin, Relationship, and Significance. Assur 4/1: 1-65.

Tubb, J. N.　1983　The MBIIA Period in Palestine: Its Relationship with Syria and Its Origin. Levant 15: 49-62.

Weiss, H.　1986　The Origins of Tell Leilan and the Conquest of Space in Third Millennium Mesopotamia. In H. Weiss (ed.), The Origins of Cities in Dry-Farming Syria and Mesopotamia in the Third Millennium B.C, 71-108. Connecticut, Four Quarters Publishing Co.

Weiss, H., M.A. Courty, W. Wetterstorom, F. Guichard, L. Senior, R. Meadow, and A. Curnow

1993 The Genesis and Collapse of Third Millennium North Mesopotamian Civilization. *Science* 261: 995-1005.

Welker, M. 1948 The Painted Pottery of the Near East in the Second Millennium B.C. and Its Chronological Background. *Transactions of the American Philosophical Society* 38-2: 185-265.

前2千年紀後半アッシリア統治下における地方拠点都市
―景観、行政、祭祀―

柴田大輔

1．古代メソポタミア研究における都市という課題

　木内氏の取り組んできた重要な課題の一つは、本書第二部の諸論考が基調とする都市の発生である。この課題が着目する都市は、考古学のみならず文献学においても最重要課題の一つに数えられる。確かに、一昔前のメソポタミア史の概説書を紐解くと、メソポタミアの歴史は第一に「諸民族の歴史」として叙述されており、このような視点は例えば我が国の世界史教科書にも存続している。しかし、現在の研究者の大半はこのような視点を支持していない。確かに共通の言語などにより分類される集団（ここでは人類学に倣いエスニック・グループと呼ぶ）は、古代メソポタミア世界にも存在していた（van Soldt 2005）。しかし、そのようなエスニック・グループは、昔の概説書に描かれるような19世紀的民族ではない。また、より大きな共同体を構成する要素の一つにすぎない。当然のことながら、古代メソポタミアの社会は、単一の構成員によって形成された諸集団の集まりではない。古代メソポタミア世界に由来する楔形文字文書の研究は、当時の社会が遥かに複雑な構造をしていたことを明らかにしている。それは、我々の視点からすると、上述のエスニック・グループの他、例えば、地縁、職業、祭祀、階層、国家、さらには諸国家を傘下に置く帝国などと呼びうる要素が互いに重なり合いながら複雑に入り組んだ世界であった。このような古代メソポタミアの社会史、政治史、そして宗教史を研究するうえで現在（再び）認知されて来ているのが都市という単位の重要性である。

　いわゆる都市国家時代における都市の重要性は、元よりコンセンサスの得ら

れる所であろう。しかし、広大な領土を統括する領域国家の成立以後はどうであろう。都市は主役としての使命を終えたのであろうか。本稿は、そのような領域国家による支配体制が確立していた時代における都市について考察したい。具体的には、前2千年紀後半、メソポタミア北部が新興勢力アッシリアの支配下に置かれた時代における地方拠点都市、特に、ハブール川中流域に位置する遺跡テル・タバンに埋もれる都市タベトゥに焦点を当てる。まず、前2千年紀後半のアッシリア地方都市について、領域国家アッシリアとの関係を考慮に入れながら概観する。次に、国士舘大学によるテル・タバン遺跡発掘調査の成果を基に、前2千年紀後半のタベトゥの状況、特にその特殊性を明らかにする。都市という問題系は小論で取り組むにはあまりに大きすぎる。本稿では、都市の景観、そして都市共同体を束ねる上で要になった都市の行政組織と祭祀伝統に着目することにする。

2．前2千年紀後半におけるアッシリア都市

1．領域国家アッシリアの成立

　アッシリアとは、チグリス川西岸、大ザブ川河口と小ザブ川河口の中間付近に位置する都市アッシュル（カルアト・シルカト遺跡）から興った領域国家である。アッシュルは、前2千年紀中葉までは単なる地方都市にすぎなかったが、前14世紀に近隣地域の征服に成功し、前13世紀にはシリア北東部やバビロニアの一部をも支配するに至った。さらに前1千年紀前半の最盛期には東はイランから西はエジプトまで広大な領土を統治し、前7世紀末に起こる急激な崩壊まで西アジア世界の覇権を握った。このアッシリアの歴史のうち、本稿が扱う前2千年紀後半部分を慣例的に中期アッシリア時代と呼ぶ。前1千年紀前半が新アッシリア時代であり、アッシュルが地方都市国家であった前2千年紀前半が古アッシリア時代にあたる。

　西アジアの領域国家としては史上最長の寿命（700年以上！）をアッシリアが維持し得た、その要因の一つが領土の効果的な統治制度にあったことは言うまでもない。アッシリアでは幾度もの行政改革が遂行されており、例えば建国初期の中期アッシリア時代と最盛期の新アッシリア時代末期では統治制度は多

分に異なる(Postgate 1995, Radner 2006: 43)。中期アッシリア時代に限定して議論を進めると、アッシリアは軍事的に制圧したほぼ全ての領土をパーフトゥあるいはハルツなどと呼ばれた行政州に区分した。そして、各行政州の統治を、ベール・パーヒティ、あるいはシャキン・マーティ、ハッスィフルという職名の知事に委ねた(Jakob 2003: 111-147, Radner 2006: 42 f.)。知事は、アッシュル中央政府によって任命され、その多くはアッシュルの有力一族の長であったと推測されている。中期アッシリア時代、このような行政州の大半には各地域の拠点都市の名前が付けられていた。各行政州はそれら拠点都市を中心に構成されていたと言える。前1千年紀には幾つもの拠点都市を内包する大行政州も登場するが、中期アッシリア時代にはそのような行政州はまだなかったようだ。

2．中期アッシリア地方拠点都市

　以下、行政州制度に組み込まれた地方拠点都市の様相を多少図式化しながら整理したい。周知の通り、メソポタミアも南部と北部では環境が全く異なり、生業にも大きな差異があった(Postgate 1992a: 3-21)。このような南北間の差異が都市の景観にも及んでいたことが文書資料そして発掘調査により明らかになっている。もっとも顕著な差異は、都市中心部に認められる。南北ともに都市が、過去の廃墟が堆積し形成された遺丘(テル)を中心に築かれた点では共通している。しかし、南部においては、王宮や神殿などの公的建築だけではなくほぼ全ての居住区が遺丘を取り囲む城壁の内部に位置していたのに対し、北部において都市中心部は、遺丘の上に建造された上の町とその周辺の下の町という二つの区域に分離された構造になることが多かった(van de Mieroop 1997: 83-94, Shibata and Yamada 2009: 95)。このような上の町と下の町は、それぞれキルフとアダッシュというフリ語に由来するアッカド語の用語で表記された。上の町と下の町の間に城壁が築かれていたケースも多い。主として上の町に公的建築、下の町に居住区が作られたが、下の町に王宮が建てられていたケース、上の町にも居住区の一部があったケースもある。

　このような都市が存在するには、それを支える後背地が必要不可欠である。北メソポタミアの都市においても、中心部の周辺には畑、果樹園、そして牧草地が広がっていたと考えられている。また、このような都市の後背地には、集

落が点在していたことが文書資料より明らかになっている（Jakob 2003: 149-166）。集落の中には、言わばサブセンターとして周囲の小型集落を束ねる機能を担っていた大きめの集落もあった。文書資料には名前を有する集落も数多く登場する。このような大小集落の存在は考古学的調査によっても確認されている（Pfälzner 1993）。

集落の中心に位置する都市は様々な役割を果たしていた。なかんずく重要なものは行政センターとしてのそれである。アッシリア行政州都となった拠点都市には、州行政の中心となる行政府が設置され、そこでは上述の知事を筆頭とする行政組織が形成されていた。王の宮殿と同じ「王宮」という名称で呼ばれたこの行政府において、管轄地域における農業、畜産、軍隊などの管理が遂行された（Jakob 2003: 117-123）。その具体的な運営方法に関してはまだ不明の点も多いが、点在していた集落が重要な役割を果たしていたと推測される。集落にはハジアーヌと呼ばれた村長がいた（Jakob 2003: 149-158）。この地位には、集落を形成した一族の家長が就いたと考えられるが、村長は同時に地方行政組織の末端役職でもあった。複数の集落を監督した役職ラブ・アーラーニの指示に従い、村長は自らの集落を取り仕切っていた。例えば農作物の租税は一度各集落に集められ、それから州都にもたらされたと考えられる（Jakob 2003: 130）。

他、地域の祭祀センターとしての都市の機能も特筆に値する。中期アッシリア時代に限らず、一般に古代メソポタミアの大きな都市には複数の神殿があり、さらに一つの神殿の内部では神殿の主となる神以外にも多くの神々が祀られていたことが、神学文書や神殿行政文書などから知られている（George 1992, George 1993）。集落にも例えば祠のような小型の聖所があったと考えられる。各都市では、都市神を頂点とし、都市とその周辺に祀られる神々から構成されるローカル・パンテオンが形成され、各都市ではこれら神々を祀る祭祀の伝統が継承されていた。このような祭祀伝統が都市の伝統の根本になっていたと言える。

アッシリアの属領には様々なエスニック・グループが居住していた。アッシュルから新たに移住して来たアッシリア系の「アッシュル人」の他、特筆されるのは、「シュブル人」（地名スバルトゥに由来）と呼ばれたフリ語を話した人々である。例えば、テル・フエラ（古代のハルベ市）出土文書など文書資料

には、フリ語名の人々が多数登場する（Jakob 2005: 182 f.）。都市ではこれら様々なエスニック・グループが共存していた。小型の集落に関しては、証明は難しいものの、住民が単一のエスニック・グループで占められていたと推測できる。

　上にまとめた地方行政組織がアッシリア支配下において新たに構成されたとは考えにくい。組織の概要は、アッシュルによる征服以前のものが継承されたと見るべきであろう。これを示唆するものの一つが、アッシリア地方行政組織に多用されているフリ語からの借用語である。例えば、上述の知事ハッスィフル、あるいは労働者を指すシルフルなどだ（Fincke 1994）。アッシュルによる征服以前のメソポタミア北部の社会構成については、資料不足のため未だ不明の点が多い。が、例外的に多くの資料が残るケース（例えばヌジ）に鑑みるに、多くの地域、なかんずくチグリス川・大小ザブ川流域とハブール川上流域の社会における公用語はフリ語、あるいはフリ語の語彙が多用されたアッカド語であったと考えられる。一般に、古代メソポタミアにおける行政組織の用語は抽象的な概念などではなく、極めて具体的な地位や制度などを指している。よって、アッシリア地方行政組織に頻出するフリ語語彙は、その用語によって指される制度や地位、さらにはその地位に就いていた人材も、アッシュルによる征服以前のものが残存していたことを示唆する。

3．アッシリア属領行政と都市

　各行政州には地元の古い組織がある程度残存していたと考えられる一方、これら古い組織を利用しつつ、中央政府は領土全体を俯瞰した効率的な行政組織を確立させたことが明らかになっている。例えば、行政において用いられる書類を全てアッシュルのそれに統一化した（Postgate 1986）。言語や用語、書式に留まらず、各文書ジャンルに特有の粘土板形状も全て画一化した。さらに、各行政州都には、アッシリア王の代理人ケープ・シャ・シャリが中央政府より派遣された。代理人は、農作物収穫高の計算や家畜の頭数の確認といった国家経営の重要手続きに監査役として立ち会った（Jakob 2003: 261-286）。

　当時、アッシリアの領土は「アッシュルの地」と呼ばれ、領土拡大は「アッシュルの地の拡大」と表現されたが、この「アッシュルの地」という語は実態

を持っていた（Postgate 1992b）。この点において最も注目に値するのがアッシュルの神殿供物の分担である。アッシュルには同名の都市神アッシュル神がその神殿エシャラに祀られていた。他の大神殿同様、エシャラ神殿は供物のための食料を大量に必要としていた。アッシュルのマウンド北東部に位置する神殿址からは、供物に用いられた食料品の管理に関する中期アッシリア文書アーカイブが発見されている（Freydank 1997, Pedersén 1985: 43-53）。これらの文書によると、全ての行政州はエシャラ神殿の供物を賄う輪番義務（であり同時に権利）を負っており、供物は各行政州から送られてくる食料品によって賄われていた。同様の輪番制は、小規模な形で他の都市の神殿においても行われていたが、この場合、輪番制に参与したのは、都市とその周辺集落に住む（日本的に言う所の）氏子達である。神学的に言えば、祀られる神の支配下に置かれた人々である。エシャラ神殿の場合も、前14世紀のアッシリア建国以前は同様であったはずだ。言ってみれば、アッシリアはその傘下にある行政州を全てエシャラ神殿の氏子に位置づけた。「アッシュルの地」とは、神学的にも行政組織の上でもアッシュル神の支配下に置かれた土地であった（Postgate 1992b）。

　同様の行政・神学政策は、アッシュルのカレンダーにも伺える。辺境行政州を含むアッシリアの領土では、このアッシュルのカレンダーが用いられていた（Cohen 1993: 237-247）。その背景としては、まず、アッシリア全領土における行政組織の運営の効率化が考えられる。さらに、アッシリア各行政州において、アッシュルのカレンダーに従った年間祭儀や月例祭儀が催された可能性が高い。古代メソポタミアにおけるカレンダーは、年間祭儀と密接な関係を持つ祭儀暦としての性格が概して強い（Cohen 1993）。属領支配にとって、軍事力と行政組織による統治は十分ではなかった。領土内に祀られる全ての神々を内包し、そしてアッシュルの都市神アッシュル神を頂点とする神学・祭祀体系の構築が必要だった。このような神学・祭祀体系の構築は、支配をイデオロギー的に正当化する手段というより、支配に必要な条件であったと見なすべきであろう。

　まとめると、アッシリア支配下においても各地の拠点都市は地域の中心としての役割を果たし続けていた。しかし、アッシリア領土全体の視点からすると、行政制度の上でも祭祀の上でも、アッシュルを取り巻く言わば「小集落」の位

置に付けられた。

3. 中期アッシリア時代のタベトゥ市

1. テル・タバン／タベトゥの発掘

　上述の通り、テル・タバンはハブール川河岸に位置する。ハブール川とは、シリア北東部を流れ、ユーフラテス川に合流する河川である。このハブール川の中流域、現在のハッサケ市の南方約19km東岸にテル・タバンは位置する。遺跡は遺丘を中心とするテル型であり、ハブール川中流域に点在する遺跡の中でも最大級の一つに数えられる。遺跡調査の発端はダム建設に伴う緊急調査の要請である。ハブール川中流域に新たな貯水ダムの建設が計画されたため、シリア考古局より依頼を受けた国士舘大学により遺跡の発掘は始まった。まず1997年から99年まで大沼克彦の采配のもと三シーズン調査が行われた（Ohnuma et al. 1999, Ohnuma et al. 2000, Ohnuma and Numoto 2001）。さらに2005年から現在まで沼本宏俊の指揮により毎年調査が行われている（Numoto 2006, Numoto 2007, Numoto 2008）。この間上述のダムが2000年代初頭に完成した。遺丘部は完全な水没を免れたものの、その遺丘も西側斜面よりダム湖の水によって毎年徐々に切り崩されている現状にある。この状況に鑑み、2005年以降の調査では被害の甚大な遺丘西側斜面を中心に、消滅していく遺跡を可能な限り記録に留めるサルヴェージ調査を遂行している。

　理想的とは言い難い状況での発掘を余儀なくされている調査だが、既に幾つもの重要な情報の救出に成功している。その一つが文書資料の発見である。三種のグループに大別できる楔形文字文書がこれまでの調査の過程で発見されている。第一のグループは前18世紀後半に年代付けられる古バビロニア粘土板文書アーカイブ（Shibata forthcoming a, Yamada 2008）。第二のグループは前13世紀から前11世紀にかけて作成された中期アッシリア建築記念碑文（Maul 2005, Shibata and Yamada 2009）。これは、当時タベトゥとその一円を支配していた地方領主の碑文である。領主が城壁や神殿などを建造あるいは再建した際、これを記念して作成させた碑文が粘土製円筒などの媒体に記されているものだ。第三のグループは前13世紀後半から前12世紀前半にかけて作成された中期アッシ

リア粘土板文書アーカイブ（Shibata 2007，柴田 2008）。これは、上述地方領主の王宮行政の記録である。文書の内容は、王宮に搬入された物品の管理記録、主としてそれら物品の取り扱いを巡る書簡、そして領主一族が領外の人物と締結した商取引の記録などである。

2．タベトゥの景観

　上に述べた通りテル・タバンはテル型遺跡であり、中期アッシリア時代のタベトゥもこの遺丘を中心としていたことに間違いはない。しかし、上述の現状により遺跡全体を俯瞰した調査が困難であるため、例えば当時の都市建築プランや居住面積などを考古学調査によって明らかにするのは難しい。ただ、文字資料が示唆する都市の景観は他のアッシリア都市と共通している。都市中央部は上の町と下の町に分離されており、上の町は城壁で囲まれていた（Shibata and Yamada 2009: 95）。また、行政文書には、一応地名があるものの比定不可能な小さな村々からタベトゥにもたらされた物品の記録が数多く含まれる。タベトゥの周辺にも小集落が点在しており、市の支配を受けていたと考えて間違いあるまい。

3．アッシリアにおけるタベトゥの位置付け

　出土文字資料が明らかにした中期アッシリア時代タベトゥの状況は、上にまとめた他の同時代都市と共通する点もあるものの、差異も多い（Shibata forthcoming b，柴田 2008）。第一に、タベトゥは行政州知事やその配下の官僚ではなく、アッシリア王に服従していた地方領主によって統治されていた。この地方領主は「マリの地の王」という称号を名乗り、その地位は一つの家系において継承されていた。一種の地方王朝である。

　タベトゥ王宮行政文書は、他の行政州同様、基本的にアッシュル式の書式に従って作成されている（Shibata 2007）。王宮に勤務する官僚や労働者の職名も（領主本人を除けば）アッシリア行政州のそれと同一であり、さらに組織運営に関する用語もほぼ同様である。よって、タベトゥ王宮は基本的に「アッシリア式」の行政組織によって運営されていたと考えられる。都市住民のエスニック・グループも他の近隣行政州同様アッシリア系とフリ系が目立つ。

しかし、上述の王の代理人をはじめとするアッシリア中央政府から派遣された役人は、これまで確認されているタベトゥ王宮文書にはまったく登場していない。そして、これはより重要なことだが、タベトゥはアッシュルのエシャラ神殿の輪番制に参与していなかった可能性が高い (Shibata forthcoming b)。すなわち、タベトゥはアッシリア王の宗主権を認め、ある程度「アッシリア化」してはいたものの、「アッシュルの地」の一部ではなかったようだ。タベトゥは一種の自治領であったと推測できる。

4．タベトゥのローカル・カレンダーと祭祀伝統

上述の通り、タベトゥ王宮文書は、基本的には他の中期アッシリア文書と同様の書式で記されている。しかし、タベトゥ文書にはいくつか独自の点も確認できる。なかんずく特筆に値するのが王宮行政に用いられたカレンダーの月名である。行政州とは異なり、タベトゥ王宮ではアッシュルのカレンダーが採用されていなかった (Shibata 2007: 67-69)。用いられていたのは、地元独特のカレンダーである。現在までに次の10の月名が確定できている。ウリヌ、ウルール、エレック、クッシュ、サブゥートゥ、テシュブ、パグラーウ、ピリ・ザリ、マリカーウ、ミフル（あいうえお順）。一年を構成する月の順番は未だ不明。いずれにせよ、これら月名はアッシュルのカレンダーの月名とは全く異なるため、タベトゥのカレンダーがアッシュルのそれの変種ではないことは確実である。アッシリアによるハブール地域征服以前に遡る地元のカレンダーであると見て間違いあるまい。

現時点において、このカレンダーと同一のカレンダーは他には知られてない。しかし、カレンダーを構成する月名の多くが古バビロニア時代の都市マリとテルカの祭儀名・月名と共通していることは注目に値する。文字通りには「荷車」を意味するエレックは、古バビロニア時代のマリでは、ネルガル神のために行われる重要年間祭儀の名前として知られる (Durand and Guichard 1997: 29-35)。マリカーウは、マリのカレンダーの月名マルカーヌムの語形変種であるか、あるいはマリにおける祭儀（あるいは供物）名の一つマリクムと関係していると推測できる (Jacquet 2002)。パグラーウは、マリやテルカにおいて行われていたテルカの神ダガンを祀る重要な祭儀の名称である (Feliu 2003: 70-73)。この

祭儀名はテルカにおいて月名としても用いられていた。ピリ・ザリは、ピリザッルの語形変種である（一種の民間語源的説明形）。ピリザッルもマリとテルカにおける祭儀の名前であり、テルカでは月名に採用されていた（Limet 1976: 14）。「7」を意味するサブートゥは、七番目の月名として様々なカレンダーに登場する。さらに、マリでは「7（月）7（日）」（セブートゥ・セビム）と呼ばれる重要祭儀が第7月7日に行われていた（Charpin 1989）。

これら古バビロニア時代のマリとテルカの祭儀名・月名との共通はあまりにも多すぎ、偶然とはとても考えられない。中期アッシリア時代タベトゥのカレンダーは、何らかの形で古バビロニア時代のマリとテルカの伝統にリンクしていたと解するべきである。確かにマリとテルカは遥か南方のユーフラテス川中流域に位置するため、タベトゥとマリ・テルカの関係はにわかには信じ難い。しかし、前18世紀中盤、タベトゥ（正確にはタバトゥム）はマリの覇権下に置かれていたことがマリ文書によって明らかにされている（Guichard 1997: 184-191）。さらに、テル・タバンから出土した古バビロニア文書は、前18世紀後半、マリの王朝の実質的な後継者に相当したテルカの王朝の支配下にタベトゥが置かれていたことを明らかにした（Yamada 2008）。当時のタベトゥに居住していた主要エスニック・グループもマリやテルカと同様アムル系である。また、当時のタベトゥの社会がマリやテルカのそれと同様の形態をしていたこともテル・タバン出土古バビロニア文書によって示唆される。前18世紀中葉から後半にかけてのタベトゥにマリに連なる伝統があり、中期アッシリア時代タベトゥのカレンダーのルーツはこの時代に遡ると考えて間違いあるまい。

ただし、テル・タバン出土古バビロニア時代文書ではマリのカレンダーが用いられており、前18世紀のタベトゥでは後のカレンダーがまだ使われていなかったことを示唆する（Yamada 2008: 58 f.）。続く前17世紀以降のいずれかの時代に、上述の月名から構成されるカレンダーが使用されるようになったと推測できる。では、このカレンダーは如何様にして誕生したのであろうか。ここで着目したいのは、カレンダーを構成する月名の多くが実質的に祭儀名である事実だ。上に言及したマリ・テルカの祭儀名と共通する月名の他にも、例えば「歓待」を意味するミフルも元々は祭儀名であった可能性が高い。このカレンダーが、古バビロニア時代（あるいはそれ以前）からタベトゥにおいて続いて

いた祭祀伝統に根ざしていたのはほぼ確実であろう。さらに言えば、カレンダーを構成する月名は、各月に行われていた年間祭儀に由来している可能性が高い。先述の通り、古代メソポタミアのカレンダーは概して祭儀暦であり、月名と祭儀を巡る同様の関係は一般的である。さらに、一定の独立を保っていたにせよ、アッシリアの宗主権下に置かれていたタベトゥ王宮が、アッシリアの行政・祭祀政策に逆らってまで単なる行政暦に固執したとはとても考えられない。固執する価値のあるものがあったとすれば、それは祭祀の伝統であろう。古代メソポタミアにおける他のカレンダーの大半と同様、タベトゥのカレンダーも第一に祭儀暦であり、それが行政組織に転用されたと見るべきである。中期アッシリア時代のタベトゥには、古バビロニア時代に遡る祭祀の伝統が継承されていた可能性が極めて高い。

　古バビロニア時代から中期アッシリア時代までの間、タベトゥを巡る政治的状況は目紛しく変化した。前18世紀はマリ、そしてテルカの傘下に置かれ、前13世紀以降は一定の独立を許されつつもアッシリアの宗主権下に置かれた。両時代の中間期については未だ資料が欠落しているため確かなことは言えないものの、隣接するハブール川上流域を本拠としていたミッタニ（いわゆるミタンニ）の傘下に置かれていた可能性が高い。また、都市住民の主要エスニック・グループに関しても、アムル系、フリ系、アッシリア系と移り変わった。このような変遷にも関わらず、祭祀の伝統は継承され続けていたようだ。

　このような古い祭祀伝統は他のアッシリア地方都市にも多かれ少なかれ存続していたと考えられる。意固地に抵抗した都市を除けば、アッシリアは征服した土地のローカル祭祀を廃絶したりはしなかったことが知られている。では、自治領的なタベトゥのローカル祭祀と行政州のそれに対するアッシリアの祭祀政策がどのように異なっていたのか。これは今後の課題である。あるいは、アッシュルを中心としアッシリア全土を股にかけた大祭祀体系に、行政州都のローカル祭祀は組み込まれ、タベトゥのような自治領のそれは外されたのではなかろうか。無論これはまだ憶測に留まる。

　テル・タバン出土文書研究の機会と認可を下さったシリア考古局B. ヤモゥス氏とM. アル・マクディスィ氏、そして国士舘大学沼本宏俊氏にこの場を借

木内氏への謝辞にかえて

　簡潔ながら、中期アッシリア時代の一地方都市タベトゥの様相を他の同時代都市と比較しながら整理した。タベトゥはもちろんのこと、中期アッシリア都市の研究もまだまだ途上の段階にある。本論は、長期的な視野に立った中期アッシリア都市研究の「前菜」にすぎない。今後、テル・タバン出土文書をはじめとする中期アッシリア文書、あるいは様々な考古資料の分析に基づき、中期アッシリア都市のより具体的な様相を明らかにすることを目指す。それにより、木内氏が志した古代西アジア都市研究に寄与したい。

引用文献

Charpin, D.　1989　Les mois Uwarum et Sebûtum. *Nouvelles Assyriologiques Bréves et Utilitaires* 1989: 66, No. 93.

Cohen, M. E.　1993　*The Cultic Calendars of the Ancient Near East.* Bethesda, CDL Press.

Durand, J.-M. and M. Guichard　1997　Les rituels de Mari. In D. Charpin and J.-M. Durand (eds.), *Florilegium marianm* III, 19-78. Paris, SEPOA.

Feliu, L.　2003　*The God Dagan in Bronze Age Syria.* Leiden, Brill.

Fincke, J.　1994　Noch einmal zum mittelassyrischen *siluḫli. Altorientalische Forschungen* 21: 339-351.

Freydank, H.　1997　Mittelassyrische Opferlisten aus Assur. In H. Waetzoldt and H. Hauptmann (eds.), *Assyrien im Wandel der Zeiten*, 105-114. Heidelberg, Heidelberger Orientverlag.

George, A. R.　1992　*Babylonian Topographical Texts.* Leuven, Peeters.

George, A. R.　1993　*House Most High: The Temples of Ancient Mesopotamia.* Winona Lake, Eisenbrauns.

Guichard, M.　1997　Le sel à Mari (III): Les lieux du sel. In D. Charpin and J.-M. Durand (eds.), *Florilegium marianm* III, 167-200. Paris, SEPOA.

Jacquet, A.　2002　Lugal-meš et *malikum*: Nouvel examen du *kispum* à Mari. In D. Charpin and J.-M. Durand (eds.), *Florilegium marianum* VI, 51-68. Paris.

Jakob, S.　2003　*Mittelassyrische Verwaltung und Sozialstruktur: Untersuchungen.* Leiden, Brill-Styx.

Jakob, S.　2005　Zwischen Integration und Ausgrenzung Nichtassyrer im mittelassyrischen

'Westreich'. In W. H. Soldt (ed.), *Ethnicity in Ancient Mesopotamoa*, 180-188. Leiden, Nederlamds Instituut voor het Nabije Oosten.

Limet, H. 1976 *Textes administratifs de l'éoque des šakkanakku*. Archives royales de Mari Textes 19. Paris, Librarie Orientaliste Paul Geuthner S.A.

Maul, S. M. 2005 *Die Inschriften von Tall Ṭābān (Grabungskampagnen 1997-1999): Die Könige von Ṭābētu und das Land Māri in mittelassyrischer Zeit*. Tokyo, Kokushikan University.

van de Mieroop, M. 1997 *The Ancient Mesopotamian City*. Oxford, Clarendon Press.

Numoto, H. 2006 Excavation at Tell Taban, Hassake, Syria (4): Preliminary Report of the 2005 Winter Season of Work. *Al-Rāfidān* 27: 1-13, pls. 1-30.

Numoto, H. 2007 Excavations at Tell Taban, Hassake, Syria (5): Preliminary Report of the 2005 Summer Season of Work. *Al-Rāfidān* 28: 1-24, pls. 1-38.

Numoto, H. 2008 Excavations at Tell Taban, Hassake, Syria (6): Preliminary Report of the 2006 Season of Work. *Al-Rāfidān* 29: 1-12, pls. 1-34.

Ohnuma, K. et al. 1999 Excavation at Tell Taban, Hassake, Syria: Report of the 1997 Season of Work. *Al-Rāfidān* 20: 1-21, pls. 1-26.

Ohnuma, K. et al. 2000 Excavation at Tell Taban, Hassake, Syria(2): Report of the 1998 Season of Work. *Al-Rāfidān* 21: 1-17, pls. 1-33.

Ohnuma, K. and H. Numoto 2001 Excavation at Tell Taban, Hassake, Syria (3): Report of the 1999 Season of Work. *Al-Rāfidān* 22: 1-14, pls. 1-49.

Pedersén, O. 1985 *Archives and Libraries in the City of Assur: A Survey of the Material from the German Excavations* Part I. Uppsala, Almqvist & Wiksell.

Pfälzner, P. 1993 Die späte Bronzezeit: Tall Umm ʿAqrēbe. In R. Bernbeck(ed.), *Steppe als Kulturlandschaft: Das ʿAǧīǧ-Gebiet Ostsyriens vom Neolithikum bis zur islamischen Zeit*, 70-96. Berlin, Dietrich Reimer Verlag.

Postgate, J. N. 1986 Middle Assyrian Tablets: The Instruments of Bureaucracy. *Altorientalische Forschungen* 13: 10-39.

Postgate, J. N. 1992a *Early Messopotamia: Society and Economy at the Dawn of History*. London, Routledge.

Postgate, J. N. 1992b The Land of Assur and the Yoke of Assur. *World Archaeology* 23: 247-263.

Postgate, J. N. 1995 Assyria: the Home Provinces. In M. Liverani (ed.), *Neo-Assyrian Geography*, 1-17. Roma, Università di Roma.

Radner, K. 2006 Provinz. C. Assyrien. *Reallexikon der Assyriologie und Vorderasiatischen*

Archäologie 11: 42-68.

Shibata, D.   2007   Middle Assyrian Administrative and Legal Texts from the 2005 Excavation at Tell Taban: A Preliminary Report. *Al-Rāfidān* 28: 63-74.

Shibata, D.   forthcoming a   An Old Babylonian Manuscript of the Weidner God-List from Tell Taban/Ṭābatum in the Middle Habur Region. *Iraq* 71.

Shibata, D.   forthcoming b   Local Power in the Middle Assyrian Period: The "Kings of the Land of Māri" in the Middle Habur Region. In G. Wilhelm (ed.), *Organisation, Representation and Symbols of Power in the Ancient Near East.* Winona Lake, Eisenbrauns.

Shibata, D. and S. Yamada   2009   The Cuneiform Texts from the 2007 Excavations at Tell Taban: A Preliminary Report. In H. Numoto (ed.), *Excavations at Tell Taban, Hassake, Syria: Preliminary Report on the 2007 Season of Excavations, and the Study of Cuneiform Texts.* 87-109. Tokyo, Kokushikan University.

van Soldt, W. H.(ed.)   2005   *Ethnicity in Ancient Mesopotamia.* Leiden, Nederlands Instituut voor het Nabije Oosten.

Yamada, S.   2008   A Preliminary Report on the Old Babylonian Texts from the Excavation of Tell Taban in the 2005 and 2006 Seasons: The Middle Euphrates and Habur Areas in the Post-Hammurabi Period. *Al-Rāfidān* 29: 47-62.

柴田大輔　2008　「タベトゥ市とマリの地の王—2005年テル・タバン出土中期アッシリア文書—」『オリエント』第51巻第1号　69-86頁。

紀元前3千年紀後半のオマーン半島における拠点間往来
──最小コスト回廊分析と眺望解析による交通路推定の試み──

近藤康久

1. 前3千年紀のオマーン半島

アラビア半島の東端に突き出たオマーン半島は（図1）、考古学的地理観からすればメソポタミア地方とインダス地方の中間に位置する。そのため、紀元前3千年紀、両地域に都市文明が花開くと、半島は両文明を結ぶ海上交易ネットワークの結節点として機能した（Cleuziou and Tosi 2007）。アッカドの楔形文

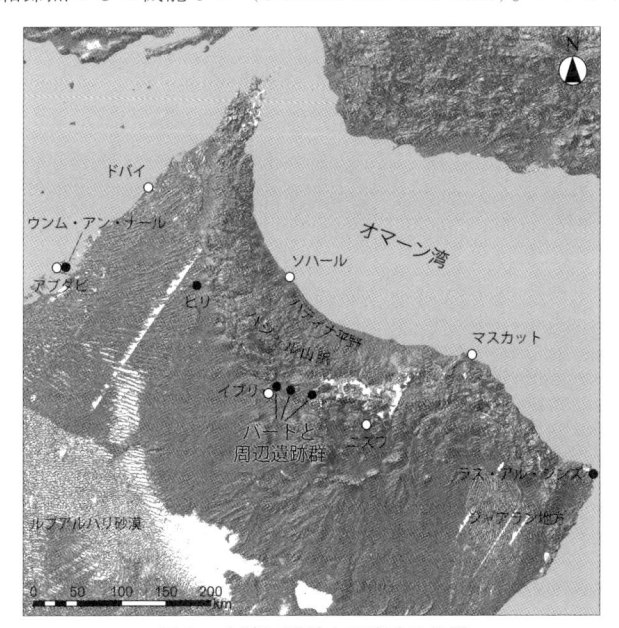

図1　本稿に関係する遺跡の位置

書に銅の産地としてたびたび言及されるマガン（Magan）は、オマーン半島に比定されるといわれる（Crawford 1998, Potts 1990）。もともと、オマーン半島の海浜部には多数の貝塚が分布することから分かるように、貝の採取と沿岸漁業を生業とする漁撈民が居住していたが（Beech 2004, Berger et al. 2005）、前3千年紀にはこれらの人々が海上交易の担い手にもなったようである。長距離交易の証拠として、半島各地の遺跡から、インダス・ハラッパー様式の彩文土器やインド西部原産の紅玉髄製ビーズが見つかっている（Cleuziou and Méry 2002, Cleuziou and Tosi 2007）。

オマーン半島における紀元前3千年紀の考古文化を最もよく特徴づけるのは、無数の積石塚（cairn）と石塔（tower）である。これらは内陸部と東海岸のジャアラン（Ja'alan）地方を中心に、半島一帯に広く分布する（Giraud et al. 2005, Cleuziou and Tosi 2007: 107-132）。この地域の時期区分によれば、前期青銅器時代に相当する前3千年紀は前2750年頃を境としてハフィート（Hafit）期とウンム・アン・ナール（Umm an-Nar）期に二分される。このうち、前半期にあたるハフィート期には、丘陵の尾根線上に積石塚群が造営される。積石塚は扁平な石灰岩のブロックで構築され、直径5m、高さ3m内外の円錐台形を呈していることから「蜂の巣状墓（beehive tomb）」とも呼ばれる（図2左）。積石塚には狭い入り口が設けられ、内部は基本的に単室構造になっている。積石塚の伝統は後続するウンム・アン・ナール期にも継続するが、その立地は丘陵の麓の平地に移り、玄室も複室構造に複雑化する。また、この時期には平地または丘陵上に石塔が造営されるようになる。「塔」といっても現存する高さ

図2　左：ハフィート期の積石塚（オマーン、ワディ・アル・アイン遺跡。後方にそびえるのはミシュト山）　右：ウンム・アン・ナール期の石塔（オマーン、バート遺跡群カスル・アル・ロジョーム（T1145）地点）（ともに筆者撮影）

は積石塚と同程度であるが、直径が20mを超す事例も多いことから、建設当時は12m以上の高さを誇っていたと推定される（Cleuziou and Tosi 2007，図2右）。石塔の内部は複数の部屋に仕切られ、中央部に井戸が設けられる事例もある。一般に内部からの出土遺物は極めて少ないが、在地生産のウンム・アン・ナール式土器と外来のインダス系土器の他に、植物加工用と考えられる磨石・石皿類が比較的多く見つかる。建物の用途については、アラブ首長国連邦アル・アイン郊外のヒリ北（Hili North）遺跡やオマーン東海岸ラス・アル・ジンズ（Ra's al-Jinz）遺跡群のRJ-1地点で石塔に隣接して合葬墓が検出されたことから、葬送儀礼に関連する施設と考えられている（Berger et al. 2005）。石塔を造営し利用した人々については、近隣のオアシスに定住する農耕牧畜民であるとする説（Cleuziou and Tosi 2007）やアラビア半島を行き来する遊牧民であるとする説（Orcherd and Orcherd 2006）、あるいは海洋交易民の「奥津城」という解釈（宇野 2008）が提起されているが、まだ決着をみていない。

2．問題提起

　2009年の1月から2月にかけて、筆者はオマーン内陸部のバート（Bat）遺跡群に所在する石塔の測量・発掘調査に参加する機会を得た。この遺跡群は北緯23度16分・東経56度45分（世界測地系WGS84準拠）、オマーン半島を東西に貫くハジャル（Hajar）山脈の南側に広がる内陸盆地のオアシスに立地し、遺跡一帯には少なくとも5基の石塔と500基以上の積石塚が点在する（宇野 2008）。積石塚はバートから見て西北西にあたるフトゥム（Khutm；北緯23度16分48秒・東経56度42分52秒）の石塔付近まで、稜線上を5km連続して配列されている。

　毎日バートの発掘現場に通っているうちにふと気がついたのだが、バート遺跡の中央部に位置するマタリヤ（Matariya；北緯23度15分28秒・東経56度45分19秒）の石塔から周囲を望むと、ほぼ真東の方角に南斜面が鋭く切り立った三角形の山の頂が見える（図3左）。ジャバル・ミシュト山（Jabal Misht, 標高2090m）である。

　この山の南、断崖の麓には、ワディ・アル・アイン（Wadi Al Ayn；北緯23

図3　左：バート遺跡マタリヤ地点から東の方角にミシュト山を望む
　　　右：フトゥム遺跡からミシュト山は見えない(ともに筆者撮影)

度12分59秒・東経56度57分44秒）の積石塚群がある。そこでは、ハフィート期に属するとみられる積石塚が、少なくとも十数基ミシュト山を背にして稜線上に並んでいる（図2左）。あたかも積石塚群が山に抱かれているかのように見える、圧倒的な光景である。積石塚がこのような視覚的効果を狙って配列されているのはまず疑いない。

　稜線上の積石塚は、ハフィート期に少しずつ建て増されてゆき、ウンム・アン・ナール期が始まる頃には、ほぼ現在の分布状況に定まったと考えられる。ウンム・アン・ナール期の石塔その他の建築物が積石塚を破壊することなく、むしろ共存を意図するかのように配置されていることを考え合わせると、ウンム・アン・ナール期には先行する時期の積石塚が祖先に関係するモニュメントとして人々に認知されていたと考えるのが自然な理解である。そして、ワディ・アル・アインの場合、後背に控えるミシュト山が積石塚というモニュメントの位置を示すランドマークとして機能していたと考えるのは、あながち間違いではなかろう。

　もう一つ気づいたのは、バート積石塚群の西端にあたるフトゥムの石塔からは、ほぼ東の方角に位置するミシュト山がバートの北側の山に遮られて見えない、という事実である（図3右）。興味深いことに、フトゥムからバート方面に向かうと、その途上でこの「三角山」が山かげから姿を現す。したがって、

バート遺跡群は「ミシュト山が見える領域」の周縁部に位置していたのではないかと予想できる。

　ランドマークとなる山が見えるか見えないかということは、地図も方位磁針ももたずに長距離を移動する先史時代の人々にとっては重大な関心事であったにちがいない。前3千年紀のオマーン半島における交通ネットワークについては、メソポタミア・インダス両地域を結ぶ海上交通がとかく注目されがちだが、内陸のオアシス各地にヒリやバートと同種の石塔が分布することから、海岸部と内陸山間部のオアシスを結び、オアシス伝いに半島を横断するルートもたしかに存在したようである（図1, 5，Berger et al. 2005）。バートの西北西約16kmに位置するアッ・ダリーズ南遺跡（Ad-Dariz South；北緯23度17分35秒・東経56度36分00秒）とその南西約5 kmに所在するアラキ北遺跡（Araqi North；北緯23度15分43秒・東経56度33分56秒）、バートの南東約20kmにあるアムラ遺跡（Amlah；北緯23度08分54秒・東経56度54分16秒）でも、オアシスの近在でウンム・アン・ナール期の石塔に類似する円形配石遺構が発見されていることから（Possehl et al. 2008）、当時の交通路がこれらの遺跡を経由していたことは容易に想像できる。しかし、各オアシス間の交通路が具体的にどこを通っていたのかということについては、まだ検証の余地がある。そこで本稿では、地理情報システム（GIS; Geographic Information Systems）に用意されている多彩な空間解析機能のうち、最小コスト分析（least-cost analysis）と眺望分析（visibility analysis）という手法を用いて、紀元前3千年紀後半におけるバート周辺の交通路を推定してみたい。

3．最小コスト回廊分析

　最小コスト分析では、文字通り、移動にかかるコストが最も小さい経路を最適経路と見なす。GISにおける実際の運用では、各々のセル（格子目）に移動コストの係数を割り当てたラスタ平面に、スタート・ゴール地点を設定し、スタート地点から順々にセルのコスト値を加算していって（加重コスト平面）、ゴールに到達した際に合計値が最も小さくなる経路を最適解として返す。移動コストはふつう、単位区間あたりの通過時間もしくはエネルギー消費量の形で

表される。GISに用意されている最適経路検索プログラムは、カーナビゲーションシステムの経路検索と同じように、1本ないし数本の経路を最適解として返してくれる。しかし、先史時代における移動のように、道なき道を行く場合、経路は千々に分かれるのが自然である（近藤 2007）。そのため、ある程度ファジーに幅を持たせた最小コスト回廊（least-cost corridor）を想定するのがよい。さしあたり、最小コスト回廊は往路の加重コスト平面と復路のそれを加算オーバーレイしたラスタ平面で最も値の小さい地帯と定義しておく（近藤 2008）。

移動コスト係数の算出法としては従来、トブラーのハイキング関数（Tobler 1993）やオープンソースGISソフトウェアGRASSのr.walk関数（Neteler and Mitasova 2008: 381）など、地表面の傾斜角を変数として推定移動速度を返す計算式がよく利用されてきた。これらのアルゴリズムはヨーロッパにおける現代の歩行データに基づいて経験的に定められたものであるが、これを世界の他の地域における過去の人類行動に一律に適用してよいかというと、やはり問題がある。地形・気候などの環境条件も異なれば、生業・時間感覚・社会規範などの文化条件も異なるからである。したがって、移動コスト計算式は研究対象の環境的・文化的コンテクストに応じてカスタマイズされるべきで、より具体的にいえば分析対象地域の一部を実際に歩行したデータに基づいて回帰的に定められるべきである（近藤・清野 2009）。

そこで、分析地域における歩行データを収集するために、バートおよびフトゥム地区でフィールド歩行実験を実施した。実験は、2009年2月に計4日間行い、積石塚・石塔とそれらに隣接する斜面居住域（Habitation Slope; Frifelt 1985）および遺跡周辺のワディ河床・オアシス緑地において、主として砂利または岩石で覆われた地表をのべ11.6kmにわたって荷重5kg程度の軽装で歩行し、その軌跡を簡易GPS受信機GARMIN GPSMAP 60CSxを用いて2秒間隔で測位した。GPS衛星からの信号は時刻のフォーマットで送信されてくるので、時刻と水平移動距離の差分から区間あたりの歩行速度を求めることができる。60CSxの気圧高度計は100m以上の誤差を出すことが経験的に知られているが、それでも約0.48m刻みで高度を測定できるため、同一日時すなわち同一気象条件下における実験結果から高度の差分を求めることは可能である。

実験で得られたGPS軌跡は、およそ50mごとのセグメントに分割処理し、そ

図4 バート・フトゥム地区における50mセグメントあたりの平均移動速度（x軸）と平均傾斜角（y軸）の相関（左）および傾斜角区間ごとの平均値（右）

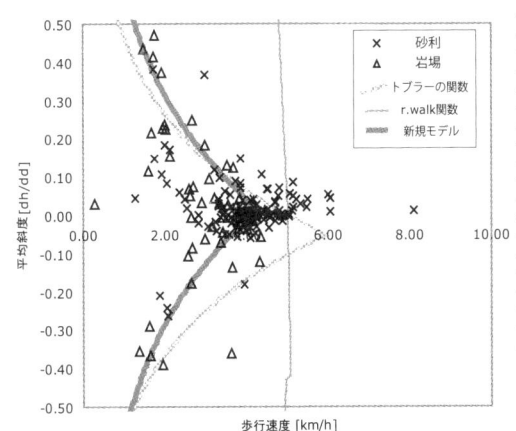

区間始	区間終	標本数	平均値	標準偏差
0.400	0.500	3	1.65	0.15
0.300	0.400	3	2.22	0.67
0.200	0.300	5	2.07	0.36
0.150	0.200	4	2.31	0.44
0.100	0.150	8	2.98	1.06
0.075	0.100	9	3.52	1.01
0.050	0.075	14	4.01	1.16
0.040	0.050	10	3.97	1.47
0.030	0.040	8	3.64	1.56
0.020	0.030	11	3.94	0.73
0.010	0.020	15	4.33	1.21
0.000	0.010	26	4.25	0.57
-0.010	0.000	28	4.07	0.59
-0.020	-0.010	14	4.06	0.42
-0.030	-0.020	9	3.58	0.48
-0.040	-0.030	6	4.05	0.27
-0.050	-0.040	4	3.71	0.46
-0.100	-0.050	8	3.52	0.55
-0.200	-0.100	5	3.42	0.78
-0.300	-0.200	4	1.91	0.21
-0.400	-0.300	4	2.14	1.00

のうち正常なデータの取得できた195セグメントを抽出して、各セグメント内の平均移動速度を求めるとともに、水平移動距離と高度の差分から平均傾斜角を割り出し、セグメントあたりの平均移動速度と平均傾斜角の相関を調べた。グラフ（図4）を見ると、路面が砂利であっても岩場であっても、実測値は基本的に上り下りとも傾斜角が大きくなるほど速度が減退する。この点、実測値はトブラーのハイキング関数に一定程度フィットする。しかし、細部を比較すると、傾斜角0.25（25％）以上の上り斜面では、トブラーの関数よりも実験結果の方が速いスピードが出ている。いっぽう、トブラーの関数は緩い下り坂−0.05（−5％）で速度が最大になるように設定されているが、実測値は緩い上り坂と同程度かむしろ遅くなっている。ちなみに、GRASSのr.walk関数は傾斜角の変化の影響をあまり受けないので、ここでは実測値と大きく乖離している。

以上の結果は、実際の歩行はトブラーの関数のような指数関数によくフィットすることを示唆する。そこで、トブラーの関数のパラメータに修正を加えることによって、分析対象地域に最適化された移動コストモデルを構築することを考える。元の関数は、歩行速度を W [km/h]、地表面の斜度を S [比高/水平距離]、自然対数の底（ネイピア数、約2.718）を e とするとき、

$$W = 6e^{-3.5|S+0.05|} \quad \cdots\cdots\cdots\cdots\cdots\cdots\cdots\cdots\cdots\cdots\cdots\cdots\cdots\cdots\cdots\cdots\cdots\cdots\cdots\cdots\cdots (イ)$$

という形で与えられる。ここで、（イ）式の定数項を変数化して、

$$W = a \cdot e^{-b|S-c|} \quad \cdots\cdots\cdots\cdots\cdots\cdots\cdots\cdots\cdots\cdots\cdots\cdots\cdots\cdots\cdots\cdots\cdots\cdots \text{(ロ)}$$

という式を導く。（ロ）式において、aは実測値を斜度0.01ごとの区間に分けた場合の平均移動速度の最大値［km/h］、bは指数曲線の傾きを決める係数、cは最大平均速度aを出した斜度区間の中央値である。係数bには、実測値と関数（ロ）との間の残差和ができるだけ小さくなるような値を代入する（近藤・清野 2009）。今回のバート遺跡群における歩行実験では、斜度上り0.010から0.020での平均速度4.25km/hが最大値であった。そこで、aに4.25、cに区間中央値の0.015を与え、bには上記の基準に基づいて2.5を代入することとした。すなわち、バート周辺の最小コスト回廊分析に用いる計算式を、

$$W = 4.25 e^{-2.5|S-0.015|} \quad \cdots\cdots\cdots\cdots\cdots\cdots\cdots\cdots\cdots\cdots\cdots\cdots\cdots\cdots \text{(ハ)}$$

と定める。

（ハ）式の唯一の変数である斜度Sには、上り下りすなわち正負の区別を与える必要がある。また、斜面を斜行ないし等高線に並行して移動（トラバース）する場合には、移動に負荷を与える斜度が減じるはずである。そこで、移動方向に応じて異なる斜度の値、すなわち有効傾斜角（effective slope; Conolly and Lake 2006: 218, 近藤 2008）を与える。有効傾斜角εは、傾斜方向ベクトルと移動方向ベクトルの交叉角をχ［度］とするとき、

$$\varepsilon = -|S|\cos\chi \quad \cdots\cdots\cdots\cdots\cdots\cdots\cdots\cdots\cdots\cdots\cdots\cdots\cdots\cdots\cdots\cdots\cdots \text{(ニ)}$$

と定義される。したがって、

$$W = 4.25 e^{-2.5|\varepsilon - 0.015|} \quad \cdots\cdots\cdots\cdots\cdots\cdots\cdots\cdots\cdots\cdots\cdots\cdots\cdots \text{(ホ)}$$

とすれば、上り・下り・斜行・トラバースを区別した異方性コスト平面（anisotropic cost surface）を求めることができる。

傾斜角のデータソースとしては、スペースシャトルによるレーダー地形測量プロジェクト（SRTM; Shuttle Radar Topography Mission）のSRTM-3デジタル標高モデル（DEM; Digital Elevation Model）を利用した。分解能は約90mである。これをArcGIS上で対象地域の旧ソ連製10万分の1地形図（1978年作製）と照合した結果、地形形状に大きな齟齬は認められなかったため、SRTMの標高値を解析用の値として用いることとした。

以上のデータソースと計算式を用いて、アラキ北遺跡とアムラ遺跡をむすぶ最小コスト回廊を、バート遺跡群を経由することを期待しつつ作成した（図5）。

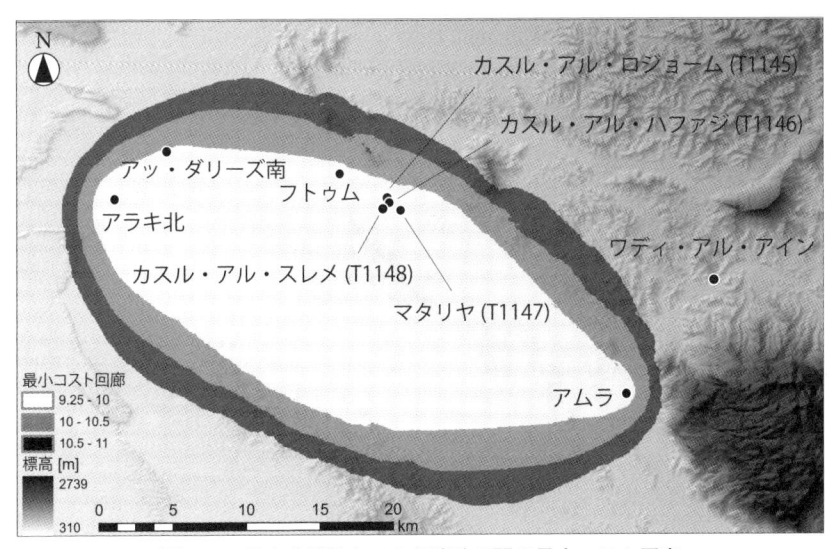

図5　アラキ北遺跡とアムラ遺跡の間の最小コスト回廊

　各遺跡の経緯度は初出時に記した通りである。コスト回廊は、両地点を出発点とする加重コスト平面の和であるから、回廊の各セルの値は両遺跡からの推定所要時間の和を示す。和の最も小さい地帯が最小コスト回廊である。先史時代の移動には家畜を連れた移住やラクダに荷を載せた隊商行も想定されるので、軽装でおこなった歩行実験の結果を一律に適用するのは問題ではないかと批判を受けそうだが、どのような種類の移動も傾斜角に影響されると仮定すれば、実験モデルに基づく推定値を移動コストの相対的な指標として適用するのはさしつかえないと考える。

　さてアラキ北とアムラの間の最小コスト回廊は幅が広く、先史時代の交通路は千々に分かれた可能性がある。最短経路はむろん二遺跡間を一直線に結ぶルートであるが、このルートは北西-南東方向に平行に走る複数条の細長い尾根を連続して越えていかなければならないので、最小コスト回廊がその地形的制約をほとんど受けないとしても、心理的に好ましい経路ではなかったかもしれない。この点、バート方面を経由していけば、ほぼ平地のみを通って行けるし、途中にオアシスの水場もある。各地点間の推定所要時間を模式化した路線図（図6）を見ると、アラキからアムラまで直行するルートの移動コストは9.74

236　第Ⅱ部　都市の発生期

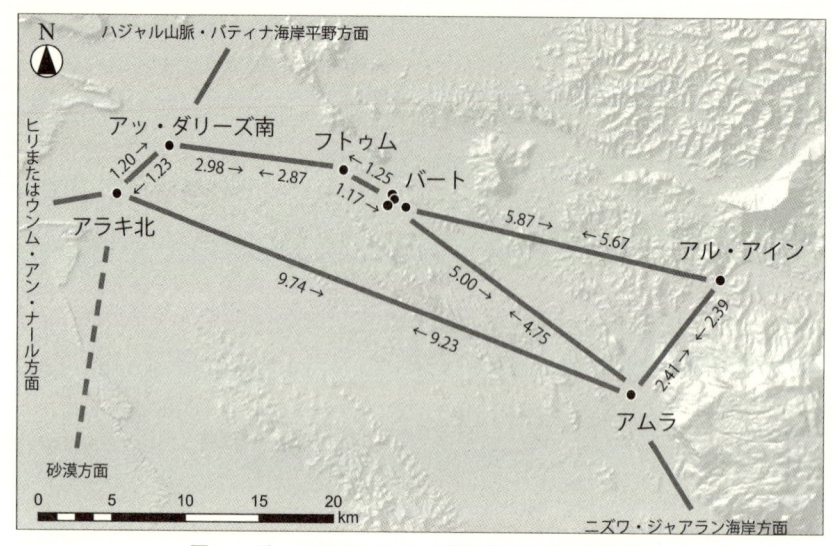

図6　バート地区における遺跡間の推定所要時間

であるのに対し、アラキからアッ・ダリーズ、フトゥム、バート経由で行くルートの合計値は10.35である。時間に換算すれば、およそ9時間45分と10時間25分で、約35分の差にすぎない。灼熱の乾燥地帯を10時間かけて一日で一気に横断するというのは相当なリスクを伴うので、ここはやはりオアシスごとに「各駅停車」していくのが安全策であったと考えられる。

4．眺望分析

眺望分析は、またの名を可視領域分析（viewshed analysis）ともいい、デジタル標高モデルに基づいて所与の観測点から山などに遮られずに視認できる領域を解析する手法である（Conolly and Lake 2006: 225-233）。考古学研究においては、たとえば高地性集落や古墳、山岳信仰の対象となる山からの眺望およびその連鎖を理解するためにしばしば用いられる（宇野編 2006）。可視領域は、第一義的には「その地点から見える」範囲を示すが、それは視点を逆にして「その地点が見える」領域を示すともいえる。つまり、眺望は基本的に「見る／見られる」という相互作用関係にある。この関係を利用して、ワディ・ア

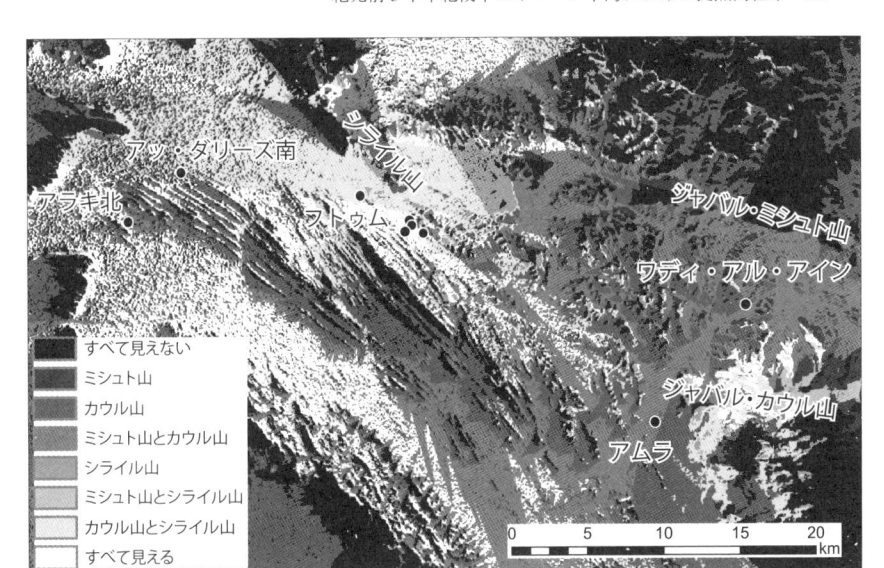

図7　ジャバル・ミシュト山、ジャバル・カウル山、シライル山の可視領域複合

ル・アインの背後に控えるジャバル・ミシュト山と、同じくアムラの背後に控えるジャバル・カウル山（Jabal Kawr; 標高2730m）、フトゥムの北に位置するシライル（Sirayr）の山からの可視領域範囲を求めた（図7）。それぞれ、ミシュト山が見える範囲・カウル山が見える範囲・シライル山が見える範囲と読み替えることができる。分析対象地域はナツメヤシの生い茂るオアシスを除けばアカシアが点在する乾燥地帯で、全般的に植生被覆が乏しく、しかも自然景観は前3千年紀から現在に至るまでさほど変化していないと考えられるので、眺望分析の結果は相当程度信頼できる。解析図を見ると、アラキ周辺では三山すべてを視認することができ、アラキからアムラに直行するルート上でミシュト山とカウル山を見失うことはない。現地での実感通り、アッ・ダリーズからフトゥムに向かうルート上ではこれら二山は見えず、バート付近に到達してようやく望むことができる。そして、バートからアムラまでは、見渡せば三山すべてを視認できる状態を保って移動することが可能な地帯が存在する。反対に、アムラからアラキ方面へ行くときには、シライル山を目標にしてバートとフトゥムを目指し、そこからアッ・ダリーズを経てアラキに達するのが安全策であったようである。

5．むすびにかえて

　最小コスト回廊分析と路線図分析、眺望分析の結果を総合すると、前3千年紀後半のオマーン内陸部における交通路の一様相が見えてくる。オマーン半島西部からヒリやイブリを経てアラキに至った交通路は、ここでアッ・ダリーズからハジャル山脈を超えてバティナ（Batinah）平野の海岸地帯に至るルートと、アムラからニズワ（Nizwa）一帯を経て東海岸のジャアラン地方に至るルートに分かれる。フトゥムやバートの石塔群は、移動コストの面からは若干寄り道になるが、ランドマークとして、そして給水地点として、重要な経由地となったはずである。

　今回の分析結果は、はからずもバートやワディ・アル・アインの積石塚群や石塔群が、経済的観点からすれば必ずしも交通の最適経路上に位置していたとは限らないことを明らかにした。しかし、そうであっても、もし人々がこれらのモニュメントに意図的に立ち寄っていたとしたら、それは文化的な動機のなせるわざである。考古学におけるGIS空間解析の妙味はここにあって、経済モデルや環境決定論に従わない考古学的パターンが予期せぬ形で見つかることがある。そのような場合にこそ、考古学的データに基づいて過去の「主体的な」人間行動を復元することが重要になる。今後の発掘調査の進展がまたれるとともに、古典的なCORONAから最新鋭の「だいち」に至るリモートセンシング画像の解析による往来痕跡（hollow）の同定などを通して、積石塚や石塔を造営し、その傍らを行き来した人々のあり方を総合的に明らかにしていく必要がある。

　本研究で遺跡での写真撮影方位記録（図3）に用いた視線情報付き写真収集システムは、独立行政法人情報通信研究機構ユニバーサルシティグループ（門林理恵子氏・近間正樹氏）から貸与を受けたものである。本稿を草するにあたり、宇野隆夫教授（国際日本文化研究センター）からバート遺跡のGISデータ、寺村裕史氏（総合地球環境学研究所）からは関連文献をご提供いただいた。現地調査にあたっては、オマーン遺産文化省ならびに米国ペンシルヴァニア大学

グレゴリー・ポセル（Gregory Possehl）名誉教授はじめバート遺跡調査団諸氏のお世話になった。ここに記して感謝申し上げる。なお、本研究は平成20年度東京大学学術研究活動等奨励事業（国外）による成果の一部である。

引用文献

Beech, M. J.　2004　*In the Land of the Ichthyophagi: Modelling Fish Exploitation in the Arabian Gulf and Gulf of Oman from the 5th Millennium BC to the Late Islamic Period*. Abu Dhabi Islands Archaeological Survey Monograph 1. BAR International Series 1217. Oxford, Archaeopress.

Berger, J. -F., S. Cleuziou, G. Davtian, M. Cattani, F. Cavulli, V. Charpentier, M. Cremaschi, J. Giraud, P. Marquis, C. Martin, S. Méry, J.-C. Plaziat and J.-F. Saliège 2005 Évolution paléogéographique du Ja'alan (Oman) à l'Holocène moyen: impact sur l'évolution des paléomilieux littoraux et les stratégies d'adaptation des communautés humaines. *Paléorient* 31/1: 46-63.

Cleuziou, S. and S. Méry　2002　In-between the Great Powers: the Bronze Age Oman peninsula. In S. Cleuziou, M. Tosi and J. Zarins (eds.), *Essays on the Late Prehistory of the Arabian Peninsula*. Serie Orientale Roma XCIII, 273-316. Rome, Instituto Italiano per l'Africa e l'Oriente.

Cleuziou, S. and M. Tosi　2007　*In the Shadow of the Ancestors: The Prehistoric Foundations of the Early Arabian Civilization in Oman*. Muscat, Ministry of Heritage and Culture, Sultanate of Oman.

Conolly, J. and M. Lake　2006　*Geographical Information Systems in Archaeology*. Cambridge Manuals in Archaeology. Cambridge, Cambridge University Press.

Costa, P. M. and M. Tosi (eds.)　1989　*Oman Studies. Papers on the Archaeology and History of Oman*. Serie Orientale Roma LXIII. Rome, Instituto Italiano per il Medio ed Estremo Oriente.

Crawford, H.　1998　*Dilmun and Its Gulf Neighnours*. Cambridge, Cambridge University Press.

Frifelt, K.　1985　Further Evidence of the Third Millennium BC Town at Bat in Oman. *The Journal of Oman Studies* 7: 89-104.

Giraud, J., J. -F. Berger, G. Davtian and S. Cleuziou　2005　l'Espace social des sociétés de l'Âge du Bronze au sultanat d'Oman (région du Ja'alan, IIIe millénaire av. J.-C.). In J.-F. Berger, F. Bertoncello, F. Braemer, G. Davtian et M.Gazenbeek (eds.), 2005 *Temps et espaces de l'homme en société analyses et modèles spatiaux en archéologie. XXVe rencontres interna-*

tionales d'archéologie et d'histoire d'Antibes, 305-314. Antibes, Éditions APDCA.

Méry, S., K. McSweeny, S. Van der Leeuw and W.Y. Al Tikriti 2004 New Approaches to a Collective Grave from the Umm an-Nar Period at Hili (UAE). *Paléorient* 30/1: 163-178.

Neteler, M. and H. Mitasova 2008 *Open Socurce GIS: A Grass GIS Approach.* 3rd ed. New York, Springer.

Orcherd, J. and J. Orcherd 2006 The Third Millennium BC Oasis Settlements of Oman and the First Evidence of Their Irrigation by Aflaj from Bahla. Ministry of Heritage and Culture (ed.), *Archaeology of the Arabian Peninsula through the Ages. Proceedings of the International Symposium, 7th-9th May 2006,* 143-173. Muscat, Ministry of Heritage and Culture, Sultanate of Oman,

Possehl, G. L., C. P. Thornton and C. M. Cable 2008 *Bat 2008: A Report from the American Team. An Occasional Paper of the Asia Section, University of Pennsylvania Museum.* Philadelphia, University of Pennsylvania Museum.

Potts, D. T. 1990 *The Arabian Gulf in Antiquity Volume I. From Prehistory to the Fall of the Achaemenid Empire.* Oxford, Clarendon Press.

Teramura, H., Y. Kondo, T. Uno, A. Kanto, T. Kishida and H. Sakai 2008 Archaeology with GIS in the Indus Project. In T. Osada and A. Uesugi (eds.), *Occasional Paper 5: Linguistics, Archaeology and the Human Past,* 45-101. Kyoto, Indus Project, Research Institute for Humanities and Nature.

Tobler, W. 1993 *Three Presentations on Geographical Analysis and Modeling.* Technical Report 93-1. Santa Barbara, National Center for Geographic Information and Analysis, University of California.

宇野隆夫編　2006　『実践考古学GIS：先端技術で歴史空間を読む』NTT出版。

宇野隆夫　2008　「GPS・GISを用いたオマーン前期青銅器時代墳墓群の分布研究」『京都歴史災害研究』9　1-11頁。

近藤康久　2007　「移動コスト計算の再検討－伊豆・神津島におけるGPSフィールド歩行実験計画－」『日本情報考古学会講演論文集』4　99-108頁。

近藤康久　2008　「最小コスト経路から最小コスト回廊へ：遺跡間経路推定における移動コスト計算法の再検討」『情報考古学』13/2　31-32頁。

近藤康久・清野陽一　2009　「歩行データに基づく移動コスト計算法試案：中山道木曽路におけるGPSフィールド実験から」『日本情報考古学会講演論文集』6　36-43頁。

都市無き複雑社会
――前2千年紀イラン北西部における葬送儀礼からみた社会構造――

有松　唯

　都市と複雑社会はイコールではない。少なくとも、前者の不在から後者の不在をも確定することはできない。そのことは両者を関連付けた考古学研究が盛んな西アジア地域においても例外ではない。本章では「都市無き複雑社会」の具体例としてイラン北部、カスピ海南西岸域を取り上げる。この地域では鉄器時代（前1450-330年）をとおして「都市」に相当する遺跡は確認できない一方、複雑社会の存在を示す墓地遺跡が多数検出されている。

　本章ではそうした墓地遺跡を中心に、葬送儀礼からみた複雑社会、そこでの遺跡間・地域間関係の具体的様相を明らかにしたい。同時に副葬品土器組成と遺跡分布も加味し、葬送儀礼自体の複雑社会内での位置付けの変化についても触れてみたい。

1．問題の所在

1．イラン北部、鉄器時代の物質文化

　ファンデン・ベルヘ（Vanden Berghe）はイラン北部、フルヴァン（Khurvin）遺跡の調査成果をもとにイラン鉄器時代文化の特徴として以下の5点をあげた（Vanden Berghe 1966）。
　1）墓地の形成
　2）石榔墓の普及
　3）注口を多用する暗色磨研土器の出現
　4）多量の金属製品（特に青銅製武具）の副葬
　5）動物モチーフの多用

注目すべきは「墓地の形成」が第1にあげられていること、それ以外も墓構造あるいは副葬品に関する特徴が指摘されていることにある。イランでも北西部、テヘラーン周辺やカスピ海南西岸域では後期青銅器時代の遺跡自体乏しい。それが鉄器時代になると突如、時として堅強な石槨墓を伴う大規模な墓地が形成されるようになる。逆に、こうした遺跡の出現によって鉄器時代を区分し得ている。ファンデン・ベルへが葬送に関する点を多く指摘したのも必然といえよう。

　現在では地域および時期ごとに多様な様相が明らかになっているし、イラン西北部や北東部には鉄器時代のテル状居住遺跡が複数存在する。ただこうした地域でも青銅器時代の埋葬は居住地とは明確に区分されず、床下埋葬のような形で検出される場合がままある。それが鉄器時代になると墓地を区分したり、墓地のみの遺跡が出現するようになる。その点において、墓地遺跡の大規模な展開自体を鉄器時代文化の特徴と考えたファンデン・ベルへの指摘は、イラン北部鉄器時代物質文化の特徴を大まかには示すものとして、依然蓋然性がある。特に上述のイラン北西部では現時点でも主要な鉄器時代遺跡の多くは墓地で、ひいては鉄器時代の物質文化も墓や副葬品から把握されている状況は相違ない。

2．イラン北西部、鉄器時代の社会構造

　そうしたイラン北部、なかでも代表的な墓地遺跡が集中するカスピ海南西岸域（図1）において、鉄器時代社会の複雑性はどのようにとらえられてきたのだろうか。この議論の際に日本調査団の成果が寄与する部分は大きい。1960年代、東京大学イラク・イラン遺跡調査団（団長：江上波夫）はチャーク・ルード（Chak Rud）川流域に展開するデーラマン地域（Deylaman）において考古学調査を行った。そのなかでガレクティI号丘（Ghalekuti I）のA区では、大型の墓壙（V号墓）にむけて石槨墓が長軸を揃え、規則的に配置されている様子を明らかにしている（江上ほか編 1965: PL. XLI）。V号墓はそのように墓域内で中心を占めることに加え、副葬品がとりわけ豊富、仰臥屈葬という特異な埋葬姿勢、木材を多用した大型墓壙といった点でも他の墓壙とは一線を画す。こうしたことから、発掘者はA区の各墓がV号墓の殉葬だった可能性も指摘している（江上ほか編 1965: 45）。しかし一方V号墓以外の墓壙間には副葬品や構造

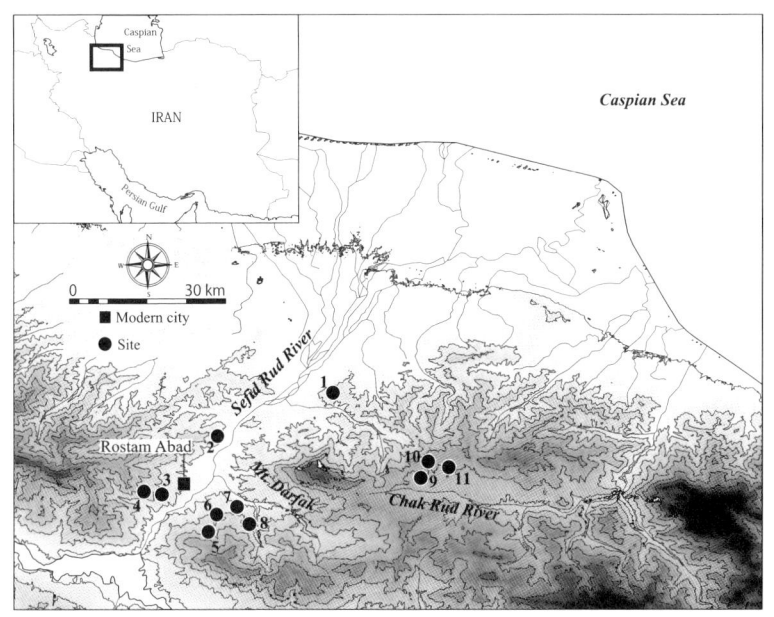

1：Lameh Zamin　2：Jamsid Abad　3：Tappe Jalaliye　4：Kaluraz　5：Ali Karam Bagh　6：Marlik
7：Zeinab Bejar　8：Gheshlagh　9：Lasulkan　10：Ghalekuti I　11：Ghalekuti II

図1　対象地域と発掘調査が行われた主要遺跡

に大差なく、当時の社会には「極端な階級差はみられない」(深井・池田編 1971: 78)と判断した。

　D. サンクァブル(Cinquabre)はイラン北部の墓制を集成するなかでこのガレクティI号丘A区について言及している(Cinquabre 1978)。計画的な墓域構成、そのなかでV号墓が中心を占めることに加え、突出して大型で且つ木材を用いるという墓壙の特徴、埋葬姿勢の特異性、副葬品の豊富さといった点から、V号墓の被葬者を「首長(chef)」と推定した(同: 336)。上記発掘者と同様の解釈といえる。

　デーラマンの調査と時期を同じくして、近接するセフィード・ルード(Sefid Rud)川東岸、マールリーク(Marlik)では多数の墓壙が検出された。この遺跡は貴金属製品を多量に含む副葬品の豪奢さ(Negahban 1968, 1996, 1998)から、鉄器時代に複雑社会が存在した証拠として言及される場合も多い。発掘者のE. O. ネギャバン(Negahban)自身もこの遺跡を「王家の墓地(Royal

Cemetery)」と称している（Negahban 1968：60, 1996：13, 1998: 43）。この判断は一貫していて、報告書中でも個々の墓壙について「王墓」、「王妃の墓」、「王族の墓」、「兵士の墓」等の記載を行っている（Negahban 1996: 16-25）。また別稿（Negahban 1968）では墓壙を規模、副葬品の種類と多寡によって分類し、とりわけ規模も大きく副葬品が豊富な墓を「王」の墓、次いで多くの副葬品を伴う墓は「王妃・王女」、副葬品をあまり伴わない墓を「マールリーク繁栄以前の墓」と解釈している（同: 60-61）。

ネギャバンは具体的にはこの「王家の墓地」を「マルディ（Mardi）民族」王国のそれに比定している（Negahban 1996：325）。ギリシャ・ローマの文献資料に拠れば、マルディ民族はカスピ海南部の大部分を支配下に治めたという。マールリークの副葬品には外来製品が多数含まれていてこうした記述と矛盾しないこともマールリーク＝マルディ民族説の根拠となっているのだろう。現にネギャバンは「マールリーク王国」はギーラーン（Guilan）、マーザーンダーラーン（Mazandaran）、アゼルバイジャン（Azerbaijan）を支配下におき、コーカサス（Caucasus）方面にまで影響を及ぼしていたと考えた（Negahban 1968: 62, 1998: 50）。「この王国は地理的に規定されるのではなく、文化的に判断されるもの」（Negahban 1998: 45）という記述もあり、ある程度斉一的な文化ホライズンと複雑性を伴う「王国」を想定したようだ。そして広範に及んだ複雑社会の頂点にマールリークの被葬者を据えたわけである。

3．本分析の目的

いずれの研究でも鉄器時代、イラン北西部における複雑社会の存在を認めている点は共通している。しかしその具体的な様相については研究者ごと、あるいはどの遺跡に着目するかによって異なっているし、地域全体の様相もなかなか見えてこない。その要因として次の2点を指摘したい。

(1) 対象遺跡と墓壙

複雑社会を明らかにするには階層性の総体を示す必要がある。対象地域についてそれが叶っていない主要因は、上記研究がそれぞれガレクティⅠ号丘、マールリークといった個々の遺跡についてのみの考察に留まる点にある。これら遺跡が着目されるのは、多量の副葬品を有する大規模な墓壙が検出されたこと

による。必定そういった遺跡や墓壙に議論が集中し、各遺跡の相互関係すら不明なままだ。特にマールリークについては「カスピ海南部を支配した王国」の「王家の墓地」とするならば、周辺遺跡との比較を通した地域社会内での位置づけが不可欠だろう。

(2) 複雑性を判断する基準

ガレクティI号丘の墓域構成やマールリークのような副葬品を豊富に有する遺跡の存在を考慮すれば、ある程度の複雑社会が存在したことは確からしい。しかし先行研究ではその判断自体各研究者の印象に基づく。結果的に解釈が精密さを欠いている。現にガレクティI号丘ではA区V号墓以外は同様との見解が呈されているものの、断定するにはより厳密に各墓壙を比較する必要があろう。マールリークでも上記4分類にすべての墓壙が収まるのかは検証されていない。また、共通の基準を設定しない限り遺跡間の比較はできないだろう。結果的にこうした判断基準の曖昧さも地域全体の様相が把握できない要因となっている。

こうした点をふまえ、本分析ではイラン北西部、鉄器時代における複雑社会の具体的様相を明らかにしたい。そのために従来の考察では対象とされてこなかった副葬品をあまり伴わない墓壙や墓地も含め、個々の相対的位置づけを明らかにする。その際副葬品と墓の構造に着目した基準を設定し、各墓壙の分析を行う。ただし本稿では当該地域における「王」や「首長」の存在を確認することは目的としない。あくまで各遺跡・各墓壙の複雑社会の中での相対的位置づけを目指したい。そして最後に葬送儀礼以外の側面も含め、都市無き社会において複雑性自体がどのように変容していったのかを考察してみたい。

2. 対象地域と対象遺跡

本分析ではイラン北西部のなかでもカスピ海南西岸域、セフィード・ルード川流域およびデーラマン地域を対象とした（図1）。この地域には上述のようにイラン鉄器時代を代表する著名な遺跡が集中している。鉄器時代物質文化の特性を体現する地域といえよう。それは同時に調査事例が豊富なことも意味するし、墓域構成や墓壙の構造、副葬品組成が示されている場合が多いことからも、分析対象に適すると考えた。

本分析では副葬品の共伴関係や墓壙の構造に関する詳細な報告が不可欠なため、そうした記載がある程度なされている遺跡を選択した。ジャムシード・アーバード（Jamsid Abad）（Fallahiyan 2004）、マールリーク（Negahban 1995, 1996）、アリ・キャラム・バーグ（Ali Karam Bagh）（Negahban 1996）、ゼイナブ・ベジャール（Zeinab Bejar）（Negahban 1996）、ゲシュラグ（Geshlagh）（Negahban 1996）、ラメ・ザミーン（Lameh Zamin）（Fukai and Matsutani 1978）、ガレクティI号丘（江上ほか編 1965, 深井・池田編 1971）、ガレクティII号丘（Ghalekuti II）（深井・池田編 1971）、ラスルカン（Lasulkan）（江上ほか編 1965）の9遺跡が対象となる。

3．分析の方法

1．墓分析

葬送に関する行為が社会なり文化なりを反映しているのか、あるいは考古学的に認識し得る葬送関連の痕跡から当時の社会構造を復元することはできるのか、ということについては多くの議論がある。懐疑的な見解も示されてはいる（アッコー 1977, O'Shea 1981, 1984）が、葬送儀礼についての考古学的研究から多くの成果が得られていることも事実だろう。また、考古学者の多くは葬送に関する痕跡から当時の社会を復元する困難さを認識しながらも、絶対的に不可能とみなすわけではない。本章でも、少なくとも部分的には可能という立場で分析を行いたい。

またその際、葬送儀礼関連のどういった痕跡に着目するかによって社会のどの側面が復元されるかは異なってくる。本章で目指すのはあくまで階層あるいは階級、すなわち社会の複雑性を反映する「社会の構造文化における縦の次元」（以下「縦の次元」）（Tainter 1978）の解明である。そこで、「葬送の準備に費やされたエネルギー量」と「副葬品の多寡」が「縦の次元」を表象する傾向がある（Tainter 1978, Brown 1981, O'Shea 1981, 1984, Peason et al. 1989, Car 1995）という説に着目した。具体的には「エネルギー量」は墓壙の建造方法、「副葬品の多寡」は特に副葬品の種類数に反映する可能性が高い（Tainter 1975, 1977, 1978, O'Shea 1981, 1884, Carr 1995）という。より手間のかかった築造

工程を経ている墓壙、より多種の副葬品を伴う被葬者が複雑社会の中でより上層にあったことになる。同時にそうした点について墓壙間に差異があれば、当時の社会がある程度の複雑性を帯びていたと解釈できることにもなる。

本章ではこの仮定をふまえて、イラン北西部、鉄器時代の墓について検討をおこなう。具体的には墓壙ごとに墓構造の精粗と副葬品の種類数を判断して相互に比較する。その際墓構造と副葬品の分析は別個におこない、相互に検証するかたちをとった。

2．時期区分

対象地域の土器編年と地域性はすでにある程度明確になっている（Haerinck 1988，有松 2007a，西秋ほか 2006，三宅 1976）。土器編年は主にデーラマン地域出土の副葬土器に基づいているので、デーラマン地域の各墓壙についてはこの編年から時期を判断した。それ以外の地域についてもこの編年を援用した。時期区分自体はイラン西北部、ハッサンルー（Hassanlu）遺跡の年代を基準としている。それによると鉄器時代は 4 期に区分でき、I 期は前1450年から1250年、II期は前1250年から750年、III期は前750年から550年、IV期は前550年から4世紀半ばに相当する。本章ではこのうちI期からIII期までを対象とした。

ただしマールリーク、ゲシュラシュ、ガレクティI号丘に関してはいくつかの墓壙で時期を隔てた追葬が行われている（Haerinck 1988，足立 2004，有松 2005，西秋ほか 2006）。しかし、特に前者 2 遺跡では発掘時にそのことが認識されていなかったため、追葬に伴う墓壙の形状、副葬品組成などは記録されていない。報告書中では単独の墓の副葬品として扱われている中に複数の時期の遺物が混在している場合が見受けられる。追葬の副葬品と墓床の副葬品とを一括としていることによるのだろう。よって副葬品は個別に既存の編年に照らし合わせ、独自に時期を判断した。どの墓に追葬が伴うかといった判断もそれに拠っている。

4．分析

1．墓の構造

ここでは墓の構造が報告書中の図版あるいは記載から判断し得る墓壙につい

てのみ、分析を行った。
　(1)　墓構造の分類基準
　鉄器時代の墓壙は大半が、まず土壙を形成する。その後墓壙によって石材あるいは木材での補強、蓋石で覆う等様々な工程を経て現在検出された状態となる。この工程が複雑なほど多くの労力、すなわち「エネルギー量」が費やされたと判断できよう。同時に石材や木材の質や量、基壇等の有無も築造工程の手間を判断する一助となるだろう。
　こうした点を考慮して、築造工程の複雑さに関わると推測できる項目を以下にまとめる。いずれも墓壙築造の際に費やされた「エネルギー量」、単純に言えば築造する際にどれだけの手間がかかっているのかを判断する基準として有効と考えた。
①形態
　多角形にしたり竪穴を付属したりといった場合、より単純な形態の墓壙に比べてそのぶん余分な労力を要しただろう。基壇等付属構造が伴う場合についても、同様のことが言える。そうした複雑な構造の墓壙ほど、多くの労力が費やされたと考えられよう。
②建築材
　石材や木材を使用する場合にはそれを獲得し、利用可能な形態に加工し、運搬するという一連の作業が必要となる。そうした作業が行われている分、石槨墓や木槨墓は土壙墓に比べ労力を要したと判断できる。さらに前者については、同じ石槨墓でもより多くの石材を用いていたり、整形された板石や希少な搬入石を使用していたりするほうがより多くの手間がかかっていると考えられよう。
③規模
　対象となる墓壙について明確な上部構造が指摘されている例はほぼないため、墓の規模は単純に墓壙の容量から判断することができよう。しかし墓の掘り込み等の判断が不明瞭なものも多く、容量を判断できる例自体少ない。よって主要な基準としては用いることができないものの、具体的な数値の記載があったり、図面から判断が可能な場合は留意した。

(2) 墓壙分類

　上記基準に留意すると、墓壙は石槨墓、土壙墓、木槨墓に大別できる。さらに石槨墓は平面形態、石材の質・量、石積の方法によって細分した。土壙墓も断面形態および平面形態によって細分した。最終的に墓壙は以下の15種類に分類できた。

①竪穴式長方形石槨墓a

　墓壙の4面に丁寧に板状あるいは塊状の石を積み、さらに墓床に基壇を形成するもの。基壇は巨礫を複数組み合わせている。壁面も垂直になるよう工夫されている場合が多い。

②竪穴式長方形石槨墓b

　竪穴式長方形石槨墓aと同様に4面が丁寧に石材が積まれている。このタイプの特徴は、遺跡から15km程離れた場所から搬入したと考えられる黄色石を使用する点にある（Negahban 1996: 14）。この搬入黄色石板は壁面に積まれたり、床面に敷かれたり、基壇や器台、テラスに用いられたりしている。具体的なサイズには言及されてはいないものの、かなり大型の、一枚板の状態で搬入された可能性も高い。

③竪穴式長方形石槨墓c

　墓壙の4面に石材を積むもの。ガレクティⅠ号丘の場合短辺は板石立てかけるのみの場合も多い。

④竪穴式長方形石槨墓d。

　墓壙の長辺2面のみ石材で補強されている。短辺には手が加えられていない。

⑤竪穴式長方形石槨墓e

　墓壙壁面全面に石材を使用したのではなく、基底部付近のみ石積みのもの。板状割石や礫を数段積み上げる場合が多い。

⑥竪穴式方形石槨墓a

　4面石積みの点は竪穴式長方形石槨墓cと同じだが、墓壙の形状が全体的に方形を呈する。

⑦竪穴式方形石槨墓b

　壁面の高さ2m前後のところを基底部付近のみ、30〜70cm前後石を積んだもの。

⑧竪穴式多角形石槨墓

　マールリークの2基のみで、それぞれ五角形と六角形を呈する。

⑨竪穴式不定形石槨墓

　形状以外は竪穴式長方形石槨墓cや竪穴式方形石槨墓aと相異はない。ただ報告書の記載によれば、石の積み上げ方がやや雑なようだ。

⑩ストーンサークル

　墓の上部構造として、礫を円状に配置したもの。下部構造は単純な土壙墓。

⑪竪穴式長方形土壙墓

　被葬者の周囲や墓の上に岩石や礫が置かれている場合もある。

⑫竪穴式楕円形土壙墓

　多くの場合掘り込みが完全に確認されたわけではないので、これが本来の形状であったかは不明。

⑬竪穴式不定形土壙墓

　多く見られる種類だが、掘り込みが確認できなかった土壙墓はこの種類と判断しているため、本来ならば竪穴式長方形土壙墓や竪穴式楕円形土壙墓、竪穴付土壙墓であった可能性も否定できない。

⑭竪穴付土壙墓

　竪穴部分はスロープ状を呈する。前述したように、スロープや被葬者が礫で埋められている場合がある。ただしこのタイプの土壙墓では竪穴部分が完全に残存している例は少ないことから、竪穴式土壙墓とされている中にもこのタイプの墓壙が混在するのかもしれない。

⑮竪穴式木槨墓

　ガレクティⅠ号丘A区V号墓のみ。方形で蓋には割り石を用い、壁面基部に石組みを設け、その上に割り板を敷き詰めてある。よって、最終的には木槨の様相を呈していたといえよう。木材は粘土質土壌で固定してある。墓上部にも木材が敷かれていたようだ。

（3）　墓構造の通時的比較

　鉄器時代Ⅰ期（図2）で対象となるのは81基。そのなかに15種類すべての墓構造が確認できた。注目すべきは、遺跡間で墓構造のあり方が大きく異なることである。上記基準に照らし合わせて推測するならば、土壙墓よりも石槨墓や

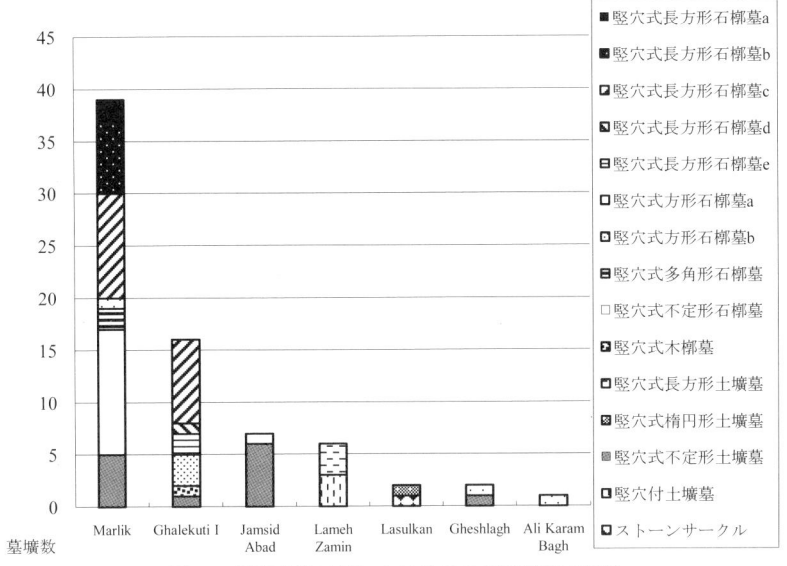

図2　鉄器時代Ⅰ期における遺跡別墓構造の割合

　木槨墓に、石槨墓の中でもより多くの石材、あるいは搬入石が用いられていたりするものにより多くのエネルギーが費やされていると仮定できる。さらに形状から判断すれば、不定形墓や楕円形墓よりも長方形や方形、あるいは多角形墓のほうに多くのエネルギーが費やされたとみなせる。そうすると、よりエネルギー量が費やされたであろう構造の中で、竪穴式長方形石槨墓a、竪穴式長方形石槨墓b、竪穴式多角形石槨墓はマールリークのみに限られる。一方、ラメ・ザミーンやジャムシード・アーバードなどはほとんどすべての墓壙が土壙墓からなる。また、石槨墓の存在する遺跡では多種の墓壙が並存する傾向がある。特にマールリークでは同じ石槨墓でも多岐にわたる。ガレクティⅠ号丘でも、基本的には竪穴式長方形石槨墓cが主流だが、木槨墓も並存する。前述したような遺跡間での相異は地域性による可能性も否定できないが、同一遺跡内でのこうした差異は何らかの「縦の次元」を示している蓋然性が高い。このことは、副葬品種類数と併せた検証の項で詳述する。

　鉄器時代Ⅱ期で対象となるのは15基ですべてが竪穴式不定形土壙墓からなる。単純にとらえれば、Ⅰ期には石槨墓が主流でかつ15種類すべての墓構造が

あるのに対し、II期には墓壙の形態も種類も簡素化すると判断できよう。ただし上述したようにマールリークとゲシュラシュでは追葬が行われているがその墓壙の形状などは記載されていないため確実性に不安は残る。しかし確実な例をみると、ガレクティI号丘A区V号墓、B区III号墓、C区I号墓、G区9号墓の追葬部分はすべて不定形土壙墓からなる。また発掘当時気付かれなかったという時点で石槨墓などであった可能性は低いだろう。よってマールリーク等における追葬の墓壙は不定形土壙墓であった可能性が高いと判断した。加えて墓壙の形状が発掘によって明らかになっているガレクティII号丘4号墓が、竪穴式土壙墓であることからも、I期にみられたような堅強な石槨墓が小数になったと考えたい。

　鉄器時代III期については20基が対象となる。II期と同じくすべてが竪穴式不定形土壙墓となる。当該期に関してもII期と同様のバイアスがかかっていることは否めない。ただしII期と同様の理由に加え、ガレテクティI号丘の当該期の墓が全て竪穴式不定形土壙墓で構成されることからも、I期と比較すれば相対的に簡略な墓壙が造られるという傾向は指摘できよう。特にガレクティI号墓では、I期にはA区に代表される木槨墓のV号墓を中心とする石槨墓の整然とした墓域が形成されていた。それがIII期になると墓壙の形状も判然としないような、被葬者が複数混在する場合すらある埋葬形態へと移行する。少なくともデーラマン地域ではこの時期、墓壙が簡素化したようだ。

2．副葬品

　ここでは盗掘や撹乱を受けていないと報告者が判断している墓のみを対象とした。

（1）副葬品分類（表1）

　副葬品は主に容器、形象品、装飾品、武器、日常用具からなる。それぞれについて機能ごとに細分したうえで、素材を加味した。素材は金、銀、青銅、バイメタル（青銅＋鉄）、石（玄武岩、石灰岩等）、貴石（瑪瑙類、埋木、水晶等）、ガラス、ファイアンス、貝、歯牙骨、土に分類した。

（2）副葬品種類数の比較

　鉄器時代I期（図3）における副葬品の種類数の平均は7.6。そのうち、平均

表1　カスピ海南西岸域出土、鉄器時代副葬品分類

		金	銀	青銅	鉄	バイメタル	ガラス	ファイアンス	貴石	歯牙骨	貝	土	石	布
容器	-	●	●	●			●	●				●		
形象品	人物	●		●								●		
	乗物											●		
	動物	●		●								●		
装飾品	頭環			●										
	首環	●	●	●										
	ペンダント	●		●						●				
	ビーズ	●	●	●			●	●	●		●	●		
	耳環	●	●	●										
	腕輪	●		●										
	指輪	●		●										
	帯			●										
	バックル	●		●										
	ピン	●		●										
	留具			●										
	ホック			●										
	バネ	●		●										
	鈕	●		●				●			●	●		
	飾板	●												
	金片	●												
	垂飾	●		●							●			
	葉形装飾品	●												
武具	刀			●	●									
	剣			●	●	●								
	短剣			●										
	槍先			●	●									
	ぞ			●	●									
	鉾槍			●										
	鏃			●						●			●	
	弓			●										
	棍棒先			●									●	
	胸当			●										
	石突			●										
	楯			●										
	兜			●										
道具	刀子				●									
	ちょうな			●										
	鑿			●										
	鑿			●										
	錐			●										
	紡錘車			●								●	●	
	糸巻			●										
	針	●	●	●						●				
	印章								●					
	鏡			●										
	爪掃除用具			●										
	耳かき	●		●										
	毛抜			●										
	櫛			●										
	ランプ											●		
	ノブ						●							
	パイプ			●									●	
	柄杓			●										
	串			●										
	歯車			●										
	砥石												●	
	磨石												●	
	石臼												●	
	石皿												●	
	骨角製品									●				
	布													●
馬具	轡			●										
	鈴			●										
インゴット	-			●										

●は出土品が存在することを示す

254　第Ⅱ部　都市の発生期

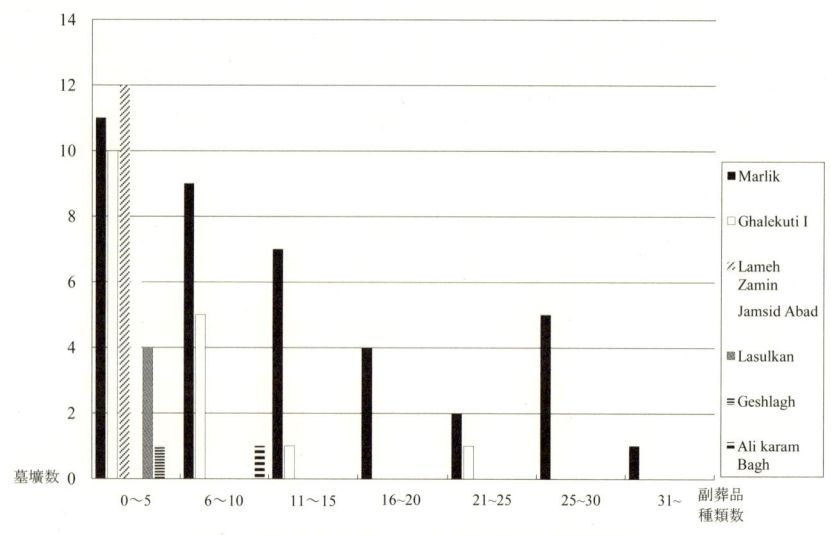

図3　鉄器時代Ⅰ期における遺跡別副葬品種類数

以上の種類数を有する墓が上位33％に、16種類以上の墓は上位16％に限られている。少数の墓に副葬品が集中しているといえよう。遺跡間で比較してみると、マールリークのみの平均は11.7、ガレクティⅠ号丘の平均は5.4、ジャムシード・アーバードは2.7、ラスルカンは1.7、ラメ・ザミーンは1だった。さらに8種類以上の副葬品を有する27基のうち25基がマールリークの墓であることから、遺跡間でも明確な格差が存在したと考えられる。一方マールリークではそうした上位の墓が存在する一方、副葬品の種類数が1といったような墓も存在する。平均以上の副葬品種類数を有する墓壙のあるガレクティⅠ号丘についても、同様の傾向が指摘できる。特定の遺跡でのみ遺跡内格差が著しいという傾向もあるようだ。

　鉄器時代Ⅱ期（図4）における副葬品種類数の平均は10.2。11種類以上の副葬品を有する墓は46％で、Ⅰ期よりは偏らない。また、Ⅰ期のマールリークでの平均は11.7なのに対し当該期の平均は10.7と、副葬品の種類数はやや減少したようだ。ただほとんどすべての墓がマールリークに限られてしまったため、当該期に関して遺跡間格差を判断することは困難だった。

　鉄器時代Ⅲ期（図5）について遺跡間を比較した場合、上位45％にあたる9

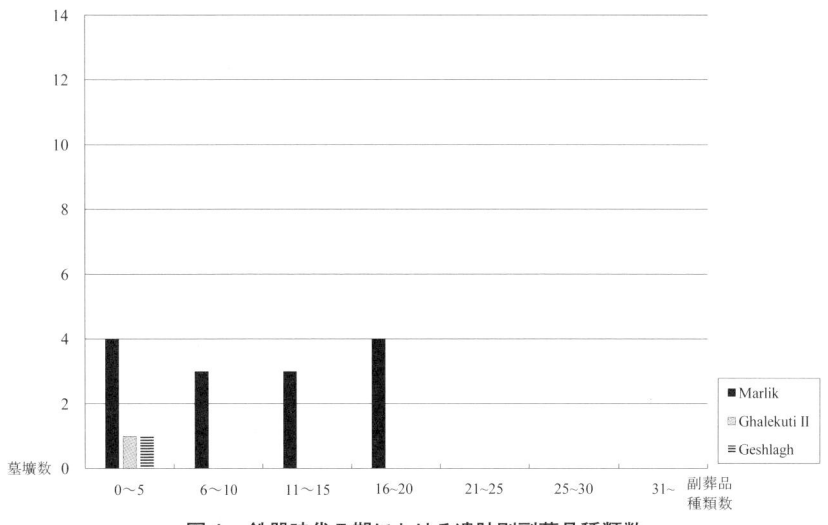

図4　鉄器時代Ⅱ期における遺跡別副葬品種類数

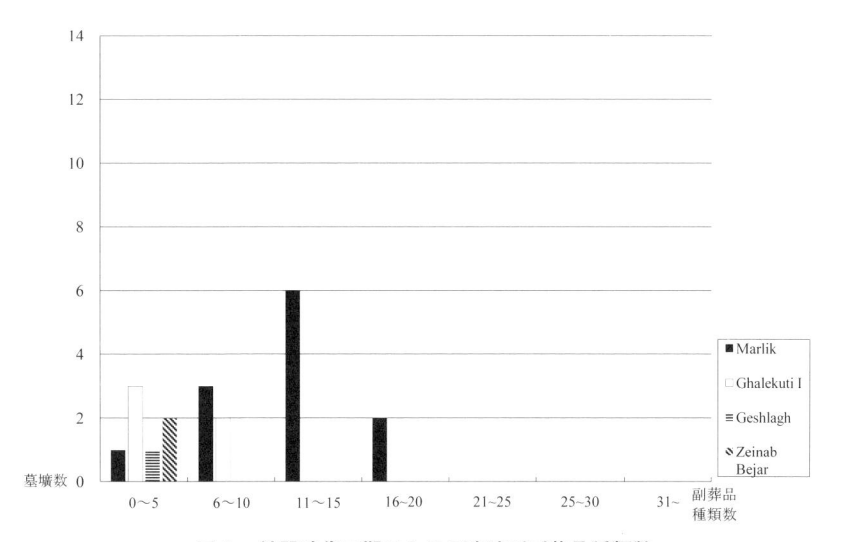

図5　鉄器時代Ⅲ期における遺跡別副葬品種類数

基のうち8基がマールリークの墓となっている。またマールリークの平均は11.4なのに対しガレクティⅠ号丘は5、ゼイナブ・ベジャールは1と、隔たりがある。この時期にもⅠ期ほどではないにしろ、遺跡間格差が存在したようだ。

一方副葬品種類数の平均は8.2、そのなかで9種類以上の副葬品を有するのは上位45％の墓で、Ⅱ期と同様、Ⅰ期と比較すれば隔たりは顕著でなくなる。特にデーラマンでは、Ⅰ期には平均値をはるかに上回る副葬品を有するA区Ⅴ号墓やE区6号墓といった墓が存在したにもかかわらず、Ⅲ期にはそのような卓越した墓が存在しなくなる。

　また、少なくともデーラマンに関しては副葬品種類数の平均自体にも留意する必要がある。ガレクティⅠ号丘ではⅠ期の種類数平均は5.4で、当該期も上述したように5と一見変化がないようにみえる。しかしⅠ期にはほぼ単葬のみであったのが、当該期から複葬が一般化するのである。その点を考慮して被葬者数で平均を割り出した場合、当該期の平均は2.7となる。Ⅰ期の平均は同様に割り出しても変化ないため、両期を比較すると副葬品の種類数はこの時期ほぼ2分の1に減じたことになる。他遺跡の墓壙については複葬か単葬かの判断ができないけれども、もしこのガレクティⅠ号丘での現象が対象地域全体に一般化できるとすれば、副葬品種類数の平均はより減ずることになる。

3．墓の構造と副葬品の相互検証

　鉄器時代Ⅰ期については墓の構造と副葬品の種類数とのあいだに明らかな相関関係が指摘できる（図6）。より多くの「エネルギー量」が費やされたと仮定した竪穴式長方形石槨墓a、竪穴式長方形石槨墓b、竪穴式多角形石槨墓、竪穴式木槨墓といった構造は、副葬品の種類数からみても上位、15種類以上の副葬品を有する墓に限って採用されている。特に、副葬品種類数が卓越しているマールリーク36号墓をはじめ、副葬品種類数からみた上位3基はすべて搬入石を用いた竪穴式長方形石槨墓bに対応する。土壙墓類やストーンサークルは副葬品種類数が平均以下の墓に限られていることからも、この相関関係は支持されよう。

　こうしたことから、少なくとも鉄器時代Ⅰ期については「エネルギー量」を費やした墓壙ほど多種の副葬品が納められるという傾向が指摘できる。このことは墓構造と副葬品の選択が同様の背景に基づいて行われた可能性を示している。同時に、これら2つの属性が同様に被葬者の複雑社会内での立場を反映しているとした仮説とも矛盾するものではない。

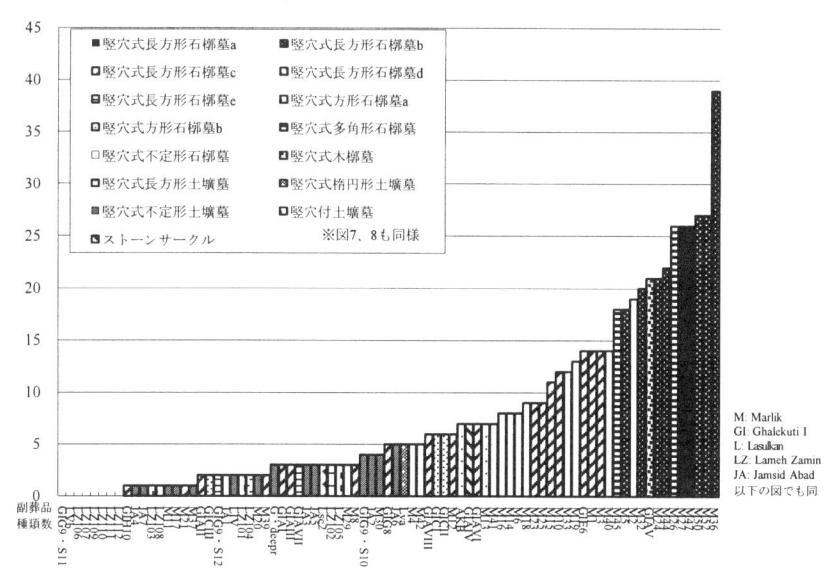

図6　鉄器時代Ⅰ期における副葬品種類数と墓構造の相関関係

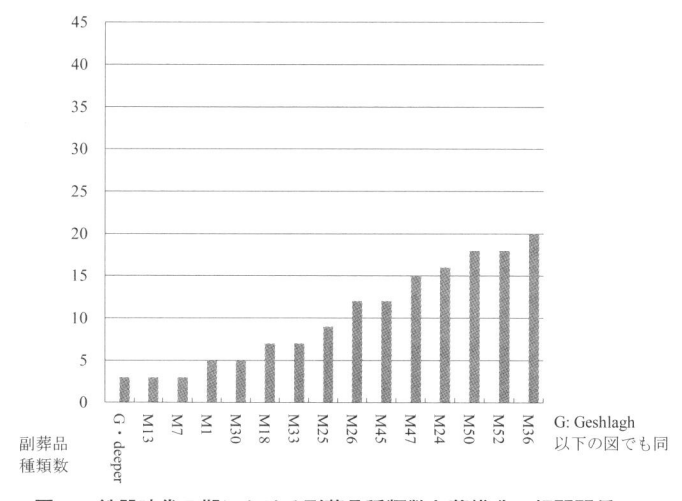

図7　鉄器時代Ⅱ期における副葬品種類数と墓構造の相関関係

一方、鉄器時代Ⅱ期（図7）とⅢ期（図8）には墓構造が竪穴式不定形土壙墓のみという判断になってしまう。そのため副葬品の種類数と墓壙構造の相関関係を判断することは困難だった。

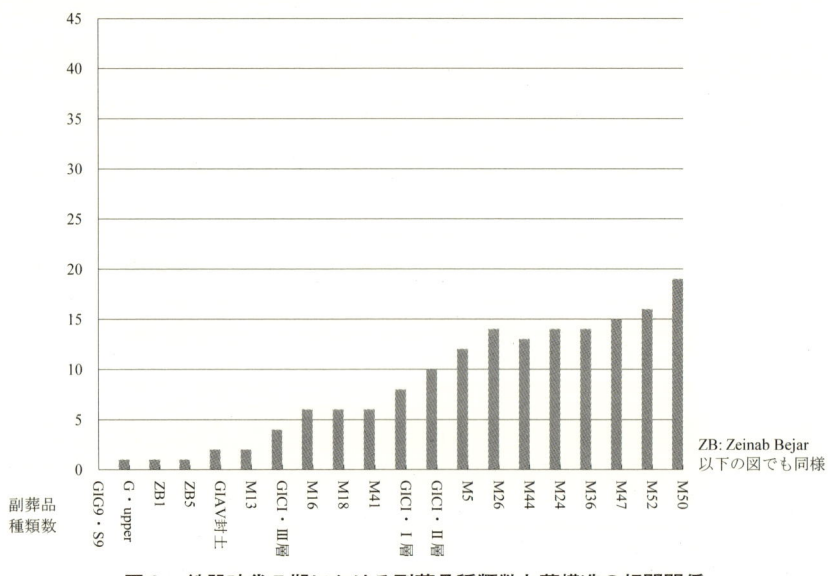

図8　鉄器時代Ⅱ期における副葬品種類数と墓構造の相関関係

5．葬送儀礼からみた「辺境」地域における複雑社会の様相

1．鉄器時代Ⅰ期の複雑性—多層的複雑社会—

　鉄器時代Ⅰ期には遺跡間格差と、遺跡によっては遺跡内格差もとりわけ顕著に確認できた。具体的には、副葬品種類数が多く且つ墓構造に「エネルギー量」が費やされた墓はマールリークに集中していた。ここでの上位の墓の構造は竪穴式長方形石槨墓a、竪穴式長方形石槨墓b、竪穴式多角形石槨墓で、特に竪穴式長方形石槨墓bが最も多種の副葬品を伴っていた。マールリーク以外で平均以上の副葬品種類数を有する墓はガレクティⅠ号丘、それもA区V号墓とE区6号墓に限られる。A区V号墓は対象地域で唯一の竪穴式木槨墓で、E区6号墓は竪穴式長方形石槨墓cに相当する。とりわけA区V号墓については従来から遺跡内での特異性が指摘されてきたが、対象地域内でもとりわけ上位に位置することが今回の分析によって明らかになった。それ以外の遺跡に造られたのはほぼすべて土壙墓、副葬品種類数も平均以下だった。Ⅰ期にはこのような遺跡間

格差が存在する一方、遺跡内での格差も著しい。マールリークやガレクティI号丘といった上位の墓が存在する遺跡にも、他遺跡と同等の墓壙が併存していた。

こうしたことから、鉄器時代I期には被葬者および遺跡間に何らかの社会的格差、立場の相違が存在したことは明らかだろう。分析の前提に立ち戻ればそれは、「縦の次元」の差異ということになる。そこで以下、その具体的な様相について、遺跡間・墓壙間の相互関係に重点を置き、先行研究と照らし合わせながらみていきたい。

(1) 遺跡内格差

マールリークでは遺跡内格差が顕著で、「縦の次元」は多岐にわたる。また墓壙の構造自体多様だった。こうした墓壙間の相違は上記ネギャバンの4分類では解釈しきれない。上述したようにこの遺跡については時期区分が困難なためこれら墓壙がすべて同時期かは慎重になる必要があるけれども、下位の墓すべてを「繁栄以前」とするのは無理があろう。同時にマールリークが「王家の墓地」だったのならば、「王家」自体がより複雑な階層性を帯びていたことになってしまう。いずれにせよこの墓地に埋葬された人々を一括して「王家」にかかわる人物とするのは大雑把すぎるのではないだろうか。本分析のみでは具体的な説は提示し得ないが、今後、墓域構成等も含めたより詳細な分類によって被葬者の相互関係と遺跡自体の性格を再検討していく必要があろう。

またデーラマンではガレクティI号丘A区V号墓以外の墓壙についても「縦の次元」の差異が確認できた。ここでも、従来の解釈より複雑な階層性が想定できよう。加えてE区6号墓に着目すべきだろう。この墓壙は地域内でも「縦の次元」の上位に位置すると同時に、個別の属性についてA区V号墓と共通する要素が確認できる点は重要である。とりわけ仰臥屈葬を呈する埋葬姿勢（深井・池田編 1971: PL. L）は対象地域内ではこの2墓壙でしか認められない。副葬品をみても触角状突起付青銅剣身（同: PL. LII-1～3）や注口付土器（同: PL. LI-11）といった特徴的な遺物（有松 2008a）を共有している。この両被葬者は時期を隔てていたのか、併存していたとしたらどのような関係にあったのか等、現時点ではこれ以上明らかにすることは困難だが、興味深い。

(2) 遺跡間関係

鉄器時代I期の墓壙を比較すると、上位の墓壙はマールリークに集中してい

る。そこから、対象地域の墓がすべてマールリークを頂点とする社会関係の中に納まると解釈できなくもない。しかし、実際は少なくともある程度独立した複数の「縦の次元」が存在したのではないだろうか。

　その傍証は副葬品のなかで多数を占める土器から得られている。副葬土器は各墓壙での共伴関係から、嘴形注口付深鉢や細頸壺、嘴形注口付無頸壺、形象土器、土偶を特徴とする組成（副葬土器組成①）、大型鉢、丸底短頸壺を中心とする組成（副葬土器組成②）とに大別できる（有松 2007a: 91, 93-95, 図4）。重要なのは、これら副葬土器組成が今回明らかにした「縦の次元」のなかで、前者が上位の墓壙、後者が下位の墓壙というようには対応していないという点である。それぞれが別個にすべてのレベルの墓壙に共有されている。このことから、この副葬土器の違いは「縦の次元」ではない、他の側面を表していると解釈できる。

　では、この相違は何を反映しているのだろう。実はこれら副葬土器組成はそれぞれ、墓の構造や副葬品種類数にかかわらず、遺跡ごとに共有されている。副葬土器組成①はマールリークとジャムシード・アーバード、②はガレクティI号丘とラスルカンにあてはまる。同時に、地理的単位と大まかに一致している。両者はクーヘ・ダルファク山を挟んで片やその西部、セフィード・ルード川上流域に広がり、片やその北部から東部、およびチャーク・ルード川流域に広がる（有松 2007a: 図8）。またセフィード・ルード川東岸下流のハリメジャン（Halimehjan）地域では、両組成の要素が組み合わさっている（同上）。こうしたことから、この土器の相違は「縦の次元」によらず、遺跡・地理的単位ごとというように規定されていたと考えられる。

　このように縦方向の社会関係に左右されない要素の分布は、「社会の構造文化における横の次元」（以下「横の次元」）、すなわち社会集団や血縁集団の範囲を示すと仮定できる（Teinter 1978, Carr 1995）。具体的には、「横の次元」を同じくする被葬者は同一の墓域に埋葬される傾向があるようだ（Teinter 1978, Brown 1981, Peason et al. 1989, Car 1995）。すなわち、「縦の次元」の差異に左右されず、同時に墓域や遺跡ごとに共通する要素があれば、それは「横の次元」にかかわるものと仮定できよう。上記副葬土器組成の相違と今回の分析結果を照らし合わせてみた場合、鉄器時代I期の副葬土器組成の在り方はま

さにこの要件にあてはまる。

　すると、この副葬土器からみたまとまりは、地理的要素に加え、そのままマールリークとガレクティ I 号丘双方の「横の次元」の及ぶ範囲としてとらえられるのである。さらにこのことは葬送慣習自体の相違からも支持される。この両遺跡を比較した場合、副葬土器のみならず葬送慣習の系統自体が大きく異なっていたと考えられる（有松 2007a: 94-95, 2008a: 140）。なによりほぼすべての墓壙に伴う土器が異なるという時点で、葬送慣習が大きく異なっていたといえよう。

(3) 多層的様相

　では、これらの集団は別個に独立した複雑社会を形成していたのだろうか。それぞれを代表するマールリークとガレクティ I 号丘を比較すると上記副葬土器組成はじめとする相異点の一方、いくつか共通する点も指摘できる。例えば双方で主流を成すのは石榔墓だし、ともに見通しのきく丘陵地を墓域に選択している。副葬用土器組成自体は異なる一方、共通する器形も存在する。例えばデーラマン地域で多数副葬される盤形土器はマールリークやジャムシード・アーバードでも出土する（有松 2007a: 図4-8, 16, 31）。この器形はそれ自体ユニークなうえ当該期に特徴的で、偶発的な類似は想定し難い。こうしたことから両集団は完全に個別に複雑社会を形成していたわけではなく、何らかの相互関係、少なくとも相互の交流は存在したと考えられる。このことはラメ・ザミーンに代表されるハリメジャン地域の様相からもいえる。上述のようにこの地域ではセフィード・ルード川上流およびデーラマン地域双方の特徴的な器形が共伴して出土した。ハリメジャンはセフィード・ルード川東岸下流に位置している。この地勢が折衷的な副葬土器組成の背景となったことは想像に難くない。同時にこの遺跡の被葬者が相互交流のなかでどういった役割を果たしていたのか、興味深いところではある。

　一方、相互交流の証拠が特定の墓壙から限定的に出土する場合もある。例えばデーラマン地域から出土した精緻な注口付土器（江上ほか編 1965: PL. XXV-1, LII-17）はマールリークとの類似例のなかでも顕著なものだが、A区V号墓からしか出土していない。そもそもの希少性ゆえか、いずれにせよ恣意的に限定された埋納だろう。このことはV号墓の特異性を改めて示すと同時に、この土

器とその背景にある相互交流が当時社会において何らかの重要性を帯びていたことも示唆している。

このように「横の次元」も加味してみた場合、少なくとも鉄器時代I期にはネギャバンが想定したような文化ホライズンが存在したとは思えない。葬送慣習からは、この地域全体が「文化的」斉一性を共有する「マールリーク王国」の傘下にあったとは考え難いだろう。むしろ複数の集団が並存して個別に複雑社会を形成し限定的な相互交流を行うという、より複雑な状況が想定できる。

2．鉄器時代Ⅱ期以降の変化―可塑的複雑社会―

そうした様相は鉄器時代Ⅱ期以降変化する。少なくともデーラマン地域ではこの時期、ガレクティI号丘A区V号墓のような大規模な墓壙、A区のような規格性のある墓域は存在しない。当該期に比定し得る本格的な木槨墓や石槨墓自体、見つかっていない。土壙墓が主流で、副葬品も前時期に比べると減少する。

当該地域の複雑社会は鉄器時代Ⅱ期以降、衰退していったのだろうか。実は一概にそうとは言いきれない。同時期に起こった葬送儀礼以外の変化を加味すると、異なった見方が浮かび上がってくるのである。

鉄器時代Ⅱ期以降、特にセフィード・ルード川西岸で物質文化が大きく変化する。この地域では鉄器時代I期、マールリークやガレクティI号丘に匹敵するような遺跡あるいは墓壙は確認できない。遺跡自体少数だったようだ（有松 2008b: 図 2, 8）。それがⅡ期以降、この地域にも本格的な居住がはじまった（同: 図 3, 8, 表 1）。対象地域内ではじめて居住遺跡も出現する。この傾向はⅢ期に至ってより顕著となる（同: 図 4, 8, 表 1）。遺跡数が急増すると同時に、大型の建造物もこの時期には存在したようだ（Ohtsu et al. 2005: 1-67）。さらにⅢ期には副葬土器組成自体とその地域性が大きく変化する。あらたな器形や装飾、製作技法の導入に加え、副葬土器が地域全体で斉一化するのである（有松 2007a: 92, 96-97, 図 6）。こうしたことから少なくともⅢ期以降居住拠点がセフィード・ルード川西岸へ移動するとともに、中心地自体にも居住遺跡や大型建造物が伴うという質的変化がおこったようだ。同時に「横の次元」、おそらく地域間関係は大きく変容した。また遺跡分布の変化からは居住および生業形態が変化した様子もうかがえる。

この時期、こうした変化とともに複雑社会の仕組みや性格そのものが変化したことは想像に難くない（有松 2008b: 109-113）。さらにいえばその社会の中で、あらたな社会慣習あるいは社会制度が導入された（有松 2007b, 2008b）結果、葬送儀礼以外の公共儀礼を重視する傾向になったとは考えられないだろうか。あらたな公共儀礼に際して、おそらくは公共建造物等において複雑社会内での立場の差異が誇示されるようになったのではないか。そして、それに伴い従来重視されてきた葬送儀礼自体が単純化し、複雑社会の上層者でも薄葬に留めたのかもしれない。

　この可能性は上記建造物が検出されたタッペ・ジャラリィエ（Tappe Jalaliye）の様相からも指摘できる。上述したように、そもそもこのような性格の居住遺跡はこの時期初めて出現する。さらに出土する土器の装飾性の高さ、土偶の出土、立地等から、この遺跡が拠点的役割を果たしていたことは間違いない（有松 2008b: 110，山内 2006）。

　いずれにせよ、こうした変化を考慮すれば、鉄器時代II期以降の葬送儀礼に「縦の次元」の差異がなくなったことにのみ基づいて社会の複雑性自体が衰退したと解釈するのは、早計だろう。この変化はむしろ、「辺境」の複雑社会があらたな段階に入った証拠として位置づけるのが適切なのかもしれない。

　一方、中心地がセフィード・ルード川西岸に移動した可能性も示唆した。この推測が正鵠を得ているならば、タッペ・ジャラリィエの墓地と推測されるキャルーラズ（Kaluraz）遺跡になら、当該期の卓越した埋葬が存在するのかもしれない。現に、この遺跡の出土遺物には金製坏（Ohtsu et al. 2006: 14, 24-26）や土偶（同: 12-13, 23, 26）等、類をみないものも含まれる。また、具体的な構造や時期は不明だが、大型の墓壙も存在したようだ（Hakemi 1963: 64-65, 1973: 2）。だがその場合でも上記のような多方面に及ぶ物質文化の変化を伴っていたことは確かであり、複雑社会自体が変容したことは相違ない。

6．結論

　複雑社会の出現と発展に都市を伴っていたメソポタミアを中心とみなせば、本章で取り上げた地域はいわゆる「辺境」地域で、西アジアの歴史のなかでは

傍流に位置づけられるのかもしれない。そうしたことは一方で当該地域が都市を中心とする複雑社会の下位にあったことを意味するわけではない。この辺境の地域社会の中では独自に、都市社会とは異なった形で社会の複雑性が展開していた。

本章ではその一例として葬送慣習に現れた痕跡をとりあげた。分析の結果うかがえるのは遺跡間・地域間の重層的関係と、単系的な発展諸段階に位置づけることはできない文化社会の推移である。葬送慣習から導かれた社会の複雑性は必ずしも、従来想定されていたような文化ホライズンや「王国」とは結びつかない。「縦の次元」も「横の次元」も、より複雑な様相を帯びていた。こうした多様で、時としてモザイク状を呈する様相、可塑性の高い文化社会こそ、当該地域、あるいは「辺境」地域の特性なのかもしれない。

謝辞

本稿は東京大学大学院人文社会系研究科に提出した修士論文の一部を加筆・修正したものである。修士論文作成時には指導教官である西秋良宏先生から東京大学総合研究博物館所蔵資料の使用許可と多大なご支援をいただいた。また、大津忠彦先生にはイラン現地調査への同行とタッペ・ジャラリィエ及びキャルーラズ出土資料の使用を許可していただいた。記して謝意を表します。

木内智康さん。このような形でしか感謝の気持ちをお伝えできない不肖の後輩ですが、思い出とご親切の数々、忘れることはありません。木内さんの後輩としてすごせた日々は私の人生の宝ものです。

引用文献

Brown, J. A. 1981 The Serarch for Rank in Prehistoric Burials. In R. Chapman, I. Kinnes and K. Randsborg(eds.), *The Archaeology of Death*, 33-45. Cambridge, Cambridge University Press.

Carr, C. 1995 Mortuary practices: Their Social, Philosophical-Religious, Circumstantial, and Physical Determinants. *Journal of Archaeological Method and Theory* 2 (2): 105-200.

Cinquabre, D. 1978 Les tombes de l'Age du Fer en Iran du Nord-Ouest. *Paléorient* 4: 335-346.

Fallahiyan, Y. 2004 Manifestion of Iron Age I Culture in the Ancient Cemetery of Jamshidabad in Gilan. *Archaeological Reports* 2: 217-237.

Fukai, S. and Matsutani, T. 1978 *Halimehjan I: The Excavation at Lameh Zamin.* Tokyo, The Institute of Orient Culture, The University of Tokyo.

Haerinck, E. 1988 The Iron Age in Guilan : Proposal for a Chronology. In Curtis, J. (ed.), *Bronze- working Centres of Western Asia c. 1000-539 B.C,* 63-78. London and New York, Kegan Paul Internatuional.

Hakemi, A. 1968 Kaluraz and the Civilization of the Mardes. *Archaeologia Viva* 1: 63-65.

Hakemi, A. 1973 Excavation Kaluraz, Gilan. *Bulletin of the Asia Institute of Pahlavi Museum* 3: 1-7.

Negahban, E. O. 1968 Marlik a Royal Necropolis of the Second Millennium. *Archaeologia Viva* 1: 59-62.

Negahban, E. O. 1995 *Weapons from Marlik.* Berlin, Archaeologische Mitteilungen aus Iran, Erganzungsband, Band 16.

Negahban, E. O. 1996 *Marlik: The Complete Excavation Report.* Philadelphia, University of Chicago Press.

Negahban, E. O. 1998 Suggestions on the Origin and Background of the Marlik Culture. *Iranica Antiqua* 33: 43-56.

Ohtsu, T., Yamauchi, K. and J. Nokandeh 2005 *Preliminary Report of the Iran Japan Joint Archaeological Expedition to Gilan, Fourth Season.* Tokyo, Iranian Cultural Heritage and Tourism Organization and Middle Eastern Culture Center in Japan.

Ohtsu, T., K. Yamauchi, J. Nokandeh and T. Adachi 2006 Preliminary Report of the Iran Japan Joint Archaeological Expedition to Gilan, Fifth Season. Tokyo, Iranian Cultural Heritage and Tourism Organization and Middle Eastern Culture Center in Japan.

O'Shea, J. M. 1981 Social Configurations and the Archaeological Study of Mortuary Practices: a Case Study. In R. Chapman, I. Kinnes and K. Randsborg (eds.), *The Archaeology of Death*, 33-45. Cambridge, Cambridge University Press.

O'Shea, J. M. 1984 *Mortuary Valiability: An Archaeologikal Investigation.* Orlando, Academic Press.

Peason, R., Lee, J-W., Koh, W. and A. Underhill 1989 Social Ranking in the Kingdom of Old Silla, Korea: Analysis of burials. *Journal of Anthropological Archaeology* 8: 1-50.

Tainer, J. A. 1975 Social Inference and Mortuary Practices: An Experiment in Numerical Classification. *World Archaeology* 7: 1-15.

Tainer, J. A. 1977 Woodland Social Change in West-Central Illinois. *Mid-Continental Journal of Archaeology* 2: 67-98.

Tainer, J. A. 1978 Mortuary Practices and the Study of Prehistoric Social Systems. In M. B.

Schiffer. (ed.), *Advances in Archaeological Method and Theory* 1. 23-33.

Vanden Berghe, L.　1964　*La Nécropole de Khurvin*. Istanbul, Nederlands Historisch-Archaeologisch Instituut.

アッコー, P（西村正雄訳）　1977　「埋葬の考古学：民族誌と葬制遺物の考古学的解釈」『現代思想』5 (2)号　1-12頁。

足立拓朗　2004　「イラン、ギーラーン州鉄器時代の土器編年再考」日本オリエント学会第46回大会：研究発表配布資料。

有松　唯　2005　「鉄器時代からパルティア時代にかけてのイラン、デーラマン地域の土器編年」『日本西アジア考古学会第10回総会・大会要旨集』34-38頁　日本西アジア考古学会。

有松　唯　2007a　「イラン、カスピ海南西岸域における鉄器時代文化の地域性とその変化―土器分析を中心に―」『西アジア考古学』8号　87-102頁。

有松唯　2007b　『カスピ海南岸域における鉄器時代文化の変容と展開―土器分析を中心に―』東京大学大学院人文社会系研究科修士論文。

有松　唯　2008a　「イラン、カスピ海南西岸域における鉄器時代移行期の様相―触角状突起付青銅剣身の分析を中心に―」『西アジア考古学』9号　131-141頁。

有松　唯　2008b　「イラン北部における鉄器時代の地域集団とその構造―セトルメントシステム分析を中心に―」『東京大学文学部考古学研究室紀要』22号　77-117頁。

江上波夫・深井晋司・増田精一編　1965　『デーラマンI　ガレクティ、ラスルカンの発掘』東京大学東洋文化研究所。

西秋良宏・三國博子・小川やよい・有松唯　2006　『東京大学総合研究博物館考古美術（西アジア）部門所蔵考古学資料目録　第7部　イラン、デーラマン古墓の土器』東京大学総合研究博物館。

深井晋司・池田次郎編　1971　『デーラマンIV　ガレクティ第I号丘、第II号丘の発掘』東京大学東洋文化研究所。

三宅俊成　1976　「デーラマン古墓出土の土器の考察」『江上波夫教授古稀記念論集　考古・美術篇』297-329頁　山川出版社。

山内和也　2006　「イラン・キャルーラズ渓谷の文化的景観の出現と変遷」独立行政法人文化財研究所　東京文化財研究所国際文化財保存修復協力センター編『叢書［文化財保護制度の研究］文化的景観の成立、その変遷［第18回国際文化財保存修復研究会報告書］』11-35頁　独立行政法人東京文化財研究所。

あとがき

　昨年 8 月末にシリア調査から帰国した時、すぐにでも木内君に会えると思っていました。人生何があるかは分からないと言葉では知っていても、それでも、あの元気でエネルギーにあふれた木内君が突然に亡くなるなんて、いまだにとても信じられません。古式泳法で鍛えた体の上に、タバコはすわない、酒もほどほど。いわゆる、模範的な健康的生活を送っていましたから。学校でも、シリアの発掘調査中でも、遊びのときでも、快活とした笑顔を見せ、てきぱきとした身振りでした。そんな姿に接するだけで、こちらもエネルギーがあふれてくる思いをしておりました。そんな彼と、もう会うことができないことが本当に残念でたまりません。

　最後に会ったのが、昨年の 7 月はじめです。もうすぐシリアの発掘調査に出向く私たちに「長旅ですからお気をつけて」という優しい言葉をかけてくれました。そう言ってくれた彼ですが、「なかなか博士論文の執筆が進まない」と言いながらも、その胸には「今年中に博士論文を完成させるぞ」という強い意思がみなぎっていたのだと思います。せめてもう 1 年、彼に論文を書かせてやりたかった。何も手助けできなかったのが、悔やまれてなりません。

　私たちは悲しみと悔しさに包まれましたが、もうひとつの気持ちがあることがすぐに分かりました。それは、木内君が残した研究を公表するとともに、彼への追悼の意を形に表したいという声です。本書の出版はこのような気持ちを発端としております。

　木内君の研究は、西アジア考古学の中でもその花形に近い重要なものでした。いわゆるメソポタミア文明に直接的に関わる時代のことを専門にしていました。この分野は、欧米の研究者によってずっと昔から研究が進められていて、その激しい研究競争の中に日本人が入っていくのは一筋縄ではいかない難しさと厳しさが伴います。それにも関わらず、木内君は持ち前の勇気とエネルギーを原動力にして、この分野の研究を進めていました。日本人による西アジア考古学研究にとって彼は貴重な存在であり、現在進行中の「セム系部族社会の形成」という大きな研究プロジェクトにおいても、その中心となってシリアの遺跡調査を進めているところでした。そんな彼の今後の研究の進展は、多くの方

に期待されていました。

　木内君の研究は、将来を期待されていただけでなく、彼と同世代の研究者にも影響を与えるものでした。本書に掲載された論考は、彼と同じく北メソポタミアをフィールドとしている方々や、その他の研究活動を通して彼と関わりの深かった人たちに依頼しました。本書の趣旨を快諾していただいた執筆者の方々には厚くお礼申し上げます。また、本書の立案や編集に関して松谷敏雄先生、須藤寛史氏、久米正吾氏、仲田大人氏からご教示、ご協力そしてお励ましを賜りました。あわせてお礼申し上げます。

　木内君はその幅広い研究活動に加えて、常に周囲への心遣いを忘れない優しさを持ち合わせておりました。その献身的な姿勢に、誰しも心を惹かれていたことだと思います。病魔と闘っていた最中でも、お医者さんや看護師さんへの感謝を忘れなかったと伺っておりますが、そこに木内君らしさ、木内君の人柄がよくあらわれていると思います。

　木内君は、自分ひとりの興味に促されて研究をしていたのではなく、彼をサポートしてくれた方々への感謝の気持ちをいつも忘れてはいませんでした。そうした彼の高い志を最も近いところで認められ、彼を支えてこられたご家族の方々には深く感謝いたします。木内君もご家族からの励ましと信頼、そして期待の気持ちに応えることを目標に研究を進めていたのだと思います。

　私たちは彼の姿勢に接することができたことに今とても感謝しています。多くの方々も同じ気持ちにあるはずです。彼の強く真っ直ぐな意思は私たちの励みです。本書に携わった一人一人の胸にそれは強く受け継がれていることだと思います。この論集から、多くの方々にその意思を感じとっていただければ幸いです。

　最後になりましたが、本書を出版するにあたり多大なるご高配を同成社の山脇洋亮社長から賜りました。本書発案の経緯と意図に強い共感とご理解そして励ましを頂き、それを実現させていただきました。またそれだけでなく、研究書としての価値も高まるように本書の体裁を整えていただきました。ここに記して深く感謝申し上げます。

　　　平成21年9月

執筆者を代表して
門脇　誠二

執筆者紹介 （五十音順、※は編集者）

赤司千恵（あかし　ちえ）
1983年大阪府生。早稲田大学大学院文学研究科史学（考古学）専攻修士課程修了。現在、早稲田大学大学院文学研究科史学（考古学）コース博士後期課程、日本学術振興会特別研究員DC。
主要著作論文：「西アジアにおける先史時代の果樹栽培」『溯航』25号、2007年。

安倍雅史（あべ　まさし）
1976年東京都生。リヴァプール大学考古学・古典学・エジプト学専修博士課程修了（Ph.D.）。現在、独立行政法人国立文化財機構　東京文化財研究所　文化遺産国際協力センター客員研究員。
主要著作論文：「南レヴァント地方、都市出現期の遊牧社会の変質」『西アジア考古学』9号、2008年。「石器製作から見た専業化の発展」『オリエント』51巻1号、2008年。

有松　唯（ありまつ　ゆい）
1982年群馬県生。東京大学大学院人文社会系研究科考古学専門分野修士課程修了。現在、東京大学大学院人文社会系研究科博士課程、日本学術振興会特別研究員DC。
主要著作論文：「イラン、カスピ海南西岸域における鉄器時代文化の地域性とその変化－土器分析を中心に－」『西アジア考古学』8号、2007年。「イラン北部における青銅器時代から初期鉄器時代への移行－ノールズ・マハレ遺跡下層出土土器を中心に－」『オリエント』50巻2号、2008年。「イラン、カスピ海南西岸域における鉄器時代移行期の様相－触角状突起付青銅剣身の分析を中心に－」『西アジア考古学』9号、2008年。

有村　誠（ありむら　まこと）
1972年鹿児島生。リヨン第2大学大学院博士課程修了（Ph.D.）。現在、独立行政法人国立文化財機構　東京文化財研究所　文化遺産国際協力センター特別研究員。
主要著作論文：The Lithic Industry of the Early PPNB Layers at Tell Ain el-Kerkh, Northwest Syria. In L. Astruc, D. Binder, and F. Briois (eds.), *Système techniques et communautés du Néolithique précéramique au Proche-Orient*. APDCA, 2007.「西アジアで生まれた農耕文化」佐藤洋一郎監修『ユーラシア農耕史、第3巻：砂漠・牧場の農耕と風土』、臨川書店、2009年。

小髙敬寛（おだか　たかひろ）
1975年岡山県生。早稲田大学大学院文学研究科博士後期課程修了（博士（文学））。現在、東京芸術大学大学院美術研究科教育研究助手。

主要著作論文：「西アジア新石器時代における土器製作の開始と生業との関係」藤本強編『生業の考古学』同成社、2006年。「「西方」のサマッラ土器－その地域性とハラフ土器の成立をめぐって－」『オリエント』51巻2号、2009年。

門脇誠二（かどわき　せいじ）
1975年北海道生。トロント大学人類学部博士課程修了（Ph.D.）。現在、東京大学総合研究博物館特任助教。
主要著作論文：「北ヨルダン、タバカト・アル＝ブーマ遺跡における後期新石器集落の構造」『オリエント』52巻1号、2009年。Ground Stone Tools, Refuse Structure and the Life Histories of Residential Buildings at Ayn Abu Nukhayla, Southern Jordan. In Y. Rowan, and J. Ebeling (eds.), *New Approaches to Old Stones: Recent Studies of Ground Stone Artifacts*. Equinox, 2008.

※木内智康（きうち　ともやす）
1978年東京都生。東京大学大学院人文社会系研究科考古学専門分野博士課程。2008年没。
主要著作論文：「アッカド期における円筒印章外形の規格化」『西アジア考古学』6号、2005年。「前3千年紀末から前2千年紀初頭の北メソポタミア」『西アジア考古学』9号、2008年。

グリション・リヨネル
1972年フランス、マルマンド生。リヨン第2大学大学院博士課程修了（Ph.D.）。現在、リヨン大学地中海オリエント研究所ポスドク研究員。
主要著作論文：『Archaeozoology of the Southwest Asia and Adjacent Areas VIII. Actes du 8e colloque international de l'ASWA (Lyon, 28 juin-1er juillet 2006)』（共編著，Lyon）、2008年。Evolution of the Exploitation of Products from *Capra* and *Ovis* (Meat, Milk and Wool) from the PPNB to the Early Bronze Age in the Northern Near East (8700 to 2000 BC cal.), （共著），*Anthropozoologica* 42 (2), 2007.

近藤康久（こんどう　やすひさ）
1979年愛知県生。東京大学大学院人文社会系研究科考古学専門分野単位取得退学。現在、日本学術振興会特別研究員。
主要著作論文：「北イラク、テル・アシク遺跡で採集された後期新石器時代の彩文土器片について」『西アジア考古学』7号、2006年。

柴田大輔（しばた　だいすけ）
1973年山形県生。ハイデルベルク大学西アジア言語文化学科修了（Ph.D.）。現在、筑波大学人文社会科学研究科助教。
主要著作論文：Middle Assyrian Administrative and Legal Texts from the 2005 Excavation at Tell Taban: A Preliminary Report. *Al-Rāfidān* 28, 2007. A Nimrud Manuscript of the Fourth

Tablet of the Series *Mīs Pî* : CTN IV 170(+)188 and a *Kiutu* Incantation to the Sun God. *Iraq* 70, 2008. An Old Babylonian Manuscript of the Weidner God-List from Tell Taban. *Iraq* 71, in press.

丹野研一（たんの　けんいち）
1971年千葉県生。筑波大学大学院農学研究科修了、博士（農学）取得。現在、山口大学農学部助教。
主要著作論文：How Fast Was Wild Wheat Domesticated? *Science* 311 (5769), 2006. The Origins of Cultivation of *Cicer arietinum* L. and *Vicia faba* L.: Early Finds from Northwest Syria (Tell el-Kerkh, Late 10th Millennium BP). *Vegetation History and Archaeobotany* 15, 2006.

※西秋良宏（にしあき　よしひろ）
1961年滋賀県生。ロンドン大学大学院先史考古学専攻博士課程修了（Ph.D.）。現在、東京大学総合研究博物館教授。
主要著作論文：『Lithic Technology of Neolithic Syria』（Oxford）、2000年。『Tell Kosak Shamali, Vols. 1/2』（共編著、Oxford）、2001/3年。『遺丘と女神—メソポタミア原始農村の黎明』（編著、東京大学出版会）、2008年など。

長谷川敦章（はせがわ　あつのり）
1977年 岐阜県生。筑波大学大学院修士課程地域研究研究科修了。現在、筑波大学大学院博士課程人文社会科学研究科。
主要著作論文：「ミネト・エル・ベイダ出土新資料の考古学的検討—埋葬遺構の年代考察を中心に」『オリエント』50巻 2号、2008年。「伝チョガ・ザンビル出土の青銅製輪縁及び毅カヴァーについて」『西アジア考古学』7号、2006年。

前田　修（まえだ　おさむ）
1972年山形県生。筑波大学大学院博士課程前期歴史・人類学研究科修了。現在、マンチェスター大学人文科学・歴史・文化学研究科博士課程。東京家政学院大学非常勤講師。
主要著作論文：「石器のマテリアリティ―西アジア新石器時代における黒曜石の意味と役割について―」『オリエント』52巻1号、2009年。 Meanings of Obsidian Exchange and Obsidian Use at Akarçay Tepe. In L. Astruc, D. Binder, and F. Briois (eds.), *Système techniques et communautés du Néolithique précéramique au Proche-Orient*. APDCA, 2007.

山藤正敏（やまふじ　まさとし）
1981年岩手県生。東京都立大学大学院人文科学研究科史学専攻修士課程修了。現在、早稲田大学大学院文学研究科史学（考古学）専攻博士後期課程。
主要著作論文：「前期青銅器時代I-III期パレスティナ地域におけるセトルメント・パターンの変遷と地域性」『西アジア考古学』9号、2008年。「前期青銅器時代I-II期におけるエジプト-パレスティナ地域間関係の変遷—パレスティナ地域出土エジプト系石製品の検討から—」『早稲田大学文学研究科紀要』51号、2006年。

農耕と都市の発生
―西アジア考古学最前線―

2009年10月30日発行

編者　西秋良宏
　　　木内智康
発行者　山脇洋亮
印刷　モリモト印刷㈱
製本　協栄製本㈱

発行所　東京都千代田区飯田橋 4-4-8
　　　　（〒102-0072）東京中央ビル内　㈱同成社
　　　　TEL 03-3239-1467　振替 00140-0-20618

ⒸNishiaki-Kiuchi 2009. Printed in Japan
ISBN978-4-88621-496-6 C3022